中國傳統文化與現代民主憲政

陳弘毅 著

商務印書館

中國傳統文化與現代民主憲政

作　　者：	陳弘毅
責任編輯：	蔡柷音
出　　版：	商務印書館 (香港) 有限公司
	香港筲箕灣耀興道 3 號東滙廣場 8 樓
	http://www.commercialpress.com.hk
發　　行：	香港聯合書刊物流有限公司
	香港新界大埔汀麗路 36 號中華商務印刷大廈 3 字樓
印　　刷：	陽光印刷製本廠有限公司
	香港柴灣安業街 3 號新藝工業大廈 6 字樓 G 及 H 座
版　　次：	2013 年 11 月第 1 版第 1 次印刷
	© 2013 商務印書館 (香港) 有限公司
	ISBN 978 962 07 6512 4
	Printed in Hong Kong

自　序

英國作家狄更斯的小說《雙城記》（*A Tale of Two Cities*）開頭的一段舉世聞名："這是最好的時候，這是最壞的時候；這是智慧的年代，這是愚蠢的年代；這是信仰的時期，這是懷疑的時期；這是光明的季節，這是黑暗的季節；這是希望之春，這是失望之冬；人們前面有着各樣事物，人們前面一無所有；人們正在直登天堂，人們正在直下地獄"。[1]

今天的中國處於一個怎樣的時代？我想，狄更斯的經典名句在一定程度上都適用於當代中國。縱觀鴉片戰爭以來170多年的中國歷史，今天的中國可以說是處於一個半世紀以來從未有過的盛世；但是，她所面臨的挑戰又是十分嚴峻的，包括在政治、經濟、社會、文化、道德、信仰等層面的挑戰。所謂"路漫漫其修遠兮，吾將上下而求索"。[2]無數志士仁人，正在為中國政治體制改革以至中華文明的出路，進行思想和理論上的探索。

本書的書名為《中國傳統文化與現代民主憲政》，書中收集的文章，主要是與讀者一起思考這樣的一個問題：在21世紀初的今天，民主憲政已經成為世界大部分國家和民族的政治體制的核心價值，不單在歐美如是，在亞洲、非洲和拉丁美洲也如是；那麼，民主憲政是否也應該成為我們中華民族所努力追求予以實現的價值理想？作為發源於現代西方的理念和實踐，民主憲政是否能與中國傳統文化 —— 尤其是儒家文化 —— 所追求的價值理想相容？中華文化能否開出現代民主憲政？如果對這個課題感興趣的讀者，能在本書中得到一點啟發，或找到一些有用的參考資料，那麼本書的出版便沒有白費。

本書是商務印書館在這兩年內替我出版的第三本文集，前兩本的書名分別是《法治、人權與民主憲政的理想》和《西方文明中的法治和人權》，十分感謝陸國燊博士建議我把有關文章結集成這套書。我很榮幸有這個機會和商務印書館合作；同時感謝商務印書館的同事，包括符俊傑先生、張宇程先生和蔡柷音小姐，他們都投入了認真和專業的工作。我把這套書獻給所有關心祖國的法治、人權和民主憲政進程的香港市民，並向他們致敬。

陳弘毅
香港大學法律學院
2013 年 8 月 4 日

註釋

1　狄更斯著，羅稷南譯：《雙城記》，（上海：上海譯文出版社，1983 年），頁 3。
2　出自屈原的《離騷》。

目　錄

前言　人類社會、國家和法律的故事

　　當代科學家估計，我們所知的整個宇宙是在約 150 億年前的"大爆炸"中誕生的，而我們的太陽系以至地球則約於 45 億年前形成。30 多億年前，有自我繁殖能力的"生命"在地球誕生。但在地球生物史中的大部分時間，所謂生物不外是細菌般的單細胞的、細小得肉眼沒有可能看見的微生物，即使在 6 億年前，主要的生物仍不外乎是海水中的、非常細微的海藻。在此以後，地球上生物（包括植物和動物）的物種經歷了多次的迅速增加，也有多次因冰河時代、氣候、地理或其他原因而出現大規模絕種。絕大部分曾在地球生物史中出現過的生物，都是在人類出現約 200 萬年前時已經絕種，例如曾經雄霸地球 1.3 億年的各種恐龍，便是在約 6500 萬年前絕種的。相對於現存於地球的各種生物，人類是最新演化出來的物種。

　　雖然我們可以一般地說人類有 200 多萬年的歷史，但屬於當代人類的人種（homo sapiens）出現，不過是過去 10 萬年以內的事。在人類史的大部分時間，人類生活的形態是以到處狩獵和採摘可以充飢的生果來維生的極小型部落，沒有聚居的村莊，更沒有像國家般的政權組織。

　　在 5000-10000 年前這段時間，人類的歷史出現了重大突破，這便是人類開始懂得馴服動物、畜牧和農耕的新石器時代；時至今日仍存在於世界不同角落的農村社會，便是在這個古老的時代裏形成的。但是，並非所有狩獵和採果的原始部落都會自動隨時間的流逝，而轉化為農業或畜牧社會，也並非所有農業或畜牧社會都會自動隨時間的流逝，而轉化為有私有財產和統治者與其他社會階級分層化的國家 (state)。正因為此，所以現代的人類學家仍可以在地球的不同角落，找到在原始或初民社會中生活的人，研究他們的社會結構和運作，並與考古學家和歷史學家合作，建構關於人類歷史中國家和文明出現的理論模式和解釋說明。

研究生物進化史的學者告訴我們，較高等的、複雜的、知覺發達的生物出現，是偶然性原則多於必然性原則的結果，人類的出現亦然。如果回到幾億年前或幾千萬年前的地球，把某些環境性因素稍為改變，某些生物物種很可能便不會出現或會遭到淘汰。如果恐龍沒有在 6000 多萬年前的那場全球性大災難中絕種，人類出現和生存的機會也極少。新的生物物種的誕生，源於遺傳基因的意外性突然變異，這本身也是純粹隨機性的過程。從這個角度看，我們人類的存在，絕對不是自然史和生物史之必然現象。[1]

社會進化的偶然性

同樣地，人類學家和歷史社會學家告訴我們，國家形態社會的出現也沒有其必然性；[2] 正如上面指出，不少非國家形態的原始社會竟然保留、延續至 19 世紀、20 世紀。社會的形態與它所身處的環境是相互影響、互為因果的。在某些情況下，一個社會的形態與它的環境配合得天衣無縫，達至一種均衡狀態，這時社會的結構便無需要，並可能不會改變和演化。從原始氏族社會演化為"酋邦"、再由酋邦演化為國家形態的社會的"長征"進程，[3] 並非曾是每個人類社會的必由之路。

然而，從大約 5000 年前開始，若干人類社會走上了這條路；對於他們來說，這是一條不歸之路。導致他們走此路的原因是多維度的複合體，有學者把它歸納為以下幾方面因素的結合：人口增長和人口壓力、地理環境、生產技術的進步、戰爭、社會分層和階級分化，以及文化性的政治發明創新。[4] 這種涵蓋多元因素的複雜解釋，使我們明白國家的出現，並不是人類某社會中的成員集體地作出理性的考慮、利弊的評估和明智的抉擇後的結果，正如人們常常指出，歷史發展的邏輯，往往不是以一些個人的意願而轉移的。

社會形態衍生的壓迫

由此我們可以進一步理解到，為甚麼對於數之不盡的人來說，生活在國家形態的社會中的命運，比生活在原始社會中更為悲慘。[5] 在國家形態的社會裏，出現了前所未有的人對人的壓迫、社會中的不平等和專制政權的慘無人道、草菅人命的行為，建立了奴隸制度，實行階級剝削，這都是眾所周知的事實。一般來說，古代國家的統治者都視土地和人民為他們的私產，人民在賦稅、徭役、兵役上的負擔通常是沉重的，更有像宦官的閹割、妃嬪被強行徵召入宮，甚至被迫陪葬等等漠視人的尊嚴和自由的制度。這一切對於我們現代人來說，都是令人髮指的。

然而，歷史的最大諷刺和狡獪之處在於，世人所公認為進步的表現的各大 “文明”，一無例外都是在國家形態的社會中出現的。試看古代的埃及文明、巴比倫文明、印度文明和華夏文明等文明古國，哪一個不是國家形態的社會，哪一個沒有專制君王？儘管文明的代價（如上述的奴隸制度、壓迫、剝削、苛政等等）無比昂貴，多少人成為犧牲者，被送上了歷史的祭壇，但是我們不得不承認，人類文明的成就卻是豐富和偉大的、輝煌燦爛的：文明創造了書面的文字和歷史的記述，創造了科技、文藝、思想、宗教、哲學、建築、城市、法律、道德、醫學、數學、天文學等等數之不盡的珍寶，大大提高了社會經濟的生產力，為人口的增加和人們生活的改善提供了物質條件，更推動了人類對於真、善、美精神的嚮往和心靈探索。

啟蒙的創造力

我認為在人類精神文明的建構過程中，有兩大時代是最關鍵性的。一是 20 世紀德國哲人雅斯貝斯所説的人類歷史的 "軸心期"，[6] 即公元前 800 年至公元前 200 年的、以公元前 500 年為高峰點的一段時間。在這段時間中，中國出現了儒家、道家等先秦思想；印度產生了《奧義書》和佛教；伊朗出現了祆教（Zoroastrianism）；巴勒斯坦出現了《舊約聖經》中的先知，而希臘更產生了柏拉圖等哲人。在這段軸心期，人類的道德和宗教意識大大提升，人開始深入地探索超越自己的宇宙中的真理和奧秘，"他探詢根本的問題……他為自己樹立了最高目標。他在自我的深奧和超然存在的光輝中感受絕對……以前無意識接受的思想、習慣和環境，都遭到審查、探索和清理……在軸心期，首次出現了後來所謂的理智和個性……人性整體進行了一次飛躍。"[7]

人類文明的哲學、宗教和道德方面的文化傳統建立於軸心期，而人類的科學、啟蒙和解放的事業，則開展於 17 世紀以來的現代——這便是我要説的第二個歷史性的時刻。[8] 科學革命不單帶來了人類在駕馭大自然方面的力量的躍升，更是人類對於自然宇宙背後的真理、規律、深層結構和終極奧秘的認識上，前所未有的大突破。而人類之所以能夠取得這個突破，全賴於其理性的運用。如果説科學革命代表着人類運用其理性於自然世界的成果，那麼隨之而起的 18 世紀啟蒙運動，則可理解為人類運用其理性於人類自己的社會、歷史和文化世界的表現。正如康德所指出，"啟蒙就是人從其自己造成的不成熟中走出來。'不成熟'是指缺乏在沒有他人指導下自己運用自己的理智的能力。如果這種不成熟的原因不是缺乏理智，而是缺乏在沒有他人指導下自己運用理智的決心和勇氣，那麼這種不成熟便是'自己造成'的。因此自己啟蒙的口號是：'勇於成為智慧者！'勇於運用你'自己的'理智！"[9]

在啟蒙運動的時代裏，思想家和政治活動家對傳統的宗教、文化、制度、社會結構、政府形式和意識形態提出了各種嚴厲的批判，懷疑、否定和批評是啟蒙精神的表現。但啟蒙那建設性的一面完全不遜色於它那批判性的一面。20 世紀末期在全球範圍內方興未艾的主權在民、代議民主、憲政、人權、自由、法治等理念，便是在啟蒙運動中建構而成的。啟蒙運動是現代自由主義、社會主義和民主主義的共同淵源。馬克思主義曾盼望着人類從"必然王國"到"自由王國"的飛躍。這個構思十分貼切地反映出啟蒙的精神，因為啟蒙的事業，便是人類解放和進步的事業：人類從其漫長的充滿壓迫、剝削和暴力的歷史中解放出來，從而實現真正的"自由、平等和博愛"。[10]

當然，我們在評價任何思想觀念的時候，都不應把它抽離於歷史時代的背景，尤其是當時政治、經濟和社會的狀況。啟蒙時代也是西方殖民主義和資本主義迅速發展的時代，亦是資產階級革命的時代。在人類文化史中，任何思想都避免不了被當權者或爭權者利用，從而淪為意識形態的命運，中國的儒學如是，西方的基督教如是，現代人權、自由等思想亦如是。雖然如此，但儒學中的仁義之道、基督教的博愛精神、佛教的慈悲心，以至現代人權學說中，對每個人的主體性、個性和人格尊嚴與價值的平等尊重，仍不失為人類精神文明的最崇高體現，有其普遍而深奧的意義。人類文化史中出現的各大思想傳統，都是內容豐富的，動態地、辯證地發展的，一個思想傳統中很可能包涵着處於緊張的、一定程度上對立的狀態的不同元素，因而使這個傳統的"創造性轉化"成為可能。[11]西方的基督教傳統如是，中國儒家傳統亦如是，而啟蒙便是這些傳統轉化的催化劑。

　　雖然在 21 世初的今天，後現代主義向啟蒙運動所信仰的"理性"、"主體"和"進步"等概念和它所委身的人類"解放"事業提出質疑，但我相信啟蒙時代不單帶來了人類物質、經濟和科技文明的進步，也確實帶來了人類精神、道德、政治和法律文明的進步。如要否認這些方面進步的事實，只能是貽笑大方的，更是危險的。

文明進步的定義

　　以前君主是天子或君權神授，人民在皇帝面前要跪拜，統治者可任意地、極端殘忍地行使其專制權力；啟蒙運動後，政府是民選的、為人民服務的，政治權力受到監督和制衡。誰能否認這不是一種進步？

　　以前法律是統治者統治人民、鎮壓被剝削階級的工具，最高的立法權在君主手中；啟蒙運動後，法律由民主產生的議會制定，法律至上，司法獨立，官員和平民在法律之下平等，憲法保障各種人權和基本自由，政府不得侵犯公民的自由，並有義務採取措施，以確保人民的人權能得以實現。誰能否認這不是一種進步？

　　以前國家對罪犯施行的刑罰都非常殘酷；啟蒙運動主張廢除酷

刑、肉刑和其他殘忍的、不人道的懲罰方法,減少死刑的使用,並確立刑事訴訟中的被告人得到公平審訊的一系列權利。誰能否認這不是一種進步?

以前國家或教會強制地要求人民奉行某種宗教,迫害所謂異端份子、異教徒;啟蒙運動提倡宗教上和其他思想信仰上的寬容,多元文化的和平共存,互相尊重。誰能否認這不是一種進步?

以前西方哲人蘇格拉底因其言論而被處死,中世紀更有宗教裁判所的恐怖統治和教會訂出的禁書名單,伽利略也被迫公開放棄他所相信為科學真理的太陽中心說,中國歷史上更有不少駭人聽聞的文字獄;啟蒙運動確立了言論、出版和表達自由的法制保障,不同的思想價值得以百家爭鳴。誰能否認這不是一種進步?

以前奴隸制度和農奴制度,被接受為理所當然的,直至 19 世紀美國內戰以前也是這樣;啟蒙運動的精神,最終完成了奴隸的解放,並進而推動 20 世紀 60 年代美國黑人的民權運動。誰能否認這不是一種進步?

以前婦女在社會和政治上的地位卑微,備受壓迫和歧視,這竟也被接受為天經地義的;啟蒙運動的精神,後來開創了婦女解放的運動,男女平等已不再是遙不可及的夢想。誰能否認這不是一種進步?

以前國家的統治權是以暴力和陰謀奪取的對象;啟蒙運動以後,國家最高權力依據憲法和選舉法等規範,和平更替轉移。誰能否認這不是一種進步?

以前"苛政猛於虎";啟蒙運動所創建的民主和法治,卻成功地馴服了自從國家形態的社會出現以來,便使人類世代受苦的專制權力。誰能否認這不是一種進步?

啟蒙精神永恆不滅

總之，如果你相信仁愛，而否定兇殘；如果你相信文明，而否定野蠻；如果你相信和平，而否定暴力；如果你相信寬容，而否定對異己的壓迫；如果你相信人與人之間應互相關懷和同情，而非互相猜忌和仇恨；如果你相信絕對真理，不可能是某一輩人的專利；如果你相信理性的思考、批判和討論，是人們解決矛盾的必由之路；如果你相信平等、誠懇、平心靜氣地對話溝通，而非單方面行使權威和另一方面的不加思索地服從；如果你願意敬重每一個人 —— 不為甚麼，只因為他（她）是人而尊重他（她）的尊嚴、無上價值和尊貴的生命；如果你相信人應憑理性掌握自己的命運，而不甘心於受命運擺佈；如果你相信人類應成為生命和歷史的英雄，而不甘心為其受害者，那麼，你便是一位啟蒙運動家！

歷史學家所說的啟蒙時代通常只是指 18 世紀的西歐。但我認為，人類歷史中的啟蒙運動仍未結束，啟蒙事業仍有待全球化和深化。在 20 世紀，我們經歷了兩次世界大戰，中華民族也經歷多次大浩劫。歷史多是苦難，人卻可在苦難中學習和成長。理性是對於歷史所累積的經驗、教訓和對知識的反思，啟蒙是反思的心得和它的應用實踐。

啟蒙尚未成功，同志仍須努力！

註釋

1 關於此論點，可參閱 Stephe Jay Goul, *Wonderful Life, The Burgess Shale and the Nature of History* (London: Penguin Books, 1991);

Jacques Monod, *Chance and Necessity: An Essay on the Natural Philosophy of Modern Biology* (Glasgow: Collins/Fontana Paperbooks, 1977)。

2 關於此點，以下著作對我很有啟發：Michael Mann, *The Sources of Social Power, Volume One: A History of Power from the Beginning to A. D.* 1760 (Cambridge, Cambridge University Press, 1986);

Ernest Gellner, *Plough, Sword and Book: The Structure of Human History* (Chicago: University of Chicago Press, 1989)。

3 馬文・哈里斯 (Marvin Harris) 著、黃晴譯：《文化的起源》（北京：華夏出版社，1988 年），第 7 章；

Allen W. Johnson and Timothy Earle, *The Evolution of Human Societies: From Foraging Group to Agrarian State* (Stanford, Stanford University Press, 1987)。

4 謝維揚：《中國早期國家》（杭州：浙江人民出版社，1995 年），第 1 章；Ted C. Lewellen, *Political Anthropology* (Westport, Connecticut: Bergin & Garvey, 2nd ed. 1992), ch 3。

5 哈里斯，同註 3；Andrew Bard Schmookler, *The Parable of the Tribes: The Problem of Power in Social Evolution* (Albany, New York: State University of New York Press, 2nd ed. 1995)。

6 許倬雲：《中國文化的發展過程》（香港：中文大學出版社，1992 年），附錄一：〈論雅斯培軸心時代的背景〉。

7 卡爾・雅斯貝斯 (Karl Jaspers) 著、魏楚雄等譯：《歷史的起源與目標》（北京：華夏出版社，1989 年），頁 8-10。

8 關於 "現代性" (modernity) 的問題，可參閱 Stephen Toulmin, *Cosmopolis: The Hidden Agenda of Modernity* (New York: The Free Press, 1990);

Hans Blumenberg(author), Robert M. Wallace(translator), *The Legitimacy of the Modern Age* (Cambridge, MA. : MIT Press, 1985)；

哈貝馬斯著、張博樹譯：《交往與社會進化》（重慶：重慶出版社，1989 年）。

9 見於 Kant, *Political Writings* (Cambridge: Cambridge University Press, 2nd ed. 1991), p54, 中文引文由筆者翻譯。

10 1789 年法國大革命中用過的口號。

11 關於中國傳統的 "創造性轉化" 的概念，見於林毓生：《思想與人物》（台北：聯經出版社，1983 年），頁 139、193 (〈五四時代的激烈反傳統思想與中國自由主義的前途〉)；

林毓生：《政治秩序與多元社會》（台北：聯經出版社，1989 年），頁 387（〈甚麼是 '創造性轉化' ?〉)；

余英時：《中國思想傳統的現代詮釋》（南京：江蘇人民出版社，1995 年）。

第一章　法家、儒家與民主

對古代法家思想傳統的現代反思

一、引言

在中國正努力建設社會主義法治國家之際，對古代法家思想傳統的反思是有積極的時代意義的。眾所周知，先秦的儒家和法家都是塑造中華法系的主要思想力量。有學者把唐朝之前中華文明的法律思想分為"禮治時期"、"法治時期"和"禮法調和時期"，[1] 也有學者把中國法文化傳統的總體發展歷程描述為"中國法律的儒家化"或"儒學的法家化"。[2] 儒家提倡"禮治"、"德治"或所謂"人治"，法家則崇尚"以法治國"（見《韓非子·有度、顯學》）；很明顯，法家比儒家更重視法律在政治和社會中的作用。那麼，對於中國法制現代化的事業來說，古代（主要是指先秦）法家思想是否有意義、有價值的傳統文化資源？在 21 世紀的世界裏，那些二千多年前的法家典籍，如《管子》、《商君書》、《韓非子》等，是否還值得重讀？我們今天所追求的"法治"是否完全是西方文化的產物，與中國傳統思想和文化毫不相干？本文的目的，便是對這類問題進行初步的探索。

在漫長的中國思想史中，人們對先秦法家思想的認識和評價並不一致。從漢代到近代以前，由於儒家思想的主導地位，先秦法家長期受到貶斥和批判。西漢司馬談在《論六家要旨》中指出："法家不別親疏，不殊貴賤，一斷於法，則親親尊尊之恩絕矣。可以行一時之計，而不可長用也。故曰：'嚴而少恩'。"司馬遷在《史記·商君列傳》

說：“商君，其天資刻薄人也……余嘗讀商君《開塞》、《耕戰》書，與其人行事相類。卒受惡名於秦，有以也夫！”班固在《漢書・藝文志》中談到法家的缺點：“及刻者為之，則無教化，去仁愛，專任刑法，而欲以致治，至於殘害至親，傷恩薄厚。”

到了宋代，蘇軾說：“韓非著書，言治天下無若刑名之賢，及秦用之，終於勝廣之亂，教化不足而法有餘。秦以不祀，而天下被其毒……然秦韓之治行於一時，而其害見於久遠，使韓非不幸獲用於世，其害將有不可勝言者矣。”3 清代盧文弨則認為：“商韓之術，用之使秦強，不知正乃所以速其亡也。今當聖道大明之日，其說之謬，夫人而知之，固不待於禁絕。若非之辭辨鋒銳，瀾翻不窮，人以其故尤愛之。”4

覓變法圖強之路

但是，近現代以來，為古代法家伸冤和平反之聲，卻此起彼落，不絕於耳。這種現象的時代背景是，中國在西方列強的壓迫下，急需找出變法圖強之路。儒家傳統在五四新文化運動“打倒孔家店”的口號中受到懷疑和否定，而西方國家實行的法治和憲政，則提醒國人中國也曾有過法家“以法治國”的思想。嚴復說：“居今日而言救亡學，惟申韓庶幾可用。”5 章太炎說：“商鞅之中於讒誹也兩千年，而今世為尤甚。其說以為自漢以降，抑奪民權，使人君縱恣者，皆商鞅法家之說為之倡。嗚呼！是惑於淫說也甚矣。”6 章太炎為商鞅等法家人物正名，肯定他們的歷史功績，並認為要治理好國家，必須批判人治，像先秦法家那樣“專以法律為治”。7

梁啟超把先秦法家的主流思想形容為“法治主義”，並把它與“術治主義"和"勢治主義"區分。[8] 梁啟超認為："法治主義，為今日救時惟一之主義"；"立法事業，為今日存國最急之事業"；"自今以往，實我國法系一大革新時代也"。[9]

胡適一方面對"法家"這個名稱提出質疑，因為在先秦時期並無所謂"法家"；另一方面，胡適指出，盛行於戰國中後期（公元前四至三世紀）的、一般被稱為"法家"的思想，性質類似於西方所謂的法理學或法治的學說。[10] 他強調法家深受儒家、墨家和道家的影響，所以"當時所謂'法家'其實只是古代思想的第一次折衷混合……當日的法治運動正是古代思想調和折衷的結果。"[11] 胡適特別指出，法家所主張的主要不是"刑"而是作為客觀標準的"法"，他又強調成文法的公佈的進步意義和法家思想中的平等主義。

眾説法家思想

胡適以後，不少學者採用馬克思主義的歷史觀去理解法家思想，認為法家思想所反映的是當時與正在沒落的封建貴族和奴隸主貴族階級相對的新興地主階級的利益，具有進步和革新的意義。[12] 台灣學者戴東雄則從中國法制現代化的要求出發，指出"法家之法治學說，對於法的平等性與安定性，提倡甚力"，[13] 中國繼受近代歐陸法，並非"毫無歷史的背景和理論上的淵源"，甚至"應歸功於法家之法律成文化的法律觀"。[14] 戴氏更認為，"儘管中國法家與西洋的法實證主義，起源於不同的歷史環境與文化背景；但二者皆有共同的理論基礎和相同的學説"。[15]

但是，並非所有近現代的論者都對古代法家思想傳統表示同情、肯定或願意放棄歷代以來累積的否定評價。例如，著名法學家梅仲協就法家思想集大成者韓非評論説："中國二千餘年來，政治之所以未納正軌者，揆其原因，半誤於儒家，半惑於韓非。"他認為韓非"本不知法律為何物，而妄以法治為名而行其人治之實，'慘礉少恩'（見《史記》）'而終不免以人為殉'，致使吾國上下，即在近幾十年來，對於法治的概念，還是弄不清楚，以為民主國家所勵行的法治制度，便是韓非所主張的一套嚴刑峻法，殘民以逞的法治"。[16]此外，當代著名思想家余英時也嚴厲批評法家思想的"反智論"（余氏所用語），包括其思想專制、愚民政策和對於知識與學問的排斥。[17]

從上面可以看到，如何理解和評價中國古代的法家思想及其當代意義，確是一個具爭議性的課題。在下面，讓我們從兩個角度去看法家思想傳統：首先是它在哪些方面具有進步的、積極的意義，在哪些方面與我們當前急需建設的現代法治有相通的地方；然後我們再看，法家思想傳統在哪些方面存在缺陷或局限，以致它必須接受改造，才能在現代世界中繼續發揮其生命力。簡單來說，我們要理清的，便是在現代語境裏古代法家思想傳統的精華和糟粕、正面和負面。

二、古代法家思想傳統的正面

（一）法的客觀性

二千多年前的法家思想家已經認識到，法是用以規範和衡量人們行為的、客觀的、公正的準則，並因此把法比擬為度量衡。《管子》說："尺寸也，繩墨也，規矩也，衡石也，斗斛也，角量也，謂之法"（《七法篇》）；"法律政令者，吏民規矩繩墨也"（《七臣七主篇》）；"法者，天下之儀也。所以決疑而明是非也，百姓之所懸命也"（《禁藏篇》）；"法者，天下之程式也，萬事之儀表也"（《明法解篇》）。《慎子》

說："有權衡者不可欺以輕重，有尺寸者不可差以長短，有法度者不可巧以詐偽。"[18]《商君書・修權》說："法者，國之權衡也"；"先王縣權衡，立尺寸，而至今法之，其分明也"。

《韓非子・外儲說右下》進一步指出，法不單是行為的標準，更是糾正不當行為的一種建設性的力量："椎鍛者，所以平不夷也。榜檠者，所以矯不直也。聖人之為法也，所以平不夷，矯不直也。"

（二）法的強制性

法家強調"法"和"刑"的結合，他們認識到，使法有別於道德或"禮"等行為規範的最重要特徵，便是法是以國家的強制力為其後盾的，違法的後果，便是國家施予刑罰。《韓非子・定法》說："法者，憲令着於官府，賞罰必於民心。賞存乎慎法，而罰加乎姦令者也。"

在法家眼中，賞罰是法的實施的必要和有效的工具，這個觀點乃建基於法家的類似近代功利主義哲學的人性觀。《管子・禁藏》說："夫凡人之情，見利莫能勿就，見害莫能勿避。其商人通賈，倍道兼行，夜以續日，千里而不遠者，利在前也。漁人之入海，海深萬仞，就彼逆流，乘危百里，宿夜不出者，利在水也。故利之所在，雖千仞之山，無所不上；深淵之下，無所不入焉。"

《商君書》指出："民之於利也，若水於下也"（《君臣篇》）；"羞辱勞苦者，民之所惡也；顯榮佚樂者，民之所務也"（《算地篇》）；"人性好爵祿而惡刑罰"（《錯法篇》）；人既然有這些共通的好惡，"故民可治也"（《錯法篇》）：就是通過法定的賞罰來導引他們的行為。《韓非子・八經因情》說："凡治天下，必因人情。人情者有好惡，故賞罰可用。賞罰可用，則禁令可立，而治道具矣。"

（三）法定的產權

法家思想家常常提到法律的"定分止爭"的功能，用當代的話語來說，便是界定產權、平息紛爭。《管子・七臣七主》說："法者所以興功懼暴也，律者所以定分止爭也，令者所以令人知事也。"正如梁啟超所指出，這裏的"分"就是指權利，"創設權利，必借法律，故曰定分止爭也。"[19]《商君書・定分》裏對產權的意義有個生動的說明："一兔走，百人逐之，非以兔也。夫賣者滿市，而盜不敢取，由名分已定也。故名分未定，堯、舜、禹、湯且皆如焉而逐之；名分已定，貧盜不取。"

法家關於國家和法律起源的學說，在某些方面與近代西方霍布斯、洛克等人的思想相似，即指出**國家和法律的出現乃是針對原始社會的無政府狀態（"自然狀態"）中出現的問題**。《管子・君臣下》說："古者未有君臣上下之別，未有夫婦妃匹之合，獸處羣居，以力相征，於是智者詐愚，強者凌弱，老幼孤弱，不得其所，故智者假眾力以禁強虐而暴人止。"《商君書・開塞》的論述則更為詳細：

"天地設而民生之，當此之時也，民知其母而不知其父，其道親親而愛私。親親則別，愛私則險，民眾而以別險為務，則民亂。當此時也，民務勝而力征。務勝則爭，力征則訟，訟而無正，則莫得其性也。故賢者立中，設無私，而民日仁。當此時也，親親廢，上賢立矣。凡仁者以愛利為務，而賢者以相出為道。民眾而無制，久而相出為道，則有亂。故聖人承之，作為土地貨財男女之分。分定而無制，不可，故立禁。禁立而莫之司，不可，故立官。官設而莫之一，不可，故立君。既立君，則上賢廢，而貴貴立矣。"

《韓非子・五蠹》則把國家和法律的興起聯繫至資源有限的情況之下的人口增長：

"古者丈夫不耕，草木之實足食也；婦人不織，禽獸之皮足衣也。不事力而養足，人民少而財有餘，故民不爭。是以厚賞不行，重罰不用，而民自治。今人有五子不為多，子又有五子，大父未死而有二十五孫。是以人民眾而貨財寡，事力勞而供養薄，故民爭。雖倍賞累罰而不免於亂。"

（四）法與人民的利益

雖然法家人物都是所謂"法術之士"，[20] 即為君主出謀獻策、協助君主管理國家、以政治為職業的專家，但是法家所提倡的法並非只反映君主的利益，也是（至少在理想的情況下）符合人民的長遠利益。《管子》提出，立法應考慮民情的好惡，以求"令順民心"："人主之所以令則行，禁則止者，必令於民之所好而禁於民之所惡也。民之情莫不欲生而惡死，莫不欲利而惡害。故上令於生利人則令行，禁於殺害人則禁止。"（《形勢解篇》）另一方面，《管子》又說："不為愛民虧其法，法愛於民。"（《法法篇》）

《韓非子・心度》進一步指出，"聖人之治民，度其本，不從其欲，期於利民而已。故其與之刑，非所以惡民，愛之本也。"《韓非子・姦劫弒臣》又對法家的事業作出如下描繪："聖人者，審於是非之實，察於治亂之情也。故其治國也，正明法，陳嚴刑，將以救群生之亂，去天下之禍，使強不凌弱，眾不暴寡，耆老得遂，幼孤得長，邊境不侵，君臣相親，父子相保，而無死亡繫虜之患。此亦功之至厚者也。"

正如《商君書‧靳令》所指出，法家追求的是"以刑去刑，刑去事成"。《韓非子》把法家理想的逐步實現歸納為三個（未來的）階段，分別稱為"明主之國"（《五蠹篇》）、"至治之國"（《用人篇》）和"至安之世"（《大體篇》）。到了"至安之世"（這可能令人想起老子的理想）：

"法如朝露，純樸不散。心無結怨，口無煩言。故車馬不弊於遠路，旌旗不亂於大澤。萬民不失命於寇戎，雄駿不創壽於旗幢。豪傑不著名於圖書，不錄功於盤盂，記年之牒空虛。"（《大體篇》）

（五）公與私的區分

古代法家思想的另一貢獻是確立"公"和"私"的區分，"公"是國家整體的利益，"法"是"公"而非"私"（個人利益）的體現。《韓非子‧詭辯》說："夫立法令者，以廢私也。法令行而私道廢矣。私者，所以亂法也"；"能去私曲就公法者，民安而國治。能去私行行公法者，則兵強而敵弱。"（《有度篇》）

其他法家人物對於公和私的問題也有類似的論述。戰國初期楚國的吳起主張"明法審令"，厲行"使私不害公"的"法治"。[21] 商鞅要求明"公私之分"，主張"任法去私"，反對"釋法任私"。他稱讚堯、舜、三王、五霸"皆非私天下之私也，為天下治天下"，並指責"今亂世之君臣"，"皆擅一國之利，而管一官之重，以便其私，此國之所以危也。"[22] 另一位前期法家人物慎到更明確提出，法的重要作用在於"立公棄私"，"法之功莫大使私不行"；"有法而行私謂之不法"。[23] 他又說："古者立天子而貴之者，非以利一人也……立天子以為天下也，非立天下以為天子也；立國君以為國也，非立國以為君也；立官長以為官也，非立官以為長也。"（《慎子・威德》）他甚至主張臣下 "以死守法" 和 "守職"，[24] 而不是忠於君主個人。至於君主，他要求 "大君任法而弗躬為，則事斷於法矣。"（《慎子・君人》）

（六）法的平等適用

法家提出 "不別親疏，不殊貴賤，一斷於法" 的主張，[25] 是與原有的 "別親疏，殊貴賤"、"禮不下庶人，刑不上大夫" 的 "禮治" 秩序針鋒相對；在禮治秩序裏，貴族享有各種特權。[26] 正如在西方近代資產階級革命時期，"法律之前人人平等" 的主張針對的是當時貴族（以至教會）的特權，中國古代法家思想中的法律平等適用的概念，也有其作為鞏固王權、對抗貴族的政治鬥爭中的武器的意義。雖然如此，但正如資產級的 "法律之前人人平等" 的原則一樣，法家關於法律與平等的思想作為思想本身，仍有超越其時代的政治鬥爭的意義和價值。

就法的平等適用來說，法家文獻中有不少精闢的論述。《商君書・賞刑》說：“所謂壹刑者，刑無等級，自卿相、將軍以至大夫、庶人，有不從王令、犯國禁、亂上制者，罪死不赦。有功於前，有敗於後，不為損刑；有善於前，有過於後，不為虧法。忠臣孝子有過，必以其數斷。" 這裏談的是刑罰的平等適用，甚至不考慮個人的特殊情況，從人道的立場來看，顯然是過於極端的。

《韓非子・備內》則指出，法的不平等適用令人產生不滿："上古之傳言，《春秋》所記，犯法為逆以成大姦者，未嘗不從尊貴之臣也。然而法令之所以備，刑罰之所以誅，常於卑賤。是以其民絕望，無所告訴。"《韓非子・有度》主張 "法不阿貴，繩不撓曲。法之所加，智者弗能辭，勇者弗敢爭。刑過不避大臣，賞善不遺匹夫。故矯上之失，詰下之邪，治亂決繆，絀羨齊非，一民之軌，莫如法。"

（七）法的權威性和拘束力

法家思想的其中一個關鍵性的特徵，是它大力提倡法的權威性和拘束力，強調人民、官員、甚至國君都應該守法和依法辦事。代表法家先驅人物管仲和齊國法家的思想的《管子·任法》說："有生法、有守法、有法於法。夫生法者君也，守法者臣也，法於法者民也。君臣上下貴賤皆從法，此謂為大治。"《管子》討論到君主與法的關係："為人上者釋法而行私，則為人臣者援私以為公"；"凡私之所起，必生於主"（《君臣下篇》）；"天不為一物枉其時，明君聖人亦不為一物枉其法"（《白心篇》）；"明君置法以自治，立儀以自正也……禁勝於身，則令行於民"（《法法篇》）。《管子·法法》甚至提到"不為君欲變其令，令尊於君"，梁啟超評論道："就此點論，可謂與近代所謂君主立憲政體者精神一致"。[27]

《商君書》也認為君主應受到法的制約："故明主慎法制。言不中法者，不聽也；行不中法者，不高也；事不中法者，不為也"（《君臣篇》）；"故人君者，不可不慎己也"（《壹言篇》）；"世之為治者，多釋法而任私議，此國之所以亂也"（《修權篇》）；"是故明王任法去私，而國無隙蠹矣。"（《修權篇》）《韓非子》在這方面也有類似的見解，反對"釋法行私"，[28] 又說："釋法術而任心治，堯舜不能正一國；去規矩而妄意度，奚仲不能成一輪；廢尺寸而差短長，王爾不能半中。"（《用人篇》）

"法治"是與"人治"以至法家所謂的"心治"或"身治"相對的。**法家在推崇法治的同時，對人治思想提出了批判，指出按照統治者個人的意志或裁量權來統治是不妥當的，而賢明的統治者是可遇而不可**

求的。例如《慎子・君子》說：“君人者舍法而以身治，則誅賞奪予從君心出矣。然則受賞者雖當，望多無窮；受罰者雖當，望輕無已。君舍法而以心裁輕重，則是同功而殊賞，同罪而殊罰也。怨之所由生也。”《商君書・修權》則指出：“夫釋權衡而斷輕重，廢尺寸而意長短，雖察，商賈不用，為其不必也……不以法論知能、賢不肖者推堯，而世不盡為堯。是故先王知自議譽私之不可任也，故立法明分：中程者賞之，毀公者誅之。”

《韓非子》也指出，像堯舜這樣的聖王是罕有的，而“以法治國”卻是中等才能的統治者成功治國之道：“且夫堯舜桀紂，千世而一出……中者上不及堯舜，而下亦不為桀紂，抱法處勢，則治，背法去勢，則亂。今廢勢背法而待堯舜，堯舜至乃治，是千世亂而一治也。抱法處勢而待桀紂，桀紂至乃亂，是千世治而一亂也”（《難勢篇》）；“道法萬全，智能多失。夫懸衡而知平，設規而知圓，萬全之道也。明主使民飾於道之故，故夫而有功。釋規而任巧，釋法而任智，惑亂之道也”（《飾邪篇》）；“使中主守法術，拙匠執規矩尺寸，則萬不失矣”（《用人篇》）；“故以法治國，舉措而已矣。”（《有度篇》）

關於人治和法治問題，戰國末年法家人物尹文也有精闢的分析：

“田子讀書，曰：‘堯時太平。’宋子曰：‘聖人之治以致此乎。’彭蒙在側，越次而答曰：‘聖法之治以致此，非聖人之治也。’宋子曰：‘聖人與聖法所以異？’彭蒙曰：‘子之亂名甚矣。聖人者，自己出也。聖法者，自理出也。理出於己，己非理也。己能出理，理非己也。故聖人之治，獨治者也；聖法之治，則無不治矣。”（《尹文子・大道下》）

在批判"人治"的同時，法家又指出"仁政"的不可恃，並認為忠孝仁愛等倫理觀念不適用於統治者與人民的關係。《商君書·畫策》說："仁者能仁於人，而不能使人仁；義者能愛於人，而不能使人愛。是以知仁義之不足以治天下也"；"治主無忠臣，慈父無孝子。欲無善言，皆以法相司也。"《韓非子·六反》裏以下一段話更是令人不寒而慄：

"今上下之接，無父子之澤……且父母之於子也，產男則相賀，產女則殺之。此俱出於父母之懷衽，然男子受賀，女子殺之者，慮其後便，計之長利也。故父母之於子也，猶用計算之心以相待也，而況無父子之澤乎？"

因此，《韓非子·六反》認為："今學者之說人主也，皆去求利之心，出相愛之道，是求人主之過於父母之親也"；"明主之治國也，使民以法禁而不以廉止"；"故法之為道，前苦而後樂；仁之為道，偷樂而後窮。聖人權其輕重，出其大利，故用法之相忍，而棄仁之相憐也。"

（八）法應公佈、清晰、易明

法家的核心主張之一是法應成文化和公諸於世，務求家喻戶曉，這在當時的歷史環境中是有重大進步意義的。春秋時代，刑律掌握在貴族手中，供他們任意運用，故有所謂"刑不可知則威不可測"的秘密法傳統。[29] 胡適指出："須知中國古代成文的公佈法令，是經過了許多反對，方才漸漸發生的。"[30] 台灣學者張偉仁指出，春秋時鄭國的子產把刑書鑄在銅鼎上、並把它公開展示的意義，在於向人民保證法律定將貫徹執行，其運作將有高度的可預見性，再不會被官員恣意運用。[31] 當時晉國的叔向卻寫信給子產說："先王議事以制，不為刑辟，懼民之有爭心也⋯⋯民知有辟則不忌於上，並有爭心以征於書”。[32] 後來晉國的范宣子也把刑書鑄在鼎上，孔子評論説：“今棄是度也而為刑鼎，民在鼎矣！何以尊貴？貴何業之守？貴賤無序，何以為國？”[33] 由此可見成文法的公佈在當時的爭議性。

　　法家認為，法的目的在於調控國人的行為，如要實現這個目的，就必須使國人清楚明白法律對他們的要求，所以法律不單要公佈，而且要寫得清晰和易於明白，並要設立把法律知識普及化的機制。[34]《商君書・定分》説：“故聖人為法，必使之明白易知，名正，愚知遍能知之”；“故聖人立，天下而無死刑者，非不刑殺也，行法令明白易知，為置法官，吏為之師，以道之知，萬民皆知所避就，避禍就福，而皆以自治也。”

　　關於法律知識的普及化，《商君書・定分》描述出這樣的一種制度：“諸官吏及民有問‘法令之所謂也’於主法令之吏，皆各以其‘故所欲問之法令’明告之”；“故天下之吏民，無不知法者。吏明知民知法令也，故吏不敢以非法遇民，民不敢犯法以幹法官也。”從這裏可以看到，商鞅認為當人民掌握法律知識後，不但人民會懂得守法，連官員也會受到制約，不敢對人民作出違法的行為；這確是法家對法律的公開性的意義的一點睿見。

　　《韓非子》對於法的公開性則有以下的經典論述：“法者，編著之圖籍，設之於官府，而布之於百姓也⋯⋯故法莫如顯⋯⋯是以明主言法，則境內卑賤，莫不聞知也，不獨滿於堂”（《難三篇》）；“官不敢枉法，吏不敢為私”（《定法篇》）。

（九）法的可遵守性

　　如上所述，法律的功能在於調控、導引人們的行為，但如果法律要求人們做的事是他們根本沒有可能做到的、屬他們能力範圍以外的，那麼這條法律便是註定失敗的了。法家對此有一定的認識。《管子》指出立法時須"量民力"，"毋強不能"：[35] "令於人之所能為則令行，使於人之所能為則事成"（《法法篇》）；"令於人之所不能為，故其令廢；使於人之所不能為，故其事敗"（《形勢解篇》）。因此，統治者不能貪得無厭："求多者其得寡，禁多者其止寡，令多者其行寡"；[36] 統治者應"取於民有度，用之有止"（《權修篇》）。《韓非子·用人》也有類似見解："明主立可為之賞，設可避之罰。"

（十）法的統一性和穩定性

　　法律既然是向人們傳遞關於行為規範的訊息的媒介，如果不同的法律條文的要求是互相矛盾的，或是朝令夕改的，人們便會無所適從，法律的目標便不能實現。法家對此有充分的認識，故提倡法的統一性和穩定性。關於後者，《管子·法法》說："號令已出又易之，禮義已行又止之，度量已制又遷之，刑法已措又移之，如是慶賞雖重，民不勸也；殺戮雖繁，民不畏也。"《韓非子》則指出：[37] "法莫如一而固，使民知之"（《五蠹篇》）；"治大國而數變法，則民苦之"（《解老篇》）；"法禁變易，號令數下者，可亡也"（《亡徵篇》）。韓非又把法律比喻為鏡子或度量衡："故鏡執清而無事，美惡從而比焉。衡執正而無事，輕重從而載焉。夫搖鏡則不得為明，搖衡則不得為正，法之謂也。"（《飾邪篇》）法不應隨便和頻頻變更，並不表示法應一成不變，毋顧社會的變化，所以《韓非子·心度》同時指出"法與時轉則治，治與世宜則有功”；“時移而治不易者亂”。

　　關於法令的統一性，韓非批評申不害在韓國制定新法時，沒有廢除原來的“故法”，造成“故新相反，前後相悖”的問題，證明申不害“不擅其法，不一其憲令”。[38]

（十一）法的不溯既往

　　如果法的主要功能在於引導人們作出應作的行為和阻嚇人們作出不應作的行為，那麼賦予法律溯及力便是值得質疑的；法家對此有所認識。《管子・法法》説：“令未布而民或為之，而賞從之，則是上妄予也”；“令未布而罪及之，則是上妄誅也”。[39]

（十二）法的操作的可預見性

　　法家的其中一項核心主張是“信賞必罰”，亦即是説，必須保證如有人作出了法律規定應予獎賞的行為，他一定真的得到規定的獎賞；如有人作出了法律規定應予懲罰的行為，他一定真的得到規定的懲罰。這樣便能取信於民，法律指導人民行為的功能才能發揮。用現代的話語來説，這便是要求法律的操作和執行有高度的可預見性，人們可以清楚預見到他們或別人的行為的（由法制的運作而產生的）實際後果。

　　《管子》提倡信賞必罰：[40]“見必然之政，立必勝之罰”（《七臣七主篇》），使“民知所必就而知所必去”；如果“言是而不能立，言非而不能廢，有功而不能賞，有罪而不能誅，若是而能治民者，未之有也”（《七法篇》）。《商君書・修權》指出：“民信其賞，則事功成；信其罰，則姦無端。”

　　《韓非子・內儲説上七術》裏有兩個故事，説明使人民相信犯法者必受懲罰是多麼重要的。[41]"董閼於為趙上地守。行石邑山中，見深澗，峭如牆，深百仞。因問其旁鄉左右曰：'人嘗有入此者乎？'對曰：'無有。'曰：'嬰兒盲聾狂悖之人，嘗有入此者乎？'對曰：'無有。''牛馬犬彘，嘗有入此者乎？'對曰：'無有。'董閼於喟然太息曰：'吾能治矣。使吾法之無赦，猶入之必死也，則人莫之敢犯也，何為不治？'"

在第二個故事裏，衛嗣君願意以一城（名為左氏）交換逃到魏國的一名犯人，他說："法不立而誅不必，雖有十左氏，無益也。法立而誅必，雖失十左氏，無害也。"

三、古代法家思想傳統的負面

（一）重刑政策

法家主張使用重刑，不單是對重罪下重刑，而且"輕罪重罰"以收阻嚇作用，殺一儆百。《商君書·說民》說："故行刑重其輕者，輕者不生，則重者無從至矣，此謂治之於其治也。行刑重其重者，輕其輕者，輕者不止，則重者無從止矣，此謂治之於其亂也。"《韓非子·六反》對此問題有進一步的分析：

"今不知治者，皆曰重刑傷民，輕刑可以止姦，何必重哉？此不察於治者也。夫以重止者未必以輕止也，以輕止者必以重止矣……所謂重刑者，姦之所利者細，而上之所加焉者大也。民不以小利蒙大罪，故姦必止者也。所謂輕刑者，姦之所利者大，上之所加焉者小也，民慕其利而傲其罪，故姦不止也。"

從被處罰者的角度看，輕罪重罰，意味着他受到的處罰是與其犯罪嚴重程度不相稱的、超過其罪有應得的，因此是不公平的。即使旁觀者也會對這樣的被處罰者寄予同情。**法家的重刑政策是為統治者的方便和所謂國家整體利益服務的，不惜犧牲個人的權益，這是與現代人權思想背道而馳的。**

（二）愚民政策

為了有效統治、富國強兵的需要，法家不惜實行愚民政策，否定人民的個性、創造力和自由思想。《商君書》說：[42] "民愚則易治也"（《定分篇》）；"聖人之治也，多禁以止能，任力以窮詐"（《算地篇》）；"民弱國強，國強民弱。故有道之國，務在弱民"（《弱民篇》）；"民辱則貴爵，弱則尊官，貧則重賞"（《弱民篇》）；"昔之能制天下者，必先制其民者也；能勝強敵者，必先勝其民者也。故勝民之本在制民，若冶於金，陶於土也。"（《畫策篇》）《韓非子・顯學》說："民智之不可用也，猶嬰兒之心也。"

正如梁啟超所指出，這樣的思維，等於把人民（相對於統治者而言）視為劣等人種：

"謂治者具有高等人格，被治者具有劣等人格。殊不知良政治之實現，乃在全人類各個人格之交感共動互發而駢進。故治者同時即被治者，被治者同時即治者。而慈母嬰兒，實非確喻也。此中消息，惟儒家能窺見，而法家則失之遠矣。"[43]

（三）壓制議論

為了把法的權威絕對化和為法的實施提供最大的保證，法家主張壓制民間關於法律的議論，這便是所謂"法而不議"。[44]《管子‧重令》說："令雖出自上而論可與不可者在下，是威下繫於民者也"；對法令"作議者盡誅"。[45]《商君書‧定分》說："人主為法於上，下民議之於下，是法令不定，以下為上也，此所謂名分之不定也……此令姦惡大起，人主奪威勢，亡國滅社稷之道也。"

由此可見，法家的"以法治國"完全是由上而下的，統治者一聲令下，人民便須絕對服從，像機械人一般，連議論的空間也不准存在。

（四）文化專政

法家主張"以法為教、以吏為師"、"賞譽同軌、非誅俱行"，基本上是實行政教合一的文化專制政策，不容許與國家的法律規範有抵觸的道德、思想、文化、價值和觀念的存在，用現代的話語來説，這是一種極權主義（totalitarianism）。慎到説："士不得背法而有名。"[46]《商君書‧靳令》說："法已定矣，而好用六蝨者亡……六蝨曰禮樂、曰詩書、曰修善、曰孝悌、曰誠信、曰貞廉、曰仁義、曰非兵、曰羞戰。"《韓非子》指出："明主之國，令者言最貴者也；法者事最適者也。言不二貴，法不兩適。故言行不軌於法令者必禁"（《問辯篇》）；"賞者有誹焉不足以勸，罰者有譽焉不足以禁。明主之道，賞必出乎公利，名必在乎為上。賞譽同軌，非誅俱行。然則民無榮於賞之內。有重罰者必有惡名，故民畏。"（《八經類柄篇》）[47]《韓非子‧五蠹》還提倡"明主之國，無書簡之文，以法為教；無先王之語，以吏為師……是境內之民，其言談者必軌於法，動作者歸之於功，為勇者盡之於軍。是故無事則國富，有事則兵強。"

　　歷史證明，法家這種以國法為唯一是非標準的、否定人類社會的道德、思想、知識和文化價值的態度是十分危險的，對於後來秦始皇焚書坑儒的暴行，法家思想實在難辭其咎。

（五）狹隘的社會目標

　　法家是在戰國亂世中為君主出謀獻策、找出富國強兵之道的思想家，國君的利益在於增加生產、加強兵力、擴張領土以至征服天下，這和人民對安居樂業的要求是有矛盾的。法家的法制設計的目標在於鼓勵農業和軍事活動，而非人民的整體物質和精神文明的發展，因此，法家為社會所追求的目標可說是狹隘和被扭曲的。

　　《商君書・農戰》說："國之所以興者，農戰也……國待農戰而安，主待農戰而尊。"《韓非子・五蠹》主張以富貴獎勵努力從事農業生產和勇於戰鬥的人，從而富國強兵："夫耕之用力也勞，而民為之者，曰可以得富也。戰之為事也危，而民為之者，曰可得貴也。"

（六）專制王權

　　正如西漢司馬談在《論六家要旨》中指出，法家思想的其中一個特徵是"尊主卑臣，明分職不得相逾越"。[48] 雖然尊君思想不是法家的專利，在中國古代其他思想流派中也存在，但是，法家思想中沒有像儒家"貴民"的概念，在君與民的平衡上，法家是向君的那方一面倒的。當然，這也是與法家所身處的時代有密切的關係，正如歐洲從中世紀過渡至近代的階段，主權論隨君主專制國家一同興起，在戰國時期，君權的強化及其理論上的證成有其時代意義。

《管子‧明法解》説：“明主在上位，有必治之勢，則羣臣不敢為非。是故羣臣之不敢欺主，非愛主也，以畏主之威勢也。百姓之爭用，非以愛主也，以畏主之法令也。故明主操必勝之數，以治必用之民，處必等之勢，以制必服之臣。故令行禁止，主尊而臣卑。”《商君書》指出“君尊則令行”，而君尊令行的條件是“權者，君之所獨制也”；“權制斷於君則威”。[49] 慎到説：“民一於君，事斷於法，是國之大道也”；“多賢不可以多君，無賢不可以無君”；“君立則賢者不尊”；“立君而尊賢是賢與君爭，其亂甚於無君”。[50]

《韓非子》則指出，君主無論好壞，都必須服從，正如帽子無論好壞，都要戴於頭上，不可與鞋子易位：[51]“臣事君，子事父，妻事夫，三者順則天下治，三者逆則天下亂。此天下之常道也，明王賢臣而弗易也，則人主雖不肖，臣不敢侵也”（《忠考篇》）；“冠雖穿弊，必戴於頭；履雖五采，必踐之於地。”（《外儲説左下篇》）

此外，法家思想中同時包涵着重“法”（以商鞅為代表）、重“勢”（以慎到為代表）和重“術”（以申不害為代表）的看法，直至韓非主張“法”、“勢”、“術”的結合使用。“勢”是權勢，“術”是權術，都是用以強化君主個人權力的技術，因此有人把中國古代法家思想與西方近代的馬基雅弗利（Niccolo Machiavelli）（主要著作包括《霸術》（*The Prince*）一書）相提並論。[52]《韓非子》提出“抱法處勢則治，背法去勢則亂”的觀點（《難勢篇》），而“術者，藏之於胸中，以偶眾端，而潛御羣臣者也”（《難三篇》）。這類為了權力而不擇手段的態度，在人類歷史中的為害是有目共睹的。

（七）片面的法律觀

　　從比較法學和現代法治的視野出發，法家的法律觀是有嚴重的局限性和不足的。首先，在法家的構想中，立法、廢法、司法和行政等所有國家權力都是集中在君主一身的，至於法律怎能對君主的專橫構成制約、法律怎能反映人民的利益和意願，法家不但沒有建設性的具體思考，而且由於它否定法律以外的道德倫理，所以對君權的道義性制約也一掃而空。

　　其次，法家的法律觀完全是以國家政權為中心的，即法律的唯一淵源便是君權的行使；雖然在一定程度上這與西方近代的實證主義法學相通，但它畢竟是片面性的，否定了民間習慣法等多元法律淵源的應有位置。法家的法最終來說只是君主的統治工具，而不一定是在社會中被普遍接受和遵守的、被人民視為有約束力的行為規範。

　　第三，正如不少論者所指出，法家的法幾乎全是刑法（當然還有規定獎賞的法），他們對於民法的概念缺乏認識。和刑法不同，民法調整的是私人之間的關係，保證當私人的權益受到其他私人侵犯時，受害者可得到補救。法家則漠視這類私人權益，只重視政權或國家整體的利益。

　　最後，法家對於程序法也缺乏認識，在強調重刑的同時，他們未有考慮怎樣設立公正和合理的程序性安排，以保證不會濫殺無辜。他們只知從統治者的角度去看嚴刑峻法為統治者帶來的好處，卻從來沒有嘗試站在正被控告的人民的位置，去了解嚴刑峻法可能帶來的苦難。

（八）偏頗的人性論

　　法家強調人的趨利避害的心理，這是無可厚非的，即使是現代功利主義哲學家也有類似的看法。但是，和現代功利主義不同的是，法家並不是為人類社會追求最大多數人的最大快樂，而是要利用人們趨利避害的心理，去設計相應的賞罰制度，從而使人們的行為受到統治者的操縱，例如統治者希望富國強兵 —— 發展農業和增強兵力，便以法制導引人們全力投入農和戰的活動，放棄其他追求。

但是，人性中除了避免受到統治者的懲罰和得到統治者的賞賜的動力外，就沒有其他東西嗎？在歷史長河中，人類文明所衍生的道德倫理、價值觀念、思想文化、宗教哲學、風俗習慣，就能這樣被一小撮統治者所任意訂下的法律一筆勾銷嗎？人類是否甘心像螞蟻、蜜蜂或機械人般生活？人是否能被強迫放棄其理性、良知和對於真善美的追求？這些問題所反映的，便是法家的膚淺之處。

四、結論

20 世紀美國著名法學家富勒（Lon L. Fuller）在《法律的道德》（*The Morality of Law*）一書中指出，[53] 法的事業是以規則來調控人們的行為，而如果法要達到這個目標，它必須在一定程度上滿足以下八項要求（他稱之為法的內在道德原則）：

（1）法須是有普遍適用性的規則；

（2）法須公佈；

（3）法不應有溯及力；

（4）法須能為人明白；

（5）法不應有內在矛盾；

（6）法不應要求人們作其能力範圍以外的事；

（7）法不應朝令夕改；

（8）法必須貫徹實施。

這個由一位 20 世紀西方法學頂尖人物提出來的理論，與中國二千多年前法家人物對於法的認識，有驚人地不謀而合之處：我們可以看到，富勒所提到的八點的每一點，都可以在本文第二部分所簡介的法家學說中找到。

其實本文第二部分的絕大部分內容，基本上都是與我們現代對於法的認識相通的。雖然有關的概念和原則是用二千多年前的古文表述出來，但在今天看來並不感到陌生。在今日世界，除了中國以外還有哪國的國民可以看到和看懂自己的祖先在二千多年前寫下的、在當代仍有價值和意義的、關於法的理念的文字？為此，我們作為中華民族的成員是應該感到振奮和自豪的。

法家思想與法治

那麼，中國古代法家思想是否與現代法治精神相通，或至少是建設中國現代法治社會的寶貴傳統文化資源？讓我們先看一位當代的中國法律思想史學者的看法。在《中國法律思想史綱》一書中，馬作武說："後世論者大都認為法家主張'法治'，這實在是一個天大的誤會。'法治'作為一個完整的概念，乃是西方近代文明的產物……法家所謂的'法治'尚未得法治真諦的皮毛。"[54] 在另一篇文章中，馬作武補充說："所謂法家的'法治'充其量不過是一整套構建君主個人集權專制的制度與手段，是最大最典型、也是最極端的人治……中國古代的所謂'法治主義'其實是專制主義的別稱，其'法治'理論構成了中國傳統專制理論的基石。"[55]

在本文上面第三部分的基礎上，我們不得不承認，法家的"法治"理論與君主專制有密不可分的聯繫。但是，專制和法治是不是真的互不相容？專制的對立面是民主，法治的對立面是人治。沒有民主是不是就沒有可能有法治？馬作武說"法家所謂的'法治'尚未得法治真諦的皮毛"，那麼上面提到的富勒教授關於法的內在道德要求的理論，是否同樣未能掌握法治真諦的皮毛？

我認為要解決這些問題，便必須澄清"法治"觀念的涵義，尤須區分當代美國學者皮文睿（Randall Peerenboom）所謂的"實質的、深度的"法治概念和"形式的、淺度的"法治概念。[56] 前者是與經濟體制、政治體制和人權概念相輔相成的，比如說沒有民主憲政和人權保障便不可能有法治。如果採用這種"實質的、深度的"法治觀，那麼很明顯的是，"法家所謂的'法治'尚未得法治真諦的皮毛"。

那麼甚麼是"形式的、淺度的"法治概念？皮文睿指出，在這種法治觀下，統治者的權力不是任意運用的、而是依照法律規定行使的，因此，這樣的法治概念的對立面是人治。客觀法律的存在限制了政權的恣意行使和官員的裁量權，法律的操作有一定的可預見性，因此，人民可以預見其行為的法律後果，並在此預期的基礎上計劃其生活。皮氏討論到符合這種法治觀的法制的各種特徵，其中大部分類似於上述富勒提出的八點。此外，皮氏指出這種法治觀也要求公正的程序，以保障法律的合理適用。至於這種法治觀是否要求三權分立、司法審查和司法獨立等制度，皮氏則認為屬灰色地帶。

在本文上面第二部分的基礎上，我們應該可以說，法家對於法的認識大致上是符合上述這種"形式的、淺度的"法治觀的。春秋戰國時代是中華法系萌芽的關鍵時期，當時法家對於法這種社會現象進行了深入和多方面的思考，由此而產生的對法的性質、功能、特點和邏輯的認識，是有普遍意義的、經得起時代考驗的，甚至是值得後人驕傲的。今天，當我們在中國建設現代法治時，我們不應忘記先人在中國的法治道路上曾付出的努力和心血，並能從中得到精神上的鼓勵。

另一方面，我們也能從中汲取教訓。正如本文第三部分所指出，雖然法家思想有本文第二部分所介紹的積極方面，但它同時具有嚴重的缺陷和局限性，其中部分固然來自當時的社會和政治環境，值得諒解，但其中也有思維上和價值取向上的偏差和謬誤，足以遺害千古。回顧中國的歷史以至現狀，我們到處都能看到法家這些負面影響的蹤影，並因此看不到民主、人權和自由。今天，法治事業在中國尚未成功，同志仍須努力。

註釋

1　楊鴻烈：《中國法律思想史》（台北：台灣商務印書館，1964 年）。

2　瞿同祖：《中國法律與中國社會》（北京：中華書局，1981 年）。

3　轉引自楊日然：《法理學論文集》（台北：月旦出版社，1997 年），頁 299-300。

4　楊日然，同註 3。

5　楊日然，同註 3。

6　湯志鈞編：《章太炎政論選集上冊》（北京：中華書局，1977 年），頁 68，轉引自李海生：《法相尊嚴——近現代的先秦法家研究》（瀋陽：遼寧教育出版社，1997 年），頁 3，同時請參見頁 41、81。

7　李海生，同註 6，頁 42。

8　梁啟超：《先秦政治思想史》（香港：中華書局，1986 年重印版），頁 137。

9　梁啟超：〈中國法理學發達史論〉，載梁啟超著、范忠信選編：《梁啟超法學文集》（北京：中國政法大學出版社，2000 年），頁 71。

10　關於胡適在其《中國哲學史大綱》上卷的觀點的討論，可參見李海生，同註 6，頁 7、101。

11　姜義華主編：《胡適學術文集——中國哲學史（上冊）》（北京：中華書局，1991 年），頁 274。

12　李海生，同註 6，頁 12；張國華：《中國法律思想史新編》（北京：北京大學出版社，1991 年），頁 111-114。

13　戴東雄：《從法實證主義觀點論中國法家思想》（台北：三文印書館，1973 年），頁 1，轉引自李海生，同註 6，頁 272。

14　戴東雄，同註 13，頁 1-2；李海生，同註 6，頁 290、295。

15　戴東雄，同註 13，頁 2；李海生，同註 6，頁 290。

16　梅仲協：〈中國古代的法律思想〉，載《國父法律思想論文集》，頁 914，轉引自楊日然，同註 3，頁 301。

17　余英時：〈反智論與中國政治傳統〉，載余英時：《歷史與思想》（台北：聯經出版事業公司，1976 年）。

18　《意林》卷二引《慎子》佚文，張國華，同註 12，頁 145。

19　梁啟超：〈管子傳〉，《飲冰室合集·專集 28 卷》，轉引自李海生，同註 6，頁 89。

20　馮友蘭著、塗又光譯：《中國哲學簡史》，（北京：北京大學出版社，1985 年），頁 178。

21　《戰國策·秦策三》，張國華，同註 12，頁 132。

22　《商君書·修權》，張國華，同註 12，頁 139。

23　轉引自張國華，同註 12，頁 145-146。

24　轉引自張國華，同註 12，頁 148。

25　見本文 "引言"。

26　馬漢寶：〈思想、法律與社會變遷：歷史觀點下的中國經驗〉，《法律與中國社會之變遷》（台北：翰蘆圖書，1999 年），第 13 篇。

27　梁啟超，同註 8，頁 147。

28　張國華，同註 12，頁 168。

29　張國華，同註 12，頁 122。

30　原文來自《中國哲學史大綱》上卷，轉引自李海生，同註 6，頁 101。

31　張偉仁：〈《商君書》內的法理思想〉，載《國立台灣大學法學論叢》，第 24 卷第 2 期 (1995 年 6 月)，頁 47、52。

32　《左傳·魯昭公六年》，同註 31，頁 53-54。

33　《左傳·魯昭公二十九年》，同註 31，頁 53-54。

34　張偉仁，同註 31，頁 71。

35　張國華，同註 12，頁 121 及 157。

36　轉引自張國華，同註 12，頁 157。

37　轉引自張偉仁：〈《韓非子》內的法理思想〉(上)，載《國立台灣大學法學論叢》，第 25 卷第 2 期 (1996 年 1 月)，頁 79。

38　張國華，同註 12，頁 122。

39　張國華，同註 12，頁 158。

40　轉引自張國華，同註 12，頁 157-158。

41　張偉仁，同註 37，頁 98。

42　轉引自張偉仁，同註 31，頁 76。

43　梁啟超，同註 8，頁 151。

44　此詞來自《荀子·王制篇》，梁啟超，同註 8，頁 150。

45　張國華，同註 12，頁 123。

46　《慎子》佚文，《守山閣叢書·子部》，轉引自張國華，同註 12，頁 124。

47　張國華，同註 12，頁 170。

48　張國華，同註 12，頁 115。

49　《君臣篇》、《修權篇》，參見張國華，同註 12，頁 140。

50　《慎子》佚文，《藝文類聚》卷五十四，轉引自張國華，同註 12，頁 144。

51　張偉仁：〈《韓非子》內的法理思想〉(下)，載《國立台灣大學法學論叢》，第 25 卷第 3 期 (1996 年 4 月)，頁 15-16。

52　鄒文海：《西洋政治思想史稿》(台北：三民書局，1989 年)，頁 253。

53　Lon L. Fuller, *The Morality of Law* (New Haven: Yale University Press, revised edition 1969)。

54　馬作武：《中國法律思想史綱》(廣州：中山大學出版社，1998 年)，頁 74。

55　馬作武：〈中國古代 '法治' 質論 —— 兼駁法治的本土資源說〉，《法學評論》，1999 年第 1 期，頁 47-55，轉載於《覆印報刊資料·法理學、法史學》，1999 年第 3 期，頁 71-79 頁，引文見於頁 73-74。

56　參 見 Randall Peerenboom, "Ruling the Country in Accordance with Law: Reflections on the Rule and Role of Law in Contemporary China", *Cultural Dynamics,* Vol.11, No. 3

(1999), pp. 315-351; Randall Peerenboom, "Let One Hundred Flowers Bloom, One Hun-dred Schools Contend: Debating Rule of Law in China", *Michigan Journal of International Law*, Vol.23, No. 2 (2002), pp. 471-544。梁治平教授也作出"形式性的法治概念"和"實質性的法治溉念"的類似區分，見梁治平：〈法治：社會轉型時期的制度建構 —— 對中國法律現代化運動的一個內在觀察〉，《當代中國研究》，2000 年第 2 期，頁 18-66，特別是頁 22-28。

調解、訴訟與公正：對現代自由社會和儒家傳統的反思

"任何社會中，對因個人爭端而引起的衝突存在着不同的解決途徑。訴訟僅是由避免衝突到暴力等諸多可能性的其中一種選擇。解決爭端方法的多樣性，以及任何文化中存在的對這些方法的社會性選擇，宣示出有關社會中人們的理想、對自身的認識以及人際關係的特質。它們表明，人們是希望避免衝突，抑或鼓勵衝突，是壓制問題或友好解決問題。在解決爭端的過程中，該社會中最基本的社會價值便體現出來。"（引自傑羅德·思·奧爾巴克（Jerold S. Auerbach）：《沒有法律的公正？》（*Justice Without Law？*）（紐約：牛津大學出版社，1983年，頁 3-4）

一、引言

每個社會都有為解決爭端而建立的各項制度，其性質、結構和運作都是對該社會的文化、哲學、世界觀、社會模式和經濟政治組織的一種反映。眾所周知，**在中國傳統社會中，人們對一般的民事糾紛採取的解決途徑，更多的是調解而非訴訟，調解的原理及實踐深受儒家思想的影響，調解制度迎合了傳統社會的需要**。這種社會以小農經濟、以宗法家族為基礎的社會結構、鬆散的中央皇權統治模式以及強調社會穩定而經濟發展為特徵。[1]

　　現代帶來了市場、資本主義、個人主義、物質主義、消費主義、民主、自由、人權以及法治。為滿足現代性的需要，中國以至其他國家的傳統社會的法制，經歷了快速的現代化和西化。[2] 在 20 世紀的最後 10 年裏，中國正式接受了市場機制，[3] 並在 1999 年的憲法修正案中，闡明了建立社會主義法治國家的意願。[4] 中國正致力於加強司法建設和培養更多高質素的法官與律師。愈來愈多的人利用訴訟作為解決糾紛的途徑。隨着現代化的進展，調解的傳統實踐與思想是否正逐漸變得過時？在現代和後現代的條件下，儒家的傳統智慧是否正逐步失去其現實意義？這些問題值得我們深思。

　　有趣的是，當代西方社會在對解決糾紛途徑的研究中，對調解與訴訟作為解決途徑的相對優劣都有許多探討。過去 30 年中，西方的一些主要法律體系，尤其是美國、加拿大、澳洲、英國等，已把調解視為“解決糾紛的另類選擇”（Alternative Dispute Resolution，或 ADR）之一。[5] 與訴訟相比，作為解決糾紛途徑之一的調解更為省錢、省時，它還能保持當事人之間的關係，甚至達致雙方的和解。

　　然而，調解在西方也受到不少批評，指出它不能實現當事人的權利，或在調解的過程中導致這些權利的不公平地被妥協。有人認為，與訴訟相比，調解是實現公正的較遜色的途徑，與法治目標、權利保護原則以及為建立更好的社會而需要的法制建設是相矛盾的。

　　本文旨在對這些問題展開探討。首先，我們對中國傳統的解決糾紛方法，尤其是儒家方法進行闡述（本文第二部分）。然後，我們在現代自由主義法律思想與實踐的睿見和成就的基礎上，對中國調解傳統加以批判分析（第三部分）。最後指出，我們考慮現代自由主義法治觀的不足之處以及調解傳統的持久力（第四部分），並嘗試將儒家思想的最合理成分與現代思想作有機的結合（第四、五部分）。我希望説明，正如有些學者呼籲在中國現代化過程中，中國傳統文化需要 "創造性轉化" 一樣，作為一種解決糾紛的傳統制度，儒家式調解能夠也應該經歷一種創造性轉化。[6] 這樣，它不僅能適應和生存於現代和後現代世界，而且能對現代性作出積極貢獻，並能糾正其弊端。

二、調解的儒家傳統

《論語》中，子曰："聽訟，吾猶人也。必也使無訟乎。"（顏淵篇）[7] 這是孔子自己清晰的、確切的陳述，奠定了儒家關於訴訟的思想。類似觀點在《周易》"訟卦第六" 中可以看出："訟，有孚窒惕，中吉，終凶。"[8]

反對訴訟的理由

訴訟被視為一種消極的社會現象，因為它偏離、擾亂了和諧的社會關係。而建構和諧的社會秩序則是儒家思想的最高目標之一，也即 "大同"："大道之行也，天下為公，選賢與能，講信修睦，故人不獨親其親，不獨子其子……是故謀閉而不興，盜竊亂賊而不作，故外戶而不閉，是謂大同。"[9]

在儒家看來，和諧是一種至上的理想，而 "禮" 則提供了實現這一理想的途徑。據《論語》，有子曰："禮之用，和為貴。先王之道，斯為美；小大由之。有所不行，知和而和，不以禮節之，亦不可行也。"（學而篇）

和諧指宇宙之中的和諧、人與自然之間的和諧以及人與人之間的和諧，其實儒家、道家、法家都有這一共同目標，儘管他們對實現這

一目標的方法有着不同的主張。[10] 追求和諧是中國傳統哲學觀的特質之
一，這在中國山水畫中也有所反映。關於解決社會糾紛的中國傳統看
法與這種和諧觀有着千絲萬縷的聯繫。

重道德，忘私利

除了追求和諧的哲學觀之外，在中國傳統社會，訴訟被鄙視的另
一個原因則是，進行民事訴訟是一種追求個人物質利益的行為，這與
儒家提倡的追求道德的自律、個人修養和人格的成長是互相矛盾的。
正如其他偉大的宗教傳統一樣，儒教把克己、內心世界和美德放在首
位，自然欲望與自私自利都置於更高的道德要求之下。子曰："克己復
禮為仁。"（《論語・顏淵篇》）"仁"是最大的美德，要實現它，人們
應該"克己"。這就有必要區別"義"與"利"。子曰："君子喻於義，
小人喻於利。"（《論語・里仁篇》）在糾紛與訴訟中，當事人的動機基
於"利"或物質利益（通常是金錢、土地或其他財產利益），而非"義"。

在儒家看來，道德倫理要求人們與周圍的人和睦共處。在與他人
發生衝突時，正確的態度是自省（看看自己有甚麼過失、自己應負甚麼
責任）、自我批評、謙讓或向他人讓步、遷就或妥協，而不應堅持自身
利益、主張自身的"權利"，將對方訴諸法庭。因此，打官司可被視為
一種極端的行為，與孔子提倡的"中庸"背道而馳。[11] 子曰："中庸之
為德也，其至矣乎！民鮮久矣。"（《論語・雍也篇》）因此，儒家士大
夫的責任就是教導人們美德與道德規範，從而使其懂得甚麼是值得效
仿以及甚麼是羞恥的行為。子曰："道之以政，齊之以刑，民免而無
恥；道之以德，齊之以禮，有恥且格。"（《論語・為政篇》）

在中國歷史上，訴訟的增加通常被視為道德衰敗的標誌。而訴訟

率低則是良好的政績的佐證，反映出官員（"父母官"）在教導人們遵
"禮"方面取得了成功。如果在地方官員的司法管轄區內出現較少訴訟
甚至無訟的情況，他們就會得到上司的讚賞，因為這表明那裏的人們
和睦相處。反之，高的訴訟率則反映出有關地方官員在禮教工作上的
失敗，他們就應主動自責，為甚麼自己不能保證庶民遵守儒家提倡的
"克己"與"禮讓"等規範呢？[12]

　　因此，儒家的理想就是實現"無訟"的社會。[13]然而，實踐中，大
多數人並不都是聖人，因此糾紛仍然不斷，問題在於如何解決糾紛。
一種可能性就是組建法庭，在那裏爭端可以訴訟並由法官給予裁決。
在英國普通法傳統中，這便是主要途徑。事實上，在11世紀諾曼征服
之後，就有一個司法權逐步中央集權化的歷史進程，國王促使自己建
立的法庭成了受民眾歡迎的主持正義的渠道，因此，原由地方當局處
理的案件逐步被皇家法院吸收。[14]

遇糾紛，先勸訟

　　中國傳統上對如何解決糾紛卻有不同的方法。佔主導地位的儒家
思想要求官員們不要輕易就糾紛進行審判，並頒佈對當事人具有約束
力的判決，而須就糾紛進行調解，以尋求雙方當事人都樂意自願接受
的解決方案。這就是說，用勸說、教育的方法使當事人對自己原來的
主張予以反思，以幫助他們在庭外和解，並因此放棄訴訟。這種方法
就是中國人說的"勸訟"與"息訟"，其最終目的是使當事人相互和解，
因而個人間的和睦以及社會的團結得以恢復至衝突發生以前的情況。

　　耶穌說："締造和平的人是有福的。"（《馬太福音》5:9）中國史書
中不斷讚揚那些替糾紛的當事人做"和事佬"的官員，這包括華夏文明

初期的神話人物以至清朝的士大夫：[15]

（1）舜是古代聖王之一。在登基之前，他是一名官員。曆山地區的農民經常為田地邊界爭吵，雷澤地區的漁民又有紛爭。舜就去這兩地與那裏的人共同生活，與他們談心，教育、開導他們。一年後，情況完全不同了，這兩地的居民都彼此友好，樂於忍讓。當時居王位的堯很欣賞舜的這些政績，最後決定把王位禪讓給舜。[16]

（2）周文王是周朝的賢君。他的治理非常出色，使老姓能就田地邊界相互忍讓，人們彼此尊重，敬老愛幼，有爭端的諸侯都到文王那裏尋求公斷。一次，爭端雙方到達周國境內之後，被當地百姓間的和睦相讓所感動，遂感到羞愧不已，明白到周人會把他們因小事而起紛爭視為一種恥辱。因此，他們決定立刻離開，並且彼此和好起來。[17]

（3）孔子在魯國當大司寇時就善於勸訟，使人們彼此相讓。[18] 一次，一位父親狀告他的兒子（也許告他不孝）。孔子讓人把他們拘留在一起，三個月後，做父親的要求撤訴。父子互相擁抱而大哭，發誓再不興訟。顯然，拘留的目的是使雙方就此事冷靜下來並進行反省。孔子自己也對自己不能好好教育人們而導致這宗訴訟而進行反省。[19]

（4）韓延壽，西漢時的官員，以德為治，使自己管轄區內的訴訟案件大大減少。一次，他碰到兄弟倆為爭田地而打官司。韓為此傷心不已，責備自己不能好好教育人們，他便稱病不辦公，閉門思過。當地官員、士紳和訴訟當事人的宗族成員都深為感動，也紛紛責備自己。最後，兄弟倆都後悔自己的做法，他們自行和解，並決心再不爭吵。韓氏這才從"病"中康復過來，並為兄弟倆設宴以慶祝其和解。[20]

（5）魯恭是東漢時的官員，他以道德而非刑罰來管治。在一個前幾任官員都不能解決的土地案件中，魯與雙方當事人交談，向他們解釋有關問題的是非曲直。之後，雙方撤訴，承認自己的錯誤，彼此讓步。另一案中，一個人借了人家的牛而不願歸還。主人上告，魯令其歸還，但這人仍不從令。魯歎息道："是教化不行也。"並準備辭職。人們哭着挽留他，借牛的人懊悔不已，將牛還給原主。[21]

（6）吳佑是東漢的地方官，無論何時，只要有人打官司，他總是先閉門思過，反省自己在教育人民方面的失誤之處。然後，他用通俗易懂的方式就有關的道德準則來教育雙方（"以道譬之"），或親自登門勸説雙方和解。在他的治理下，訴訟減少，因為官民互愛，不欺不詐。[22]

（7）仇覽是東漢時的鄉間小官。有一個叫陳元的人和母親一起生活，母親告陳元不孝，仇氏很傷心，認為主要問題在於雙方沒有受到足夠的教化。他向這位母親指出，作為一名寡婦，把孩子養大成人很不容易，為甚麼在盛怒之下告兒子這樣嚴重的罪行呢？這位母親深受感動，哭着離開了。其後仇氏到他們家中與母子同飲，教育他們家庭倫理道德，兒子後悔不已，後來成了一名大孝子。[23]

（8）韋景駿是唐代的縣官，也曾處理過一宗母子訴訟案件。韋氏告訴他們，"吾少孤，每見人養親，自恨終無天分。汝幸在溫情之地，何得如此？"他又責備自己，認為這一案件表明自己作為縣官的失敗。雙方當事人感動地哭了，韋氏送他們一本《孝經》回家研讀。母子兩人心中懊悔，終於成了慈母孝子。[24]

（9）無獨有偶，唐代縣官況逵曾經處理一件兄弟爭田案，他送給他們《詩經》中的"伐木"詩，並親為他們朗誦和講解了這首詩的教育意義。兄弟倆為之哭泣，雙方和好如初，並意識到這種爭執是恥辱的事。[25]

（10）宋代名儒陸九淵做官時，總是鼓勵訴訟雙方和解，涉及家庭成員之間的糾紛時，就用儒家道理教育他們。許多案件中，當事人都感動地撕掉狀紙，相互諒解。[26]

（11）陸隴是清代的知縣。一次，兩兄弟為爭奪財產，告到他那裏，他沒有裁定財產權誰屬，"但令兄弟互呼"，弟弟必須喊哥哥，哥哥必須喊弟弟。不到 50 遍時，兄弟兩人便哭着請求撤訴了。在判詞中，陸寫道："夫同氣同聲，莫如兄弟，而乃竟以身外之財產，傷骨肉之至情，其愚真不可及也。"他命令所財產由兄長掌管，弟弟應協助兄長。[27]

（12）蒯子範，清朝時知州，碰到這樣一宗官司，一人狀告他的嬸母在他拒絕借錢給她後打他。他身上的傷很輕，蒯子範對控訴者說："你窮，但你嬸母仍跟你借錢，這說明她更窮。如果你打官司，不僅她會受損失，而且你也得呆在城裏，打官司需要各種費用，你的田地又會荒蕪。為發怒氣而影響兩家人的生計，何苦呢？"然後他把自己的一些錢給了這個人，控訴者感動地哭了，撤了訴訟。[28]

上述故事因其教育意義以及有關官員的言行值得讚揚和仿傚而被載入史冊。從這些故事中，我們可以看到儒家的理想。同樣，在儒家學者的著作中，也可看出他們追求的理想：他們勸說人們互相遷就，和睦相處，避免官司。例如，朱熹就曾撰文勸人們彼此友好，如果有小的委屈，應進行深刻反思，儘量達成妥協和解，而不應輕易訴訟。他說，儘管你是正確的，但訴訟費用很高而且要消耗你的精力，而一旦你輸掉官司，就可能受到懲罰。[29] 朱還指出，儘管許多官司僅涉及財產、土地的小爭端，但會導致人們之間的怨恨，擾亂道德秩序。[30]

宋代著名詩人陸游曾為其子孫留下告誡："紛然爭訟，實為門戶之羞。"[31] 明代大哲王守仁主張在居民中訂立鄉約，他編纂了"十家牌法"。其中一項內容是，"每日各家照牌互相勸諭，務令講信修睦，息訟罷爭，日漸開導，如此則小民益知爭鬥之非，而詞訟亦可簡矣”。王氏教導人們，“心要平恕，毋得輕意忿爭；事要含忍，毋得輒興詞訟；見善互相勸勉，有惡互相懲戒；務興禮讓之風，以成敦厚之俗。”他建議，“十家之內有爭訟等事，同甲（之人）即時勸解和釋”，只有調解無效時方可訴諸官府。[32]

海瑞，明代清官，以其忠誠、正直與秉公執法而著稱。然而，他也贊成儒家視訴訟為不良社會現象的觀點。他寫道：“淳安縣詞訟繁多，大抵皆因風俗日薄，人心不古，惟己是利，見利則競。以行詐得利者為豪雄，而不知欺心之害；以健訟得勝者為壯士，而不顧終訟之凶。而又倫理不惇，弟不遜兄，侄不遜叔，小有蒂芥，不相能事，則執為終身之憾，而媒孽訐告不止。不知講信修睦，不能推己及人，此訟之所以日繁而莫可止也。”對於這種情況，他歎息說：“今時風俗健訟，若聖賢當於其間，當必有止訟之方，而不徒聽訟之為尚也。”[33]

海瑞一方面是一名成功的法官，另一方面卻對訴訟持保守觀點，這可以證明黃宗智教授所說的儒家官員奉行“實用道德主義”：

“之所以謂之‘道德主義’，是因為它強調了崇高道德理想的至高無上地位。但它又是‘實用’的，因為在處理州縣實際問題時，又採取了實用主義的做法……在儒家縣官的文化中，德化的外觀與實際的考量，兩者是矛盾而又合一的……儘管在州縣道德文化中，細事官司根本不應該存在，州縣實用文化卻承認這類訟案的存在現實，並要求依照法律作出明確判決。”[34]

儒家地方官員普遍贊成，有關民間糾紛（即清代法律中的“戶婚田土細事”）[35] 應儘量通過調解來處理：最好先由鄰居、親屬、長輩或士紳進行社區層次的調解，如果這種調解失敗，可由地方官員親自調解。只有在這兩種調解都未能勸說當事人和解並放棄訴訟的情況下，才由地方官員依法判決。關於調解和判決的區別，清代名幕汪輝祖寫道：

"勤於聽斷，善已。然有不必過分皂白，可歸和睦者，則莫如親友之調處。蓋聽斷以法，而調處以情。法則涇渭不可不分，情則是非不妨稍措。理直者既通親友之情，義曲者可免公庭法……調人之所以設於周官也。"[36]

關於清代的民間調解制度的研究已經不少。[37] 在以下條件下，這種制度可算是對解決爭端的相當有效的辦法：訴訟對當事人來說諸多不便；[38] 民間文化和政府均不鼓勵人們打官司；更務實的考慮是，由於傳統社會是一種"熟人社會"，[39] 人們有需要與親戚和鄰居保持融洽關係。以調解解決爭端可為雙方當事人"挽回面子"，即使對有錯的一方也如此。[40] 事實上，事後有過錯的一方可能需要設宴款待調解人及其它有關人士，或者花錢為全村人提供某種娛樂活動。這樣大家共同參與娛樂活動便象徵着和解已經達成，當事人重回社會之中。[41] 但是，在許多情況下，調解協定提供的是折衷的解決辦法，而不是表明誰是誰非。[42] 對全村人而言，調解是一種"學習經驗"，[43] 最終使他們重新肯定其共有的道德價值，並增強了社區成員的集體凝聚力。[44]

下面的案件提供了清代民間調解的作用的一些例子。一名寡婦狀告故夫的堂兄，說他霸佔了她的土地。為了阻止訴訟發展，避免家族名聲受損，六位親友參與調解糾紛。他們邀請當事人雙方見面（因被告人年事已高，遂由兒子代表出席）並查看地契，結果發現儘管寡婦的故夫曾經擁有這塊土地，但後來他把地典給了被告人，在死前仍未能贖回。寡婦明白到自己沒有法律依據，但調解人出於對她和她的孩子的同情，就勸被告人的兒子幫助她，他終於同意將土地無償讓與寡婦。有關契據在親友們面前簽字，雙方和解。於是調解人一起向知縣申請終止訴訟，知縣應允。[45]

三、對儒家調解的自由主義批判

在近代西方逐步形成的自由主義民主社會，崇尚自由、個人自治、平等人權與法治。傳統遭受了猛烈的批判，傳統中很多構成部分被視為壓迫性的、剝削性的、桎梏個性的，或用以維持不合理的、充滿特權和宰制性的社會等級制度。從現代自由主義的角度去看，儒家調解的理論與實踐很可能屬於這種令人置疑的傳統，因而是現代文明所應摒棄的。下面是這種批判觀點的綜述。

（1）首先，應當指出的是，由於爭執者在權力、財富、地位、知識與影響力等方面的不平等，所以調解常常會造成不公正的結果。關於這一點，對中國調解傳統進行客觀研究的學者已經有所論述。例如，黃宗智指出，調解"是在一個權力關係中運作的"：[46]

"當糾紛雙方的權力地位大致相當時，調解妥協最為有效；但是對於恃強凌弱，它就顯得無能為力。在這種情況下強調妥協事實上可能就是為邪惡勢力開脫。"[47]

他以婆媳之間最易產生衝突的關係為例，說明媳婦根本就沒有通過調解向婆婆爭取權益的機會，事實上這種矛盾總是被壓制的。[48]

為甚麼調解總被權力關係破壞？這有幾方面的原因。首先，和解協議是調解過程的產物，而像一般談判過程的最終結果一樣，和解協定的內容往往取決於討價還價雙方的權力的大小，弱方可能因環境所迫而同意對方提出的解決辦法（調解中的"強制"問題將在下文探討）。其次，與現代訴訟不同，傳統調解中缺乏公正程序的保障，並不存在制度性的制約，防止調解者對社會地位低下的一方或弱方懷有偏見。**再者，傳統調解制度的基礎是禮，而禮的規範就不同的社會地位和關係作出了區別性的規定，這與現代自由主義的"法律面前人人平等"的概念是相矛盾的。**

因此，自由主義者會認為現代法治比傳統的儒家式的調解能更有效地實施公義。任何其權利受到非法侵害的人都可以訴諸法庭，由法官運用維護人權與社會公正的法律作出不偏不倚、忠實可信的判決。社會中的有權勢者也要服從於法律，如果違法，司法獨立能保證法院給其法律制裁。而無論他們喜歡與否，他們將受法院判決的拘束。

（2）有關調解的另一個相關的批判是，在實踐中調解常採用強制方式，這違背了當事人應自願達成協定的理想。官員掌有國家權力，享有較高的權威、名望，當他們主持調解、提出爭議的解決辦法時，當事人很難拒絕接受。在家族和社區層次的民間調解中，同樣如此。調解者通常是受人尊敬的長輩，他們的觀點總會得到社區民意的支持。因此，當事人是在某種壓力下接受調解者提出的解決辦法的[49]。在 der Sprenkel 關於清代法制的著作中，她指出，調解與裁決的界線是不甚清晰的，在某些情況下，調解者的權威與民意和社會壓力相結合，他們實際上扮演着公共裁決者的角色：

"調解者的干預方式有多種，一個極端是純粹的私人調解，另一個極端是公共裁決，而當民意更為有力地牽涉進去時，一種方式就在不易察覺中融入到另一種之中……從理論上講，一旦私人間的討價還價讓位於對羣體的正式權威的接受，那麼我們面對的就是法律了……但是，由於這個進展所反映的是一個連續體，在連續體中的位置取決於支持那個處理糾紛的權威人士的民意力量有多大，因而很難劃出明顯的界線，說明法律在哪點開始產生作用。[50]

（3）如上所述，儒家對社會中糾紛的看法是：糾紛現象不是一件好事，它是士大夫對人們的教化工作的失敗的標誌，糾紛的當事人應被教育和勸說以重修舊好。這就預先假定了一個家長式統治的國家概念，因而可受到自由主義的角度的批判。從這個角度看，官員的道德地位不比普通人民更高，國家的政府不應宣揚甚麼是美善的生活，其事務應限於維持社會治安和在中立的法治基礎之上進行司法工作。因此，官員無權告訴人民與他人爭吵或彼此怨恨是不對的。法官的作用在於把人民自己選舉的立法機關所制訂的法律，應用於糾紛所涉及的事實之中，從而作出裁決，判定誰是誰非，而不是教育人們保持和睦關係，互敬互愛。

（4）在中國傳統中，當官員或長老主持調解時，他們所扮演的角色是作為社會認可的價值觀念的代言人，意在喚醒當事人在這種價值觀念影響下的良知。因此，調解便是一種說教過程，也正因如此，人類學家認為，在原始的、部落的、鄉村的或其他小型羣體內，調解有助於維持社會的凝聚力與穩定性。[51] 由於調解預設着大家深為認同的、統一適用規範和緊密整合的社區的存在，它似乎與現代社會開放、多元的性質相矛盾，因為在這樣的現代社會中，個人比社羣更為重要。

（5）對調解的常見的、基於常識而非自由主義哲學的批評是，調解往往不外是對糾紛的“和稀泥”的處理，[52] 使當事人為和睦而妥協，不考慮事情的對錯以及公義何在。這樣便是犧牲公正去換得和諧，真正受委屈的一方在調解後所得的比其應得的要少，其正當的和合法的權益為社會秩序與穩定而犧牲，個人利益與集體利益之間的平衡錯誤地傾斜於後者。從這個角度看，法庭在訴訟程序中依法審判是實現公義的更佳途徑，可使每個人得到其應有權益。

（6）也許有人會更進一步問道，傳統的中國人（尤其是儒家）把和諧與秩序看得這樣重要，這是否正確呢？另外，他們瞧不起訴訟，認為訴訟是缺少道德教養、無恥地追求自私的物質利益的表現，這又是否正確呢？這種理解可與古代希臘和羅馬的訴訟、公正與法律觀相比較。[53] 在這個古典西方文明的時代，通過訴訟來維護個人利益，在道德與法律上都被承認是正當的。當個人權益受到非法剝奪時，主張自己的權益是無可厚非的。法庭的任務就是依法主持正義，公平地解決糾紛；法律的任務則是對一個人可以主張的正當權益給予界定，從而確保這些權益受到適當的保護。因此，羅馬的民法便發展到高的水平，並為現代法治的理論與實踐開闢了道路。西方傳統對人類共處過程中不可避免地出現的利益衝突的認識，較傳統中國的認識要現實得多，中國傳統的看法可因其泛道德主義而受到批判。

（7）**傳統中國社會中，調解的話語與實踐的主導地位，一定程度阻礙了中國法律尤其是中國民法的發展，在立法與判例法方面都是如此。**[54] 眾所周知，中國歷代王朝的法典中，提供的主要是刑法及行政法性質的規範，與西方法律傳統相比，諸如關於財產權與合同關係的民法規範則欠發達。這又意味着傳統中國法律體系未有為經濟活動者提供足夠的預見性與"可計算性"，也就是馬克斯·韋伯認為的現代"理性型"法制，應該具備的特徵以及資本主義經濟發展的必要條件。[55]

（8）最後一點是，傳統的調解制度受到了我國一些著名法制史學家們的批判，認為它是一種保守力量，為了維持原有的社會秩序而犧牲了自由、探索和進步。[56] 另一方面，現代自由主義者認為，訴訟可以對社會改革作出貢獻。通過訴訟，一些現存的、不公正的或壓制性的社會制度將受到挑戰，而法官有權力和責任將法律或憲法的諾言或理想轉化為現實。[57] **基於事實與理性思辨的法庭判決是人類理性發揮作用的最佳例子之一。**[58] **法庭判決不僅僅是對案件中糾紛的解決，它們還體現出應予維護的社會公共價值，同時為人民的行為提供指引。**[59]

四、現代社會中的調解

儘管有諸如上節中對調解的批判，但作為解決糾紛的一種方法，調解的理論與實踐事實上並沒有被現代社會所摒棄。相反，它還獲得了新的生命力。在中國，清朝滅亡之後至中華人民共和國建立之前，國民黨政府與共產黨政府都曾在自己的轄區內建立了調解制度。[60] 現今的中國大陸與台灣，調解依然健在，[61] 雖然其理論和實踐與傳統的已有所不同。其實調解作為中國傳統的一部分，在現代社會中已成功地經歷了一次"創造性轉化"。

在西方，尤其是英美法系國家，在 20 世紀 70 年代到 80 年代，掀起了一場提倡"解決糾紛的另類選擇"（Alternative Dispute Resolution，或 ADR）的運動，其影響力持續至今。[62] 調解被公認和推廣為 ADR 的最重要的途徑之一，也有不少西方學者對調解進行了跨文化的研究，包括對中國的調解制度的專門性研究。[63] 許多律師已把業務擴展到調解的領域，此外，提供專業性或自願性調解服務的機構如雨後春筍。

訴訟的局限性

根據上節的討論，尤其是在啟蒙時代之後，訴訟和依法裁決與調解相比，訴訟和依法裁決似乎是實現公義的更佳途徑。那麼，訴訟和依法裁決有甚麼局限性呢？是甚麼力量使得調解不僅能經得起中國現代化的考驗，而且能夠在西方社會中佔有越加重要的地位呢？在這方面，有關調解的儒家思想及其實踐仍有價值嗎？

讓我們先看美國 ADR 首倡者的兩段重要論述。1982 年，在其關於美國司法機關現狀的報告中，首席大法官華倫・伯格（Warren Burger）呼籲法律界實現其“作為人衝突的治療者的歷史上的、傳統的責任”，並力促美國律師協會把 ADR 予以推廣。[64] 1983 年，哈佛大學校長德瑞克・伯克（Derek Bok）教授批評美國法學院訓練學生應付的是“衝突而非和解、包容等較溫馴的技巧”，他繼續寫道：“我預計，到了下一代，社會給我們的機會將在於利用人的合作和折衷的意願，而不是煽動角逐和對抗。如果律師們不能領導人們進行合作，並設計出有助於合作的機制的話，他們就不會居於我們時代的最富創造性的社會實驗的中心位置。”[65]

上述引言表明了訴訟與調解作為解決糾紛方式的重要區別。**訴訟是對抗性的，經常使衝突惡化。而調解主要是以一種合作性的事業，幫助當事人治療衝突的創傷，重修舊好。從儒家重視人際關係與社會和諧的角度考慮，與訴訟相比，調解顯然更符合儒家思想。**因此，訴訟和調解之間的區別與儒家思想和現代西方自由主義法律思想（我稱之為“自由法律主義”）的區別是相對應的；正如馬克思主義法哲學家帕舒卡尼斯（E.B. Pashukanis）所說，自由法律主義是建基於現代資產階級社會成員的私人的、自我中心的利益。[66]

調解提供溝通渠道

　　為甚麼訴訟與調解作為解決爭端的途徑對衝突有不同的作用呢？答案在於這兩種活動的本質。訴訟導致法庭對當事人作出具拘束力的判決，判決不以當事人的意志為轉移。通常當事人一方贏，另一方輸掉官司。判決之前，每方當事人及其律師都要盡力說服法庭自己是對的、對方是錯的。相反，調解的特徵則是，它是調解者促進當事人雙方達成一個雙方都自願接受的協議過程，而嘗試達到一個能滿足當事人雙方的需要和利益的協定，這本身就是一個合作性的事業。協議本質上是雙方意志的匯合，這種意志的統一本身便有助於恢復當事人之間的關係，因為它預設了雙方一定程度的互相溝通、理解與信任。訴訟缺少的是當事人間的真正溝通，因為訴訟的結構僅強調每一方與法庭的溝通。因此一位學者用哈貝馬斯的理性交往理論為調解辯護，並就"法律對抗主義對社會生活的殖民化"提出警告。[67] 調解的好處是，爭議雙方可能參與於一種真正的、非強制性的對話之中，從而達致一種基於其共有價值觀念和共同利益的共識。

　　有些學者則引用猶太教和基督教的傳統，來主張調解是比訴訟更好的選擇。[68] 他們援引《馬太福音》：

　　"倘若你的弟兄得罪你，你就去，趁着只有他和你在一處的時候，指出他的錯來。他若聽你，你便得了你的弟兄。他若不聽，你就另外帶一兩個人同去，要憑兩三個人的口作見證，句句都可定準。若是不聽他們，就告訴教會；若是不聽教會，就把他當外邦人和稅吏一樣看待"。[69]

　　下文是這些學者自己的意見，在這裏值得詳細引述，因為由此可以看出儒家思想與猶太教思想的共通之處：

"因此，這個〔調解〕程序重視的是關係的恢復。希伯來神學重視人際關係，對人際關係的優先考慮是政治、本體論、倫理以及法律方面的。因此，最特別的是，這個宗教傳統尋求的不是解決紛爭……而是調和兄弟、姐妹、姐弟、父母與子女、鄰里與鄰里、買主與賣主、原告與被告以及法官與這兩者之間的關係……我們的見解與 ADR 的要旨中最深刻和最正確的部分一樣：公義通常不是人們從政府那裏得到的東西。法庭……不是給予公義的唯一的或最重要的場所……公義是我們所發現的——你和我，正如蘇格拉底說過——當我們一起走時，一起聽時，甚至相愛時……公義是虔誠的產物，更確切地說，又不僅是虔誠；它是學習的產物，理性的產物，向智者學習如何從善的產物"。[70]

一些女權主義思想家也起來支持調解和 ADR 運動。[71] 她們指出，男性富有競爭性、侵略性和對抗性（像訴訟中一樣），而女性則偏愛折衷和保持良好人際關係（像調解中那樣）。男性傾向於考慮抽象權利與普遍規則（這些都是在訴訟中受重視的），而女性則對事情的來龍去脈及特殊環境更為敏感（這些是在調解中較重要的）。調解中要注重人際關係、溝通了解及同情，這些尤其與女性的性情因素一致。諷刺的是，儘管一般人把儒家思想與父權社會相聯，但這些女性主義價值觀念顯然與儒家價值觀相通。

關於調解的另一種有趣的當代西方觀點則強調調解對人的"轉化性"，以及它在提高公民質素和改善社區生活方面的作用。[72] 調解鼓勵當事人互相接受和尊重，並對他人的處境和困難產生同情與關注。調解還能恢復當事人對自身價值、潛能及力量的信心，尤其是解決問題和處理人際關係的能力。因此，調解不僅對人際關係有復和的作用，而且能朝積極方向改變當事人，有助於當事人更好地做人，有助於其個人和道德的成長。西方學者們更進一步指出，調解不僅有助於糾紛當事人自身，而且有利於調解者，尤其是那些把調解作為一種社區服務而自願做調解人的人。反過來説，與調解的上述積極意義不同，訴訟對當事人來説有其消極性，因為它受到律師與法官的支配，而在調解中，當事人自己可以控制其衝突的處理。

調解與儒家的本質

這就使我們回到儒家與現代法學家所理解的調解的本質。上述儒家式調解的事例中，其典型模式是，隨着當事人對自己的所作所為感到後悔、決心改過、與對方和解並開始邁向新的、更美好的未來，原來的衝突就此告終。換句話説，調解者勸説的結果是使這個人的內心發生了變化。而在訴訟過程中，這種情況不會出現，只有勝訴者感到快慰和自以為是，以及敗訴者感到失望、失敗和屈辱。因此，調解和訴訟所涉及的心理活動和情感是很不同的。

美國法學家朗‧富勒（Lon Fuller）對調解的描述精妙地掌握了調解帶給人的轉化：

"調解的核心特徵，是能使當事人雙方彼此調整其取向，不是通過法規迫使他們這樣做，而是幫助他們對彼此的關係產生新的、共同的認識，致使他們改變彼此間的態度與取向……調解者的恰當功能，不是引導當事人接受一些正式規範去支配他們將來的關係，而是幫助他們去接受一種相互尊重、信任和理解的關係……這反映了調解過程與法律的一般程序之間的某種對立，因為法律概念的要旨就是規範的概念。"[73]

上述當代西方的各種思想，肯定調解作為除了通過訴訟解決糾紛之外的途徑的價值，它們與儒家的調解觀有相通之處，這說明儒家對人性及人類基本狀況的某些洞見是歷久猶新的。儘管儒家以至中國其他傳統哲學流派都追求社會和宇宙的和諧，但他們也認識到在現實世界中衝突是不可避免的。問題是人類應該如何處理衝突。儒家的教誨是，最好是由衝突雙方就爭端的解決達成共識，如果必要，可由調解人予以協助。這種解決辦法，與法官利用國家強制力加諸當事人的決定相比，更符合人性的尊嚴和社會的福祉。即使問題未能通過民間的調解來解決，而訴諸法院，法官最好還是勸說當事人雙方同意接受某解決方案，而不是運用法律的強制力對當事人作出具有拘束力的判決。

由此可見，儒家提倡的用倫理說教進行統治和用權力與強制進行統治的區別，[74] 前者對人的尊嚴及理性的極大尊重是不言而喻的。儒家對衝突和調解的看法反映出它對蘊藏在每個人心中的美善和良知採取樂觀主義態度，沒有性善和良知，在教育與勸說過程中實現人的轉變是不可能的。儒家的調解理論預設的是，人有理性和道德的能力去對自己的作為進行反省，並在聽取他人的（包括調解者的）觀點後改變對自己和他人的看法。人的慾望是可以改變和淨化的，可使其服從於理性和道德的約束，因此，人在道德上的成長是可能的。從這個角度看，古代和現代成功調解的事例都可視為個人成長的佐證。

儒家的以下睿見仍有益於現代自由主義社會：調解並非"次等"的公義（例如是對那些付不起訴訟費的人來說），即使是在享有人們信賴的能幹和獨立的法院的法治社會中，調解也並非如此。在很多情況下，與訴訟和審判相比，調解甚至能提供更高質素的公義，因為就道德意義而言，它是更為理想的解決爭端的方法，更能滿足人類的需要和利益。儒家哲學可以為調解提供一種至少和其他當代西方的調解理論同樣有力的辯護，而我國關於調解的理論與實踐的悠久傳統，可以用來豐富對調解的現代認識與經驗。

然而，這並不是說從現代自由主義視角出發的對傳統調解的批判就失去其效力。相反，這些批判大有裨益，因為它們有助於促進傳統調解制度的創造性轉化，既能改善它並彌補其不足，又能使其適應於現代社會的新情況。傳統調解的現代化就是本文最後一節要探討的課題。

五、調解的“創造性轉化”

雖然如上所述，儒家調解的理論與實踐對現代來說是一種寶貴的資源，但儒家及中國傳統中對訴訟所持的態度卻是值得商榷的。在現代自由主義社會中，訴訟不僅就解決糾紛而言是一種正當的活動，而且有以下其他的正面作用：保護個人的合法和正當的權益，闡明和宣傳民主國家所創制和認可的憲法性和法律性規範的含義，產生原則和規範以指導社會行為，並作為社會改革和進步的渠道等。當事人及其律師都有權根據訴訟法所保證的公正程序，在法庭的公開審訊中提供證據和展開辯論。法官有義務依據法律和民主憲政國家的憲法所宣示的理想進行判決，並在判詞中提供充分的法律理由以證成自己的判決。在傳統中國從未有過這種法治，但在今天的中國，國人已公認這是現代化過程中需要建設的東西。

調解的“創造性轉化”是指需要在對法治的現代理解的基礎上，對關於調解的傳統認識及實踐作出修正。應當認識到，在人類歷史中進步是可能的，而且真的發生了：例如，厲行法治的現代民主憲政國家，就是一種比中國傳統的封建官僚體制國家要進步得多的政治和法律組織形態。現代中國需要某些其傳統以外的東西，但這並不是說其傳統的東西就沒有價值或不重要。我們應該珍惜自己的文化遺產，並從中大量汲取其精華，但我們也需要在現代人權、現代民主和現代法治基礎上的正義。

訴訟以外的選擇

在建設中的中國現代社會，正如在西方現代和後現代社會一樣，調解仍有其積極的、有益的作用，但已不是解決糾紛的最主要的或官方最提倡的模式。正如"解決糾紛的另類選擇"這個概念所包含的那樣，調解應視為用以解決糾紛的除訴訟以外的可供選擇途徑之一。也就是說，儘管儒家就調解的觀點中有其具洞見的、歷久猶新的道理，但儒家對訴訟的看法應被視為大多已過時的、且與對法治的現代理解互相矛盾的。對生活在現代條件下的人們而言，現代自由主義的權利觀、訴訟觀、審判觀和正義觀要比儒家對訴訟的觀點更有說服力。

這就是說，本文前面對中國傳統調解的自由主義批判基本上是能夠成立的、值得認真對待的，儘管它並不足以證明現代自由主義社會應完全摒棄調解。在現代，傳統的調解應進行創造性的轉化，一方面是為了保存其有價值的、永恆的成分，另一方面是為了回應自由主義的合理批評，從而自我完善。

例如，必須確保調解是非強制性的，並且不減損當事人到法庭訴訟的權利。也就是說，要確保當事人在調解過程中不會受到任何社會或其他制度性的壓力。調解所產生的協議必須是雙方所自願接受的，達成協定的整個過程中必須保證當事人沒有受到任何強制。如果找不到當事人雙方都能同意的解決辦法，當事人保留訴諸法庭的權利。這便要求法院系統應方便當事人使用，法律知識應廣泛傳播，並應為窮人提供法律援助，從而保證訴訟相對於調解而言是真正可供選擇的途徑。

在調解過程中不應有任何強制性，這是不言而喻的。然而，在當事人到法院啟動訴訟程序之前，是否應當要求（或至少在某些類型的案件中要求）他們先參與調解，對這一點則存在不同意見。熱衷調解的人認為，本來拒絕將爭端訴諸調解的人一旦親身經歷了調解所發揮的作用，便會明白它的種種益處；因此，規定當事人在行使訴訟權利之前必須訴諸調解，是完全合理的。另一方面，有人會認為，法治原則要求人民有權直接訴諸法院，由法院依法實施公義；因此，強加先行調解的條件是對公民行使訴訟權的過份限制；而無論如何，如果至少一方當事人心裏根本不願意接受調解的話，那麼強迫當事人雙方經歷調解過程將純屬一種時間和資源的浪費。

關於這個問題，似乎很難就所有案件一概而論。問題的答案主要決定於實證的而非哲學的觀點："被迫"（因調解被設定為訴訟的先決條件）接受調解的一方在經歷調解的過程中放棄其對調解的抗拒，並在調解過程結束時自願達成和解協定的可能性有多大？如果有事實證明，在某種類型的爭端中，這種可能性是足夠大的話，那麼把調解設定為訴訟的先決條件便可能是合理的。然而，甚麼才是"足夠"大的可能性，則視乎我們賦予（不受調解條件限制的）訴訟的權利和自由多大的價值。

此外，調解中的"權力不平衡"問題也應鄭重提出。[75] 如果當事人要達成真正的意志的匯合，那麼他們必須在相互平等的基礎上談判。他們應有相對平等的討價還價的能力；經濟資源、社會力量、資訊獲得方面的差異通常意味着談判不可能是真正不受強制的。因此，在雙方權力嚴重失衡的情況下，很可能不宜進行調解，在這種情況下，公共政策應傾向於幫助當事人使用訴訟途徑。

適合調解的例子

還有其他一些不應鼓勵調解和私人和解的情況。[76] 有學者指出，涉及憲法和其他公法部門的問題或公共政策上的重大問題，更適合司法解決而非調解，因為法官是社會的受託人，享有在公開審訊中（包括透過向大眾公開地說明判決理由的判詞）制訂和實施公共行為準則的權力和責任，相反來說，調解則不受公眾的監察和欠缺公共問責性。公法問題涉及社會整體的利益，這些問題的影響延伸到當事人之間的糾紛以外。

那麼，調解特別適合於甚麼類型的情況呢？富勒舉出以下的例子：首先，雙方當事人的利益是交叉重疊的，所以他們有在調解中互相合作和包容對方的動機；另一種情況的特點是，它不適宜由一些對事（即針對有關行為的）而不是對人的規則予以調節（富勒指出，調解是針對人的，法律規則是針對行為的）或以正式的權利或過錯的概念予以分析；第三種情況則涉及在自發的、非正式的合作的基礎上建立的共同體。[77] 因此，離婚案件便是適宜以調解處理的情況的最佳例證。然而，在當代西方，調解還廣泛應用於家庭關係之外的許多場合，例如，小額索賠、交通事故、消費者的投訴、輕微犯罪、勞動關係、少數民族關係、教育、住房、環境、知識產權與建築等。[78]

關於調解在哪些類型的案件中最可能奏效的問題，是與在甚麼情況下，可合理地規定雙方當事人在將爭端訴諸法庭之前，必須先採用調解的問題關係密切的。既然離婚案件是特別適合調解而非訴訟的典型情況，所以規定當事人在採用婚姻訴訟程序之前須出示具雙方已試圖通過調解來解決問題的證明，這是合情合理的。[79] 也有事實表明，在中國大陸，在解決因農業生產及住宅問題而引起的糾紛時，調解被廣泛使用且行之有效，[80] 在台灣地區，則體現在交通事故索賠及住宅糾紛方面。[81] 因此，這些糾紛可能適合（在訴訟前的）"強制性"調解。

最後，在傳統調解的創造性轉化中，也需要摒棄調解者的家長式角色以及調解的泛道德化的成分。現代調解者扮演着當事人之間交流的促進者角色，他們要幫助當事人而不是訓誡當事人，[82] 他們不能再直接用儒家關於自律和道德禮教的教誨來促使當事人放棄其權益。但如上所述，在某些情況下，調解過程中個人的轉變和道德的進步仍然是可能的，而且仍能構成一個高尚的目標：通過對話、反思，人能學會變得更好、更有智慧。和解並非不可能實現的夢想。

中國式調解制度

當代中國大陸和台灣有關調解的理論與法律其實已經説明了上述的調解的創造性轉化。[83] 例如，在大陸，經常強調現代調解制度的三個基本原則：調解結果須符合法律和國家政策；接受調解應完全出於自願，而且在調解的任何階段都不得施壓力給當事人；當事人有在未經調解的情況下直接提起訴訟的權利。[84] 儘管在實踐過程中，對這些原則的堅持尚未完善，但這些原則的確反映了使調解與法治相容的意願。[85] 在通往法治的道路上，中國仍有長路要走。在前進過程中，我們應把"調解"作為中國文化遺產的要素之一加以發展，不是以它的傳統形式，而是以一種經創造性轉化後的形式發展。

由中國傳統法律文化的創造性轉化而產生的調解制度，是否與西方的調解具有共同的特徵，還是會出現一種具有中國特色或儒家色彩的調解制度？長遠來説，這個問題並不容易回答。就目前這個歷史時刻而言，中國的調解、訴訟與公正的面貌與西方仍有明顯差異。因為中國的法律體制還遠遠落後於西方的發展水平，因為絕大多數中國人口仍住在農村，因為人民調解委員會制度得到國家的支持，也因為訴訟開始後法官仍可依法進行調解，[86] 中國與西方相比，在解決糾紛方面調解起着更重要的作用：每年通過調解解決的糾紛的數目都高於訴訟案件的數目，雖然隨着法律體制的發展，前者數量超過後者的比率在近年來已呈下降趨勢。[87] 但在後者案件中，大多數仍是在沒有進行正式判決前由法官通過調解予以解決的。[88] 正如兩位我國學者在就當代中國的調解進行深入研究後指出：

　　"民間調解作為中國基層社會的一種權利保護機制，與國家行政機制和司法機制相比，它在解決民間糾紛保護公民權利方面，具有一些突出的優點……民間調解廣泛存在於中國民眾生活之中，有悠久的歷史傳統，有深厚的羣眾基礎，具有普遍性的優點……正是由於民間調解具有簡易性、靈活性、普遍性和自治性等優點，所以它仍將是中國社會解決民間糾紛、保護公民權利的重要方式。"[89]

註釋

1　劉敏：〈論傳統解制度及其創造性轉化：一種法文化學分析〉，《社會科學研究》，1999 年 3 期，頁 53。

2　關於發展中的中國法制，可參見拙作 Albert H.Y. Chen, *An Introduction to the Legal System of the People's Republic of China* (Hong Kong: LexisNexis, 4th ed., 2011)。關於現代與以權利為基礎的法律的關係，可參見拙作〈權利的興起：對三大文明的比較研究〉，載於《西方文明中的法治和人權》（香港：商務印書館，2013 年），頁 14。

3　關於法律與市場經濟的關係，可參見拙作 Albert H.Y. Chen, "The Developing Theory of Law and Market Economy in Contemporary China," in Wang Guiguo and Wei Zhenying (eds), *Legal Development in China: Market Economy and Law*(Hong Kong: Sweet and Maxwell, 1996)，p3。

4　Albert H.Y. Chen, "Toward a Legal Enlightenment: Discussions in Contemporary China on the Rule of Law," *UCLA Pacific Basic Law Journal*, Vol. 17(1999), p125.

5　Michael Palmer and Simon Roberts, *Dispute Processes: ADR and the Primary Forms of Decision Making*(London: Butterworths, 1998)。

6　這方面的主要學者有林毓生與余英時，見林毓生：《思想與人物》（台北：聯經，1983 年）；林毓生：《政治秩序與多元社會》（台北：聯經，1989 年），頁 387-394，余英時：《從價值系統看中國文化的現代意義》（台北：時報，1983 年）。

7　《論語》（香港：香港中文大學出版社，第二版，1992 年）（漢英對照，D.C. Lau 譯）。

8　《周易》（長沙：湖南出版社，1993 年）（漢英對照中國古典名著叢書）（理雅各譯）。

9　《禮記・禮運》。

10　張中秋：《中西法律文化比較研究》（南京：南京大學出版社，1991 年），第 8 章；梁治平：《尋求自然秩序中的和諧》（北京：中國政法大學出版社，1997 年），第 8 章。

11　儒家反對訴訟的程度仍需商権，例如，上述註 7 中的引文可理解為，在其他解決糾紛的方法都失敗後，將訴訟作為最後採用的途徑是合理的。參見 Joseph Chan, "A Confucian Perspective on Human Rights for Contemporary China," in Joanne R. Bauer and Daniel A. Bell (eds), *The East Asian Challenge for Human Rights*(Cambridge：Cambridge University Press, 1999)，頁 212，特別是頁 226-227。在這裏，作者陳祖為引用到《論語・憲問篇》的以下一段：或曰："'以德報怨'，何如？"子曰："何以報德？'以直報怨，以德報德。'"

12　張晉藩：《中國法律的傳統與近代轉型》（北京：法律出版社，1997 年），頁 277-302；范忠信、鄭定、詹學農：《情理法與中國人》（北京：中國人民大學出版社，1992 年），頁 180-182。

13　張晉藩，同註 12，頁 277-283；
范忠信，同註 12，頁 157-167；
張中秋，同註 10，頁 322-339；
梁治平，同註 10，第 8 章。有關儒家是否承認訴訟在理想社會中仍將存在，是一個值得進一步研究的問題。例如，孟子便曾對齊宣王說："今王發政施仁，使天下仕者皆欲立於王之朝，耕者皆欲耕於王之野，商賈皆欲藏於王之市，行旅皆欲出於王之塗，天下之欲疾其君者皆欲赴訴於王。"（《孟子・梁惠王章句上》，第七章）。

14 Derek Roebuck, *The Background of the Common Law*(Hong Kong：Oxford University Press, 1988), ch 5。

15 除前兩例可能是神話外，其他的可能是真實的事蹟。這些故事多數由歷史學家記載，當然也不能否認其說教作用。

16 原載於《史記・五帝本紀》：轉引自張晉藩，同註 12，頁 277-278；
范忠信等，同註 12，頁 163-164；
瞿同祖：《中國法律與中國社會》（香港：龍門書店，1967 年），頁 230。

17 原載於《史記・周本紀》：轉引自范忠信等，同註 12，頁 164；
張晉藩，同註 12，頁 278。

18 原載於《孔子家語・相魯》：轉引自范忠信等，同註 12，頁 181。

19 原載於《荀子・宥坐》：轉引自范忠信等，同註 12，頁 186；
瞿同祖，同註 16，頁 230-231。

20 原載於《漢書・韓延壽傳》：轉引自范忠信等，同註 12，頁 181、187；梁治平，同註 10，頁 208；張晉藩，同註 12，頁 279；馬作武：〈古代息訟之術探討〉，《武漢大學學報：哲社版》，1998 年第 2 期，頁 47，重載於《法理學、法史學》（中國人民大學書報資料中心），1998 年第 5 期，頁 46、49；瞿同祖，同註 16，頁 231-232。

21 原載於《後漢書・魯恭傳》：轉引自梁治平，同註 10，頁 208-209；張晉藩，同註 12，頁 279；范忠信等，同註 12，頁 181、187-188；馬作武，同註 20，頁 49；瞿同祖，同註 16，頁 232。

22 原載於《後漢書・吳佑傳》：轉引自范忠信等，同註 12，頁 181、187；張晉藩，同註 12，頁 279；倪正茂等：《中華法苑四千年》（北京：群眾出版社，1987 年），頁 414-415；瞿同祖，同註 16，頁 231。

23 原載於《後漢書・仇覽傳》：轉引自范忠信等，同註 12，頁 186-187；馬作武，同註 20，頁 48-49；瞿同祖，同註 16，頁 231。

24 原載於《舊唐書・韋景駿傳》：參見梁治平，同註 10，頁 207；瞿同祖，同註 16，頁 231。

25 梁治平，同註 10，頁 207；范忠信等，同註 12，頁 187。

26 原載於《宋史・陸九淵傳》：參見范忠信等，同註 12，頁 194；倪正茂等，同註 22，頁 415。

27 原載於《陸稼書判牘》：參見張晉藩，同註 12，頁 280-281；范忠信等，同註 12，頁 188、190。

28 原載於蒯德模編：《吳中判牘》：參見范忠信等，同註 12，頁 194；倪正茂等，同註 22，頁 415-416。

29 原載於《朱文公文集》卷一百：轉引自梁治平，同註 10，頁 205。

30 梁治平，同註 10，頁 208。

31 原載於《陸游諸訓》：轉引自范忠信等，同註 12，頁 172；李文海、越曉華：〈'壓訟'心理的歷史根源〉，《光明日報》，1998 年 3 月 6 日第 7 版，重載於《法理學・法史學》，1998 年第 4 期，頁 45。

32　原載於《陽明全書》，卷十六及十七：轉引自梁治平，同註 10，頁 205-206；范忠信等，同註 12，頁 182。關於這類鄉約，可參見 Wm. Theodore de Bary, *Asian Values and Human Rights: A Confucian Communitarian Perspective* (Cambridge, Mass: Harvard University Press, 1998)，ch5。

33　原載於《海瑞集》：轉引自梁治平，同註 10，頁 203；馬作武，同註 20，頁 46；張中秋，同註 10，頁 337-338。

34　黃宗智：《民事審判與民間調解：清代的表達與實踐》（北京：中國社會科學出版社，1998年），頁 196、199。至於清代地方官員是否 "依法判決" 還是按每件案件的特殊情況酌情處理，日本學者滋賀秀三與黃宗智持截然不同的觀點：參見梁治平：《清代習慣法：社會與國家》（北京：中國政法大學出版社，1996 年），頁 18。

35　可與 "重案"（主要是危及國家的刑事案件）相對照：黃宗智，同註 34，頁 1、6；張晉藩，同註 12，頁 286。

36　原載於汪輝祖：《學治臆說》：轉引自黃宗智，同註 34，頁 196；張晉藩，同註 12，頁 286；范忠信等，同註 12，頁 195。

37　黃宗智，同註 34；S. van der Sprenkel, *Legal Institutions in Manchu China*（London: Athlone Press, 1977）；J.A. Cohen, "Chinese Mediation on the Eve of Modernization," *California Law Review,* Vol. 54(1996)，p1201。

38　學者們指出，訴諸法庭的人一般都遇到很多不愉快的經驗和肉體上的、心理上的，以至經濟上的風險：Cohen，同註 37，頁 1212-1215；范忠信等，同註 12，頁 177；李文海等，同註 31，頁 46。黃宗智則認為，"清代的法庭對於民事糾紛事實上相當開放，人們因此頻繁地求助於它來解決爭端"：黃宗智，同註 34，頁 14。

39　費孝通：《鄉土中國》（香港：三聯書店，1991 年），頁 5-11。

40　黃宗智，同註 34，頁 65-66。

41　Sprenkel，同註 37，頁 100、115；Cohen，同註 37，頁 1219。

42　黃宗智，同註 34，頁 13、68、71；Sprenkel，同註 37，頁 114。

43　費孝通，同註 39，頁 61。

44　Cohen，同註 37，頁 1224。

45　此案件記載於清代順天府寶坻縣刑房檔案中，現存於中國第一歷史檔案館：轉引自倪正茂等，同註 22，頁 414；范忠信等，同註 12，頁 192-193；張晉藩，同註 12，頁 290。

46　黃宗智，同註 34，頁 70；鄭秦：《清代司法審判制度研究》（長沙：湖南教育出版社，1988年），頁 224。

47　黃宗智，同註 34，頁 68。

48　黃宗智，同註 34，頁 72-75。

49　費孝通，同註 39，頁 61-62。

50　Sprenkel，同註 37，頁 117-118。

51　Richard L. Abel, "A comparative theory of dispute institutions in society," *Law and Society*

Review, winter 1973, pp217-347;

Hilary Astor and Christine M. Chinkin, *Dispute Resolution in Australia* (Sydney: Butter-worths, 1992), pp20-21;

Richard L. Abel (ed.), *The Politics of Informed Justice, Vol. 2 (Comparative Studies)* (New York: Academic Press, 1982).

52　Stanley B. Lubman, "Dispute resolution in China after Deng Xiaoping: 'Mao and media-tion' revisited," *Columbia Journal of Asian Law*, Vol. 11, No. 2 (fall 1997), pp229-391，esp.p291、337；Michael Palmer, "The revival of mediation in the People's Republic of China: (1) Extra-judicial mediation," in W.E. Butler (ed), *Yearbook on Socialist Legal Sys-tems 1987* (Dobbs Ferry, N.Y.: Transnational Publishers, 1988), pp219-277, p238："為了平息糾紛，有時可能要犧牲一些重要的原則。"

53　張中秋，同註 10，第 8 章。

54　張中秋，同註 10，頁 344；Cohen，同註 37，頁 1224。

55　參見本書第二章〈理性法、經濟發展與中國之實例〉，頁 222。

56　張晉藩，同註 12，頁 300；張中秋，同註 10，頁 339-341；鄭秦，同註 46，頁 225。

57　Owen M. Fiss, "Against settlement," *Yale Law Journal*, Vol.93 (1984), p1073; Owen M. Fiss, "Out of Eden," *Yale Law Journal*, Vol.94 (1985), p1669.

58　Owen M. Fiss, "The social and political foundations of adjudication," *Law and Human Be-haviour*, Vol. 6, No. 2 (1982), p121; Lon L. Fuller, "The forms and limits of adjudication," *Harvard Law Review*, Vol.92 (1978), p353; Lon L. Fuller, *The Principles of Social Order* (Durham: Duke University Press, 1981), p86.

59　Edward Brunet, "Questioning the quality of alternate dispute resolution," *Tulane Law Review*, Vol. 62, No. 1 (1987), pp1、16; Marc Galanter, "The day after the litigation explo-sion," *Maryland Law Review*, Vol.46 (1986), pp332-337.

60　Palmer，同註 52；Stanley Lubman, "Mao and mediation: Politics and dispute resolution in Communist China," *California Law Review*, Vol.55 (1967)，p1284。

61　關於中國大陸的情況，見 Palmer，同註 52；Lubman，同註 52。關於台灣地區的情況，見林端：〈華人的法律意識：以台灣‘調解制度’的現代意義為例〉，第四屆華人心理與行為科際學術研討會論文（台灣大學心理學系及中央研究院民族學研究所籌辦，1997 年 5 月 29-31日）；鄭正忠：《海峽兩岸訴訟法制之理論與實務》（台北：台灣商務，2000 年），第 10 章（對中國大陸與台灣地區的調解制度進行比較）。在香港地區，調解作為法制的有機組成部分，沒有像中國大陸與台灣那樣發達（例如，在社區裏基本上沒有解決糾紛的調解委員會），但在某些特殊領域調解已被使用或獲法律認可（如家庭糾紛、僱傭糾紛以及性別歧視的投訴）。

62　Palmer and Roberts，同註 5。

63　Abel，同註 51 及註 61 引用的文獻。

64　D. Paul Emond, "Alternative dispute resolution: A conceptual overview," in D. Paul Emond (ed.), *Commercial Dispute Resolution: Alternatives to Litigation* (Aurora, Ontario: Canada

Law Book, 1989), p5.

65 Derek Bok, "A flawed system of law and practice training," *Journal of Legal Education* 33 (1983), pp570、582-583，重載於 Palmer and Roberts，同註 5，頁 28；並可參見 Emond，同註 64，頁 5。

66 E. B. Pashukanis, "The general theory of law and Marxism," in H.W. Babb and John N. Hazard (eds), *Soviet Legal Philosophy*（Cambridge, Mass.: Harvard University Press, 1951), pp155-156. 有關的討論見於 Larry May, "Legal advocacy, cooperation, and dispute resolution," in Stephen M. Griffin and Robert C.L. Moffat (eds), *Radical Critiques of the Law*（Lawrence, Kansas: University Press of Kansas, 1997），pp83、84-86。儘管 Pashukanis 的理論中有些睿見，但不能無條件地接受，因為現代法治不僅保護個人私利，而且追求公正，正如一些有關公共利益以及人權方面的訴訟所證明。

67 May，同註 66，頁 92。

68 Andrew W. McThenia and Thomas L. Shaffer, "For reconciliation," *Yale Law Journal*, Vol.94(1985), p1660.

69 《馬太福音》第 18 章第 15-17 節。

70 McThenia and Shaffer，同註 68，頁 1664-1666。

71 C. Menkel-Meadow, "Portia in a different voice: Speculations on a women's lawyering process," *Berkeley Women's Law Journal*, Vol.1 (1985), p39; Janet Rifkin, "Mediation from a feminist perspective: Promise and problems," *Law and Inequality*, Vol.2 (1984), 頁 21，轉引自 Astor and Chinkin，同註 51，頁 22。

72 參見 Robert A. Baruch Bush and Joseph P. Folger, *The Promise of Mediation: Responding to Conflict Through Empowerment and Recognition* (1994), 轉載於 John S. Murray et al., *Mediation and Other Non-Binding ADR Processes*(Westbury, NY: Foundation Press, 1996), pp133-138；並可參見 Edward W. Schwerin, *Mediation, Citizen Empowerment, and Transformational Politics* (Westport, Conn.: Praeger, 1995)。

73 Lon L. Fuller, "Mediation — Its forms and functions," *The Principles of Social Order*，同註 58，頁 125、144-146。

74 參見拙作 "Confucian legal culture and its modern fate," in Raymond Wacks (ed.), *The New Legal Order in Hong Kong* (Hong Kong: Hong Kong University Press, 1999), pp505-533。

75 Astor and Chinkin，同註 51，頁 105-109；Jack Effron, "Alternatives to litigation," *Modern Law Review* 52 (1989), pp480、493-495。

76 Harry T. Edwards, "Alternative dispute resolution: Panacea or anathema?" *Harvard Law Review* 99 (1986), p668；Emond，同註 64，pp1-25；Hiram E. Chodosh, "Judicial mediation and legal culture," *Issues of Democracy*, Vol.4, No. 3 (1999), 頁 6(electronic journal http://www.usia.gov/journals/journals.htm)。

77 Fuller，同註 73，頁 147-149。

78 Chodosh，同註 76；Nancy T. Gardner, "Book review on Mediation: A Comprehensive Guide

to Rewolving Conflicts without Litigation," *Michigan Law Review* 84 (1986), p1036；Richard Delgado et al., "Fairness and formality: Minimizing the risk of prejudice in alternative dispute resolution," *Wisconsin Law Review* 1985, p1359。

79　在香港，律師在為當事人提起婚姻訴訟時，須説明他是否已向當事人提供關於婚姻方面的調解服務的材料：見 Athena N.C. Liu, *Family Law for the Hong Kong SAR* (Hong Kong: Hong Kong University Press, 1999)，pp127、139。在婚姻訴訟程序開始前，香港法律並不要求當事人雙方證明已盡力調解過，但在性別歧視方面，香港法律卻有進一步的規定。根據《性別歧視條例》（1995 年制定），請求平等機會委員會在法庭訴訟中給予幫助的投訴人，必須已經過由該委員安排的調解（但這調解未有奏效）：見《條例》的第 84、85 條。

80　Palmer，同註 52，頁 253。

81　林端：〈台灣調解制度的社會學分析調查報告〉（國立台灣大學社會學系，1999 年）。

82　Emond，同註 64，頁 19-20；Gardner，同註 78，頁 1037；Robert A Goodin, "Mediation: An overview of alternative dispute resolution", *Issues of Democracy*, Vol. 4, No. 3 (1999)，p13，同註 76。

83　參見註 61 所引的文獻。

84　這些原則可見於《人民調解委員會組織條例》第 6 條（1989 年），《人民調解法》第 3 條（2010 年）。可參見 Palmer，同註 52，頁 259；Lubman，同註 52，頁 277-279；Lubman，同註 60，頁 1318。

85　主要問題在於，由於調解過程中往往存在着某些壓力，所以當事人雙方經常不能自由地拒絕調解人提出的解決方案。被迫接受解決方案的壓力的來源有多種。例如，中國的人民調解委員會是在當地政府的司法行政機關和法院的領導下的，委員會主任通常是村民委員會或居民委員會的負責人。其次，國有企業或農村社會中的人際關係，有時也可能產生接受調解方案的壓力。另外，由於經濟、地理或制度性的原因，法律服務（律師的服務）可能不易獲得，所以很多情況下訴訟並不是真正可供選擇的途徑。即使在法院而非人民調解委員會進行調解的情況下，壓力仍有可能存在：一些法官強迫訴訟當事人接受調解方案，從而避免作出司法判決，因為司法判決要求法官對事實調查更為充份，對法律運用更為嚴格，這就更耗時而且要求更高的專業水平。參見劉廣安與李存捧：〈民間調解與權利保護〉，夏勇主編：《走向權利的時代：中國公民權利發展研究》（北京：中國政法大學出版社，1995 年），頁 288、307-326。

86　《民事訴訟法》第 8 章對於法院所進行的調解作出規定。關於這種 "司法調解"，可參見 Lubman，同註 52，頁 334-343；Michael Palmer, "The revival of mediation in the People's Republic of China: (2) Judicial mediation," in W. E. Butler (ed)., *Yearbook on Socialist Legal Systems 1988* (Dobbs Ferry, N.Y.: Transnational Publishers, 1989)，p145。

87　劉廣安等，同註 85，頁 293、307-308 頁；Lubman，同註 52，頁 282-283、298。

88　劉廣安等，同註 85，頁 317；Lubman，同註 52，頁 335。

89　劉廣安等，同註 85，頁 326；關於對中國的調解制度的較為悲觀的觀點，見 Fu Hualing, "Understanding people's mediation in post-Mao China," *Journal of Chinese Law*, Vol.6 (1992), p211。

新儒家與民主憲政 —— 從 1958 年《為中國文化敬告世界人士宣言》談起

一、前言

　　1958 年 1 月，唐君毅、牟宗三、徐復觀和張君勱等四位儒學大師在香港和台灣聯合發表了《為中國文化敬告世界人士宣言》（下稱《宣言》）。[1]《宣言》肯定了儒家的"心性之學"是中華文化中精神生命的主體。四位儒學大師在《宣言》中表達了他們對中華傳統的熱誠和堅持，認為此傳統充滿活力，定能適應未來的挑戰。他們同時主張從西方思想中多加學習。對於中華文化本身，《宣言》指出：

　　"這亦就是說明中國需要真正的民主建國，亦需要科學與實用技術。中國文化中須接受西方或世界之文化。但是其所以需要接受西方或世界之文化，乃所以使中國人在自覺成為一道德的主體外，兼自覺為一政治的主體、認識的主體，及實用技術活動的主體。而使中國人之人格有更高的完成，中國民族之客觀的精神生命有更高的發展。"[2]（部分字的斜體為筆者自行加上，以示強調）

　　《宣言》本身表明了它所擁抱的"世界之文化"，是指西方社會的自由民主憲政（liberal constitutional democracy）、現代科學和技術。因此，不少學者都以《宣言》為起點，研究儒家與自由、民主的關係。[3]

　　《宣言》至今已發表了半個世紀，四位連署的儒學大師都已與世長辭。在這段期間，整個世界和中國都經歷了巨變。中國大陸經歷了反右運動和文化大革命的動盪時期，其後的經濟高速發展是中國近代史上史無前例的。香港由殖民地統治，回歸至中國主權之下，香港人追求民主的訴求不斷增加。[4] 台灣的國民黨威權管治，已被西方式的自由民主憲政所取代。[5] 南韓原來同樣深受儒家思想影響，最後也走上了自由民主憲政道路。[6]

除了上述的政治發展外，當代學者逐漸熱衷於研究儒家、現代化和民主化的關係。在中國大陸，有關儒學的研究有如雨後春筍；有關儒家文化有否影響東亞地區的經濟迅速發展的問題，在國際學術界中亦不乏討論；不少學者在"亞洲價值"與人權的關係、儒家思想與人權、民主及世界倫理的關係等議題上交流意見。新加坡曾嘗試把儒家思想編入學校的課程範圍內，雖然試驗計劃並不成功。[7]

縱使歷史不斷前進，但當今中國如要像《宣言》的作者所期盼一樣，完全實現民主憲政，還要走很長的路。究竟民主憲政是否與中國傳統相容？特別是，這是否與儒家傳統並行不悖？今天，這個問題一如半個世紀前一樣具爭議性。本文的目的便是在當今的學術氣氛、這 50 多年來的學術發展的基礎上，重新思考 1958 年發表的《宣言》，特別是其中與民主憲政有關的部分。本文首先會敍述《宣言》中提及的論點，然後從《宣言》本身、《宣言》的作者見解和其他學者在其後出版的著作，分析《宣言》帶出的課題。文末會重新評估《宣言》在現今社會的價值，並嘗試勾畫出一套以儒家思想為基礎的政治哲學，並探索中國政治思想的前景。

《宣言》的要點

《宣言》的中心思想指出，就中國的政治發展而言，中華傳統（特別是儒家傳統）中不但潛藏着民主的種子（下稱"命題一"），在中國建立自由民主憲政更是中華傳統文化的內在要求（下稱"命題二"）。"命題一"指出儒家思想與自由民主憲政是相容的；"命題二"則是，若中國發展自由民主憲政，這發展會如文首援引的《宣言》段落所述，"使中國人之人格有更高的完成，中國民族之客觀的精神生命有更高的發展"。"命題二"的論點比"命題一"更進一步，徐復觀亦曾說過：

"所以我常說凡是真正了解中國文化，尊重中國文化的人，必可相信今日為民主政治所努力……這是中國文化自身所必需的發展。"[8]

有關"命題一"，《宣言》的作者引述了不少中國傳統思想和實例，指出這些都與民主精神相符。引用的傳統思想包括"為政以德"和天命反映民意的想法，統治者要聽取人民的意見，行使政治權力時，以人民的利益為依歸；天下為公，不屬於任何一個人，而每人都有能力成為聖人，可見儒家思想接納人人平等的概念。《宣言》中亦有提及遠古時代已確立的禪讓（指堯、舜）和反抗暴君統治的思想。引用的實例包括：臣子向君主進諫、史官的秉筆直書、宰相和御史制度、招攬賢能之士為官的徵辟制度、選舉制度和科舉制度。

至於支持"命題二"的論點頗為複雜，散見於《宣言》的第八和九部分，[9]筆者把它重新整理如下：

（1）在中國傳統的政治制度裏，每個朝代有規律地由盛轉衰，最終被另一個皇朝取代；"欲突破此迴圈之唯一道路，則只有繫於民主政治制度之建立"。[10]

（2）有關上文提到中國傳統中的民主種子：

"這些制度，都可使君主在政府內部之權力，受一些道德上的限制。並使政府與社會民間，經常有溝通之橋樑……只是這些制度之本身，是否為君主所尊重，仍只繫於君主個人之道德。如其不加尊重，並無一為君主與人民所共認之根本大法 —— 憲法 —— 以限制之……即反照出中國政治制度中，將僅由政府內部之宰相御史等，對君主權力所施之限制，必須轉出而成為：政府外部之人民之權力，對於政府權力作有效的政治上的限制。僅由君主加以採擇與最後決定，而後施行之政治制度，必須化為由全體人民所建立之政治制度，即憲法下之政治制度。中國政治必須取消君主制度，而傾向於民主制度之建立。"[11]

由此可見，《宣言》提倡實行憲政主義，在政黨之間和平轉移政治權力。[12]

（3）禪讓、反抗暴君統治的革命和天下非一人獨有等傳統理念，反映出政治權力是可以轉移的。然而，"過去儒家思想之缺點，是未知如何以法制，成就此君位之更迭，及實現人民之好惡。"[13]

（4）君主制度有違儒家思想裏"人人平等"（人人都可成為聖人）的概念，因為這個制度在政治和道德上都不認為人民和統治者享有平等的地位；[14] 只有在民主政體中，人民與統治者才是平等的。

（5）在《宣言》中論述民主的部分，作者在最後一段指出"此種政治上之民主制度之建立，所以對中國歷史文化之發展成為必須，尚有其更深的理由"：[15] 即使君主施政時依循"為政以德"的理念，人民"只是被動的接受德化，人民之道德主體仍未能樹立。"[16] 因此只有君主可建立起道德主體。值得注意的是，作者進一步論述，在此情況下，君主並非真的"聖君",未能樹立起真正的道德主體,除非他能開放"統治者"的權位,讓所有人也有機會成為"統治者",並肯定所有人擁有平等的政治權利。因此,《宣言》就政治哲學問題得出以下的結論:

> "然本於人之道德主體對其自身之主宰性,則必要求使其自身之活動之表現於政治之上者,其進其退,皆同為可能。此中即有中國文化中之道德精神,與君主制度之根本矛盾。而此矛盾,只有由肯定人人皆平等為政治的主體之民主憲政,加以解決;而民主憲政,亦即成為中國文化中之道德精神自身發展之所要求。"[17]

《宣言》尊崇人的道德良知,其內容假設中國傳統文化的主體是道德主體,並認為要"道德的主體"擴展成"政治的主體"和"認識的主體",在中國發展民主和科學,是中國文化在現代發展的內在要求;這與作者對儒學的堅持如出一轍。在這方面,《宣言》的作者之一牟宗三發展了一套"良知的自我坎陷"(自我否定)理論,指出若要在中國文化傳統中"開出"民主和科學,良知必須經過短暫的"自我坎陷"過程。[18]《宣言》指出,人要成為"認識的主體",就必須暫時忘記道德主體。[19]

我認為雖然《宣言》已發表了半個世紀,當中的內容卻毫不過時。《宣言》觸及的問題不只是半個世紀前的中國要面對的問題,也是今天的中國要面對的課題。部分論據在不少現代著作中找到呼應,現代的儒學學者均接納當中的基本原則:即使是提倡自由主義的學者(例如林毓生、張灝),[20] 他們也認同,儒家思想中也有支援自由民主憲政的元素。李明輝指出,"當代新儒家與中國自由主義間的爭議可說已成了歷史……‘在新儒家與自由主義底基本信念之間並無不可調和的根本矛盾。’"[21]

　　但這並不表示，所有學者都認同《宣言》對自由民主憲政的理解，便是從儒家角度所作出的正確理解。例如：中國大陸的著名儒家學者蔣慶批評新儒學學者（即《宣言》的四名作者）盲目跟從五四運動的思維，要求全盤西化。[22] 蔣慶認為：西方式的民主是建基於其歷史和文化，所以不是在任何一個地方都適用。正因如此，筆者認為，我們今天要重新對《宣言》作出思考和批判，探索有關的問題，這是有必要和有意義的。就讓我們先認清《宣言》中重點處理的問題。

三大研究問題

　　（1）在研究儒家與自由民主憲政的關係時，我們採用的方法有甚麼需要留意的地方？

　　（2）儒家與自由民主憲政是否相容？假使在中國發展自由民主憲政是一件好事，為促進這發展，儒家思想是否需要經過“創造性轉化”（採用林毓生的用語）[23]？

　　（3）中國應採用的自由民主憲政模式，是否與西方社會實行的一樣，又或會有一些分別？儒家思想能否說明中國應如何建立這模式？

問題一：研究方法

　　我們應如何研究儒家與自由民主憲政的關係？若要這項研究有意義，便先要解決幾個有關研究方法的問題。首先，我們要小心定義何謂“儒家思想”和“自由民主憲政”。其次，由於在中國歷史上，儒家思想並未產生出自由民主憲政，有關儒家思想與自由民主憲政的關係的問題，實為有關兩者的“相容性”的問題。《宣言》提出的“命題一”和“命題二”，便是兩種可能對“相容性”作出的解釋。“命題一”是

“相容性”的狹義解釋，即為儒家思想與自由民主憲政有沒有直接、明顯或嚴重的矛盾。“命題二”則對“相容性”作出廣義的解釋，定出要解答的問題是：“當儒家思想在歷史中蛻變、進入現代的過程中，其內部發展的邏輯是否如《宣言》所言，必然地要求中國發展自由民主憲政？”我們應該如何處理這兩個意義上的“相容性”問題？最後，除了“相容性”的問題外，是否還有其他相關的問題值得研究？

　　我們首先對“儒家思想”和“自由民主憲政”定義。陳祖為曾指出，[24] **“自由民主憲政”可以被視為一套政治哲學（自由、平等、自治、人權、法治、憲政主義和民主這些理念連貫地組成的哲學），又或是一個運行的政治制度。**就現實而言，視自由民主憲政為一個政治制度，來研究儒家思想與自由民主憲政的關係或相容性（至少作為一個起點）會較有意義。因為自由民主憲政不單在擁有西方文化傳統的國家實行，還傳到整個世界的不同角落，在東亞地區包括日本、南韓和台灣。由於實行自由民主憲政的國家擁有不同的文化背景，自由民主憲政可算是一套與眾多不同的文化、傳統和宗教相容的政治制度。

　　然而，要對“儒家思想”定義便較難。社會學家金耀基便區分出“帝制式儒學”（imperial confucianism），或“制度化儒學”（institutional confucianism）和“社會性儒學”（social confucianism）。前者早已消失，但後者仍潛藏於現代社會中，見於家庭和其他社會倫理關係，規範着人的行為。[25] 李明輝指出，中國社會中存在着一種“深層化儒學”，中國人的思想模式和行為方式被此不自覺地影響。[26] 社會心理學家的科學研究亦指出，儒家思想仍深深地影響着中國人的人際關係和道德思維。[27]

　　筆者認為，蔣慶和林安梧分別作出的分類更為有用。林安梧[28] 劃分出“生活化的儒學”（lively confucianism，指人在日常生活中採用的道德價值和原則)、"帝制式的儒學"(imperial confucianism，即以儒學作為統治的工具) 和 "批判性的儒學"(critical confucianism，例如臣子向統治者進諫)。他指出傳統儒學原屬 "生活化的儒學" 和 "批判性的儒學" 的類別，但在漢朝以後，"帝制式的儒學" 成了主流。蔣慶的理論 [29] 包含 "生命儒學"(又或 "心性儒學"，例如宋明理學的心性之說)、"政治儒學"(繼承荀子的學說，認為人性本惡，強調 "禮" 而非 "仁"，嘗試建構和維持政治和社會制度，當中亦有批判的一面)(詳見於《春秋》中的公羊學和漢代的儒學思想) 和 "政治化的儒學"(只為統治者服務，例如漢代的古文經學；這種儒學思想在中國歷史中多為主流)。

儒學的定義

儒家思想在不同層面中影響中國的傳統政府、社會和哲學，當中又包含多元化（甚至是互相矛盾）的學說，因此本文有必要釐清 "儒學" 的定義，分析其組成部分和不同的支派。這種對儒家支派分類的做法，對初步分析儒家思想與自由民主憲政的關係很有幫助。例如 "帝制式的儒學"（林安梧的用語）和 "政治化的儒學"（蔣慶的用語）便有違自由民主憲政；而《宣言》似乎認為，其尊崇的 "生命儒學"（蔣慶的用語）不單與自由民主憲政相容，更要求自由民主憲政得到發展，令個人的道德主體性得以提升。

這是否意味着，在研究有關儒學與自由民主思想是否相容的問題時，我們可以把儒學思想的部分支派（例如 "帝制式的儒學"、"政治儒學" 和 "政治化的儒學"）擱在一旁不理呢？這種態度不僅隱約見於《宣言》中，一些較近期的研究也如是。這些研究主要引用先秦的儒家經典（包括《論語》和《孟子》），嘗試證明儒家思想承認人的尊嚴和人人平等，反對暴政，主張以"民本"的理念施政，政府應儘量避免使用威逼的手段，從而指出這與現代西方的人權、民主思想相符。[30] 這是否在"走捷徑"？正如蔣慶指出，[31] 若我們把儒家思想狹隘地理解為先秦思想，並從中抽出一些文字以論證儒家反對暴政、提倡"民本"施政，那麼我們又是否公正地對待儒學？

蔣慶十分推崇"政治儒學"，認為當中的資源極其豐富，可以用於為中國建構新的政治制度，以符合中國文化傳統和儒學理想，而非只是仿效西方的自由民主憲政。[32] 縱然我們不一定贊同他對"政治儒學"的詮釋和評價或他關於"政治儒學"對重建當代中國的政治制度可能作出貢獻的觀點，但他反對狹義地理解儒家思想，質疑新儒家學者（特別是牟宗三）能否從生命儒學（有關心性之說）推出西方式的民主 —— 這方面的論述是有道理的。

儒家與政治權力

要注意的是，任何理論都不是空中樓閣，而是建基於一個社會、政治和歷史環境中。經典著作中表達的理念本身可能是十分崇高的，但這些理論其後的詮釋、實踐和發展亦不容忽視。一如世界主要的宗教一樣，儒家是一個活着的傳統，經過多個世紀、以至數千年的轉變，與政治和社會制度建立起緊密的關係。權力與思想 [33] 是人類社會的必然產物，沒有一套重要思想能免受政治操縱。我們必須承認，在中國歷史中，儒家思想曾輔助統治者行使政治權力。"帝制式的儒學"或"政治化的儒學"不一定是敗壞的，因為政治權力本身不一定是邪惡的。蔣慶指出，"政治儒學"的確曾用於漢代，以鞏固帝王的統治，但從正面的角度看，君主制較為適合中國當時的情況，能夠維持社會秩序，符合人民的需要，為人民謀求福祉。[34] 另一方面，徐復觀卻認為，雖然儒家被封為正統，但儒家思想原有的精神在漢代已衰落，故出現了專制政治。[35] 蔣慶和徐復觀兩人的見解可以同時成立，因為人類歷史從來不是完美的，妥協和犧牲是無可避免的，所以我們有必要探索在人類歷史中，尚未出現現代民主憲政的理念和實踐之前，儒家思想在被國家奉為正統時出現了甚麼妥協和犧牲，這亦是為何儒家思想應以廣義理解。

阻礙民主發展的因素

若要我們的研究能為中國的民主化作出貢獻，我們不單要找出中國傳統中有哪些元素是有利於自由民主憲政的發展，更要認清當中窒礙民主發展的因素。即使儒家的原始經典或元典中載有的原則最為“正宗”，對儒家思想至為重要，但從上述的角度看來，我們的研究範圍不能局限於這個狹小的範圍。

漢代儒學的“三綱”便是一個很好的例子。現代的學者 [36] 大多都認為這是受了法家和陰陽家的影響，背離了先秦儒學經典，因為先秦思想十分重視君臣、父子和夫婦關係的相互性，以及關係中彼此的責任。然而，“三綱”在儒學史中的重要性值得我們仔細研究。舉例說，在宋明理學中，“三綱”被視為天理的一部分，與人真正的本性是協調一致的。[37] 在階層化的社會中接受及服從權威，這個道德原則（包括“三綱”）或許早已成為中國文化的一部分，並繼續影響現今的社會。有人說在儒家文化中，人們較傾向服從權威（不論是在政治、家庭或社會方面）；這真的是儒家思想的一部分嗎？在中國建立民主憲政的過程中，這是否一個需要解決的問題？儒家思想中還有沒有其他類似的障礙？

重新詮釋，與現代相容

有學者研究中國現代化要面對的挑戰，他們提倡中華傳統要經過"創造性轉化"（林毓生的用語），[38] 又或要"以現代人的眼光，重新詮釋、重新調節、修訂或重振其生命力"（傅偉勳的用語）。[39] 要研究儒家是否與現代民主憲政相容，便要以批判的角度，評估儒家傳統的價值，以決定儒家是否需要經過"創造性轉化"；若有需要，還要研究儒家思想應該怎樣轉化。然而，這不是說，我們必須放棄所有違背自由民主憲政的儒家原則或價值理念。筆者十分贊同李晨陽的說法：

"有人說，因為民主是好的，所有不民主的概念便必然是壞的。這個推論未免過於簡單，結論也是錯的。在美國和其他西方民主社會中，類似於那些不民主的儒家價值的傳統價值日漸式微，不少論據顯示，這正威脅着社會的健康發展。亨廷頓（Samuel Huntington）等學者都犯上了相同的錯誤，以為民主價值既然是好的，人們必須摒棄不民主或非民主的儒家價值，或把它們取代。"[40]

因此，我們要考慮的問題不單是儒家傳統的"創造性轉化"，以面對啟蒙運動和現代化的挑戰，[41] 更關乎在中國將來的政治體制中，儒家價值（即經得起創造性轉化過程的考驗的價值）能否和怎樣與現代的民主憲政理念和制度共存？以下會討論其中一些問題。

問題二：儒學的創造性轉化

正如上文所述，《宣言》的論點是儒家思想與自由民主憲政是相容的（在狹義和廣義上均是）。近年來不少學者對"相容性"的問題作出了多方面的研究，取得不少成果，例如關於以下課題的研究：儒家與民主的相容性（參見李明輝[42]和陳祖為[43]的著作）、儒家與權利的相容性（參見 Lee Seung-hwan[44]和成中英[45]的著作）和儒家與人權的相容性（參見余錦波[46]、陳祖為[47]、Roetz[48]、黃俊傑[49]和李明輝[50]的著作）。現在我們或可更進一步，考慮儒家（以廣義理解，包括"制度化的儒學"和"政治儒學"的元素）與自由民主憲政整體的相容性，尤其是有可能妨礙此相容性的元素。儒家思想中有些元素可能被疑為有違自由民主憲政，它們可以歸類為以下幾種情況：

（1）政治、社會和經濟的轉變使一些元素變得過時，因此應予摒棄；

（2）有些元素經不起啟蒙運動的挑戰，因此應予摒棄；

（3）有些元素能經得起時間的考驗，能解答"人生為何"這類歷久猶新的問題；縱使這些元素與自由民主憲政不一定協調，但值得保留下來，甚至作為批判自由民主憲政的論據，令人反思其限制和弱點。

儒家思想對個人、社會和政治生活的理論，其精髓見於"內聖外王"的概念，雖然這詞首先並非見於儒家經典，而是出現在《莊子》。[51]"內聖"反映出儒家對自我修養的重視，以發揮和實現人的本性，生命得以成長（以至知天命，明白"道"）。[52]儒家注重的不只是個人的"救贖"，正如孔子所説："夫仁者，己欲立而立人，己欲達而達人。"[53]《大學》亦提及，人的道德生活應從較小範圍逐步擴大，先"修身"、"齊家"、"治國"，最後"平天下"。"外王"這個理想便是指從政者能服務社會，為人類作出貢獻。所以，儒學對權力的理解是，"政治權威是由天命賦予的一種信託，統治者要為人民謀求福祉。"[54]當權者的道德水準要比一般百姓高；當其政治權力愈大，其道德責任則愈重。

當權者的道德責任

在這點上，儒家與現代自由民主憲政沒有甚麼不相容之處。**縱使在自由民主憲政中，政治權力不是來自上天，但權力仍是一種信託，權力的行使仍要以人民的福祉為依歸。儒家思想要求當權者擔當起道德責任，這種對當權者的高尚情操的嚴格要求，不單適用於君主和士大夫，也可適用於民選的政治家。**自由民主憲政中的政治家或"准政治家"應多加修養，提升自己的能力和道德情操，成為一個有人格和公信力的人，而不是投機取巧之士，玩弄權術、唯利是圖：這既符合儒家的要求，也是現代民主社會中公眾人士對當權者的合理期望。

然而，當我們的視線由當權者的道德責任，轉向統治者與其人民的關係時，儒家思想與自由民主憲政的矛盾便浮現。康德（Kant）曾經表示：

"政府的施政可以建基於對人民行善的原則，有如父親對待孩子一樣。在這樣的家長式政府（*imperium paternale*）之下，人民便有如不能分辨是非好壞的幼稚的孩子一樣，被要求被動地接受統治者的統治和依賴……［統治者的］仁慈。這樣的政府便是最大的專制……人民……沒有甚麼權利可言。"55）（斜體字是原文所加）

《大學》卻有以下的一段話：

"孝者，所以事君也……慈者，所以使眾也。《康誥》曰：'如保赤子。'……民之所好，好之；民之所惡，惡之。此之謂民之父母。"56

在中國歷史中，儒學的發展與家長式政府的理念不無聯繫，統治者和人民的關係與父母和子女的關係被認為有不少相似之處。父母照顧子女，維護他們的利益，教他們明辨是非。一個好的政府對人民而言，也應擔當起父母的角色：所以皇帝被稱為"君父"，官員又稱為"父母官"，"臣子"和"子民"都有"子"字。[57] 在家對父母孝順，是對國家盡忠的先決條件。《孝經》便有這樣的論述：

"夫孝始於事親，中於事君，終於立身……故以孝事君則忠……父子之道，天性也，君臣之義也……子曰：'君子之事親孝，故忠可移於君。'"[58]

在帝制時代的儒家發展過程中，關於父子關係的理念和關於統治者與人民的關係的理念互相影響，兩者最終都發展成單向的隸屬關係，由地位較高者完全支配地位較低者，後者則要絕對服從前者。這便是林安梧所説的"道的錯置"：[59] 儒家倫理中各種人際關係原有的相互性和互惠性變質成為絕對的服從。

政治勢力與順服倫理

林安梧的分析甚具啟發性。他認為，中國傳統社會中，儒家倫理和政治權力互動，消磨了其原有的道德理想。[60] 儒家的原意是在中國社會中"血緣性的自然連結"的基礎上，創造出"人格性的道德連結"，這是儒家的倫理精神，強調"仁"是"人與人之間存在的道德真實感"，[61] 人要通過道德修養，最終成為聖人。然而，當帝制建立後，一種新的社會政治制度和意識形態逐漸成型，以"宰制性的政治連結"為核心、"血緣性的自然連結"為背景，"人格性的道德連結"成了統治者的工具。[62] 儒家思想中以聖人為王的理念被倒置過來，皇帝成了"聖君"。帝王、父親和聖賢三位一體，君主（即"聖君"或"君父"）

"成了中國民族心靈的金字塔頂尖，是一切匯歸之所，是一切創造的源頭，是一切價值的根源，及一切判斷的最後依準。顯然地，正因為這樣的情況才使得中國文化落入一極嚴重的'道的錯置'的境域之中。"[63]

林安梧指出，在這個制度中，當一個人的政治地位愈高，便被假定為更接近"道"。[64] 由於"人格性的道德連結"這個概念被政治勢力操縱（雖然這並非絕對的操縱，有人有時作出反抗），儒家倫理被扭曲為"順服倫理"，當權者或社會關係中的上位者便得以假"天理"之名，要求下位者放棄他們的權益和欲望，最終出現"以理殺人"的情況。[65] 上文提及，統治者與人民（或君臣）的關係、父子的關係變成隸屬的關係，夫婦、兄弟的關係也受到這種權力關係影響，變得與君臣、父子關係差不多。[66] 林安梧引為論證的例子是，妻子在家庭中的地位有如自己的孩子，她要稱呼丈夫的父母為"公公"、"婆婆"；[67] 妻子的貞節與忠、孝並列，成為中國傳統社會中三大德行。

社會控制不全是壞事

林安梧的洞見在於他闡釋了儒家思想和其價值理念，如何在中國歷史中發展成為政治和社會控制的工具。除非我們相信無政府主義，或接受福柯（Foucault）對"知識－權力"（power-knowledge）的批評，否則**我們毋須假設凡是被用作政治和社會控制的思想必然是敗壞的：因為政治和社會控制本身不是壞事，反而是人在社會中生存所必須的。我們今天要做的應該是全面和深入地理解儒家思想在中國歷史中真正扮演的角色，繼而創造性地轉化其內容，以迎接現代社會的挑戰。**

林安梧對此作了一些提議。他認為"人格性的道德連結"可以重振其生命力，破除專制政權的限制，瓦解"宰制性的社會連結"。"血緣性的自然連結"（原涉及上下尊卑貴賤）的縱貫軸，應被橫向的"人際性的互動軸"取代，以促成為"契約性的社會連結"，創造出"公共空間"和"公民社會"，並以"公民的倫理"取代傳統的"天命"倫理，"宰制性的政治連結"應由"委託性的政治連結"取而代之。[68]

儒家思想的現今角色

雖然林安梧的想法是以其獨特的用語表達出來的，但他的主張與《宣言》的基本主張一樣，就是要發展自由民主憲政。林安梧比《宣言》更進一步之處，是他分析了傳統中國社會和儒家思想中與現代民主不相容的地方，他更指出中國不但要發展現代自由民主憲政，更要發展現代公民社會。那麼，他是否在鼓吹"全盤西化"？在中國未來的政治體制和公民社會中，儒家思想可擔當甚麼角色？儒家會否成為只關乎私人領域中個人內在修養的哲學，而西方的自由民主憲政和公民社會的原則會被照搬至中國，主導中國人民的公共領域和社會政治生活？儒學經過"創造性轉化"後會變成甚麼樣子？

問題的癥結是：中國文化中的儒家傳統和中國未來的政治秩序有甚麼關係？《宣言》作者之一的牟宗三先生提出"良知自我坎陷"的理論，似乎便是要解答這個問題。筆者準備討論這個理論，為本部分有關"創造性轉化"的討論作結。

牟宗三認為，[69]傳統中國只有"治道"，而沒有"政道"。中國文化傳統（特別是儒家）已充分發展了理性在"內容"上的表現（intentional meaning）和在"運用"上的表現（functional presentation）（即"綜和的盡理之精神"，例如民主和尊重人權的精神的內容和實踐），但就理性的"外延"上的表現（extensional meaning）或"架構"上的表現

（constructive presentation 或 frame presentation）（即"分解的盡理之精神"，例如能保障民主和人權的制度架構）來說，中國文化傳統則較為欠缺。在儒家的原則和倫理中，關於人性、人倫以至統治者應有的道德責任的論述都是"理性之內容的表現"。然而，"理性之外延的表現"卻先在西方發展成熟，當中的元素包括民主、人權、憲政、人民主權、議會制度和法治，這便是"政道"。牟宗三指出，這些在西方首先出現的事物，不只是適用於西方社會及其文化，而是有廣泛和普世的意義，適用於所有理性的人、民族和文化。

牟宗三認為，中國過去已發展出成熟的"道統"，將來需要發展出"學統"和"政統"。要發展出這兩個新傳統，便要經過良知的"自我坎陷。"[70] "良知的自我坎陷"的理論似乎試圖說明以下三點：

(1) 中國文化傳統的精要之處既在於道德自覺和其自我完成，那麼它如何可能發展科學和民主（即"學統"和"政統"；如採用《宣言》的用語，即為"認識的主體"和"政治的主體"）；

(2) 科學和政治相對地獨立於道德；

(3) 道德理性是人類所有價值的泉源、人類一切努力的基礎，它最終仍應統攝科學和政治。

牟宗三又保留了"內聖外王"的基本架構，作為現代中國文化和儒家思想的基本格局，並把民主和科學合稱為"新外王"。[71]

不少學者都指出牟宗三的"良知自我坎陷"說，深受黑格爾（Hegel）的哲學影響。有關道德主體與認知主體、政治主體的區分，其靈感可能來自康德對人類文化的劃分（即分為科學（真理）、道德、藝術等領域 [72]）（還有黑格爾哲學和韋伯（Weber）對"現代化"的解釋，其中亦有類似的劃分）。然而，康德雖然區分出純粹理性和實踐理性，但道德、政治和法律同屬一個範疇，即實踐理性；牟宗三的處理手法有所不同，政治（或政治科學）與道德分立，政治主體和道德主體亦分立。

發展政道的必要性

牟宗三的理論的獨到之處在於，他指出中國傳統的一個弱點是視政治為道德的延伸，沒有發展出一套獨立的關於政治和法律的科學（政道）。這種對儒家傳統中"民本"政治、"仁政"和"德治"的自我批評，至為重要。但是，在牟宗三的理論體系中，道德理性仍是至上的，那麼政治領域有多大的自主性，又能在多大程度上獨立於道德理性呢？

可以肯定的是，牟宗三提出以"良知自我坎陷"來發展政治主體和民主政治，他不是在說，政治人物可以如馬基雅弗利（Machiavelli）所提倡，在參與政治事務時，完全不顧道德原則。對牟宗三的理論，一個較合理的解釋是，在發展中國未來的政治秩序時，我們的思維方式不應只局限於傳統的道德思維，如肯定人內在的良知及其成為聖賢的能力，強調自我修養的重要性，並把希望寄託於"聖君賢相"。新的思維模式應該較為務實，承認人（包括投身政治的人士）通常以自我利益為依歸，甚至是自私的，而且權力會使人腐化，所以權力分立和相互制衡的制度、法治和保障人權的機制是必須的；政治的問責性必須建基於民主制度，統治者要向選民負責，而非只向其個人的良知或上天負責。正如何包鋼說：

"在儒家思想中……政治是提升道德的工具，而非為表達個人的利益……以道德榜樣治國，其根本是反政治的；亦即是說，它不容許人們進行各種以下性質的活動，即為了不同的價值而從事權力的競爭⋯⋯民主制度的設計，其中一個目的是避免過於倚賴個人道德⋯⋯需要使壞人也有為公眾利益而做事的利益誘因⋯⋯制度的設計在使用德行上應經濟一點。"[73]

當代儒學學者（如李明輝[74]和何信全[75]）引用了牟宗三和徐復觀的著作，指出即使在傳統儒家思想中，統治者或個人用於自我修養的道德準則，有別於統治者應用於人民的道德準則。例如，徐復觀強調"修己"和"治人"的道德標準有很大的差別：[76]有關前者，人不應該只滿足於停留在自然生活的層面，而是要進一步提升自己的道德和精神修養；但當統治者"治人"時，先要照顧到人民的生活需要，而培養他們的道德是其次——這便是所謂"先富後教"。[77]牟宗三亦認為要把有關個人自我修養上的道德，和政府推行的道德區分開來：前者對個人有很高的要求，後者則只是日常生活中最低的行為規範。[78]這是因為儒家一向主張"嚴以律己，寬以待人"。[79]然而，上述這些關於君子對自己的道德要求與統治者對人民的道德要求傳統的區分，在程度上遠遠不及上述關於政治領域與道德的區分。

以道德為民主憲政的基礎

餘下的問題是：在政治領域與道德分離後，兩者還有沒有聯繫？若有，這又是怎樣的關係？對此，新儒學學者（如牟宗三、徐復觀和唐君毅）提出了一個答案，雖然非儒家的自由主義者不一定能接受。這個答案是，自由民主憲政的秩序必須建基於一個穩固的道德基礎，這個基礎比政治制度設計的獨立原則（如關於社會中各種利益的表達和整合，還有經濟需要的滿足的原則）更深、更偉大，並超越這些原則。在這個基礎裏存在的是人的尊嚴、良知、道德理性和儒家心性之説所敘述的人性，它要求和促使個人透過道德修養邁向人格成長、自我實現，以成全天道。因此人類最終的價值不是自由民主憲政秩序中的 "自由"（柏林（Isaiah Berlin）所指的 "消極自由"（negative liberty））和 "平等"，而是在實踐德行、履行責任和文化創造性的活動中，在追求真、善、美、仁愛、公義等永恆和超越的價值時，實現人的 "積極自由"（positive liberty）。但這並不表示在現代社會中，政府的職能包括 "教導" 人民如何實現 "積極自由"。

筆者認為，牟宗三和新儒學學者所提倡的獨立政治領域的概念足以容納這樣的一種自由民主憲政秩序：政府就甚麼是美善或豐盛人生（the good life）維持 "道德中立"，就國家權力的行使而言，權利（right）原則優於關於善（the good）的考慮，國家在社會上存在的 "重疊的共識"（overlapping consensus）的基礎上奉行公義原則。儒家推廣它關於甚麼是美善或豐盛人生的價值理念的工作，應在民間社會或公民社會的層次進行。[80]

問題三：尋找適合中國的民主憲政模式

如上所述，儒家思想和中國文化傳統在經過創造性轉化後，可以支持自由民主憲政的政治制度。但是，中國應該實行或將來會實行的民主憲政模式卻不一定與其他國家一樣。**奉行民主憲政的國家遍佈全球，每個國家的政治、憲政、法律制度，以至經濟和社會狀況都不盡相同，民主憲政具體運作的情況也各有分別**。此外，在政治哲學的層面上，也沒有一套普世公認的關於自由民主憲政的政治理論。例如，在西方世界，自由主義和社羣主義（communitarianism）這兩派學說多年來互相競爭。兩者都支持自由民主憲政國家的基本架構，但它們對個人、人性以至個人的身份認同有不同的理解，兩者對公民在國家理應享有多少自由的取態不盡相同，對於怎樣有效地推動民主，雙方也有不同的方法。

因此，當代儒學學者完全可以自行創建關於中國的自由民主憲政秩序的政治哲學，並為中國度身訂造一種適合她的國情和文化的民主憲政模式。在這方面，《宣言》的一個缺憾是，它沒有注意到民主憲政的基本理念可以容納不同的具體模式，它沒有考慮到中國能否及應否發展出一套獨特的民主憲政模式，又或中國可否或應否照搬某種西方式的民主憲政模式。

西方自由主義的陰暗面

自《宣言》在 1958 年發表以來，西方在自由民主憲政的道路上已經走遠了不少。自由民主的陰暗面，現在比以前更清楚顯現，包括權利主張的過分膨脹、訴訟過多、消費主義高漲、過分強調經濟增長、忽略道德和精神修養、政治精英的質素不如理想、政客煽惑民心或不擇手段、犯罪率上升、貧富懸殊加劇、傳媒發放的資訊流於庸俗、家庭破碎的情況日趨嚴重、環境污染每況愈下等等。當中不少問題實與自由、民主無關，只能歸咎於當代資本主義和科技文明的形式和內容。但是，這些情況反映一個事實，就是作為政治制度的自由民主憲政往往對這些問題束手無策，而其中一些問題並因以下現象而變本加厲：不少人在以自由、人權、自主、平等和民主為名，只顧追求個人利益，從事自私自利或甚至是損人利己的行為，以滿足自己無窮的欲望。

當中國發展其政治制度、探索民主憲政的具體模式時，我們應參考和仔細考察海外國家實行民主憲政的經驗，包括其成敗之處、其積極和消極的方面。在這方面，儒家思想不僅如《宣言》和上文所言，能支援民主憲政的建設，更能宣揚其他重要的理念價值，從而避免因濫於追求自由、平等而帶來的負面影響。正如李晨陽指出，儒家價值體系中某些非民主的價值不一定是壞的和應以摒棄的：

> "民主的其中一個基本理念是平等，但在儒家裏平等只獲得低程度的確認……雖然人人都具有成為聖人或君子的潛能，但實際上，不同人處於這個過程的不同階段，所以人人不可能是平等的。若要把平等這個價值引入儒家思想中，無可避免地便會衝擊到位於儒家的核心的'君子'理想……儒家價值與民主價值乃同樣寶貴……儒家真正的長處不在於它包含民主或可以變成民主，而是在於其非民主的傳統德性。"[81]

因此，中國應走的路是發展出一套適合自己的自由民主憲政模式，在自由民主價值和那些值得保留的非民主價值（包括儒家價值）之間取得適當平衡。韓國學者 Lee Seung-hwan[82] 曾指出，西方的人權和"消極自由"只是最低的道德標準，它是對人的自我實現的必須但並非足夠的條件；人的自我實現還有賴於人的修養、培養德行，行使"積極自由"、免受個人內在的限制和低層次欲望的羈絆的自由、成就道德和行善的自由。因此，"就權利和德性的關係上自由主義與儒家思想的相互批評"[83] 是有建設性的。在制度的層次，Daniel Bell[84] 和陳祖為[85] 則認為，儒家思想中的賢人治國的理念，在自由民主憲政中仍可發揮重要的作用，例如通過某種考試制度來選拔某些政治人才。

結論：為當代中國而建設的儒家政治哲學

　　綜合上述討論，我們可以重新評價 1958 年發表的《宣言》，並思考如何能以《宣言》所堅持的儒家思想為基礎，為當代中國進行政治哲學的建構。上文已表明，《宣言》的內容在今天毫不過時。當中的論述，指出中國傳統內有民主的種子，而自由民主憲政和儒家傳統（至少以廣義和最佳的詮釋而言）之間沒有根本的矛盾，這些論點經得起時間的考驗，較近期的學術研究也肯定了這些觀點。

　　《宣言》認為，發展自由民主憲政是中國文化傳統自我完成的內在要求，並能促使中華文化原有的道德理想更進一步的實現。一如半個世紀前，這個說法在今天對我們同樣具啟發性，特別是有鑑於在過去 30 多年改革開放的年代，中國的經濟建設成績斐然，政治體制改革亦正在起步。固然，《宣言》的"內在要求"論是否成立甚具爭議性，[86] 最終視乎我們如何理解中國文化傳統的要義和儒學的歷史發展。但是，即使不認同儒學的人相信也會同意，至少就長遠而言，自由民主憲政的建設應是中國政治發展的目標。《宣言》的重要性在於，它展示了這樣的可能性：認同中華文化的人士和儒學學者（或新儒學學者）完全可以和應該與自由主義者和其他支持民主憲政的人士攜手合作，在中國推動民主憲政的建設。

　　對中國文化、儒家思想和中國政治發展的關係，《宣言》只是進行了初步的探索，當中不無限制和弱點。雖然《宣言》指出，中國文化傳統強調、甚至過分強調了道德主體，而對認知主體和政治主體沒有足夠的培養，但對於中國文化傳統和儒家思想在二千多年帝制統治下不斷演化的過程中，產生了甚麼阻礙民主發展的因素，《宣言》卻未有全面探討。《宣言》認定中國的民主化是中華文化自身發展的"內在要求"，

甚至是很自然和無可避免的事，這樣的論述似乎過於樂觀。此外，雖然
《宣言》對中國傳統文化有所檢討，但有關批評不夠深刻。必須承認，
在傳統中國，儒學的確曾有助於維持帝制統治，所以我們必須深入研究
儒家在歷史中的角色，包括它與政權的關係和它與社會的關係。除非我
們可以清楚指出中國文化或中國人思維中有哪些潛藏的因素，阻礙民主
發展，並明白其影響，否則我們便較難清除這些障礙。現在大部分學者
都認同中國文化必須經過 "創造性轉化"，才能配合中國的現代化和民
主化；問題是中國傳統需要怎樣的 "創造性轉化" 和如何進行此轉化。
這個問題在今天 —— 正如在半個世紀前 —— 同樣具挑戰性。

思考適合中國的民主憲政路

本文的論點是，我們必須持平地研究和評價儒學傳統，從中發掘
有利中國將來發展自由民主憲政的資源，同時認清不利民主發展的因
素。這並不是說，由於自由民主是好的，所以任何有違民主或自由的
東西便是壞的。我們需要不偏不倚的研究，去了解中國文化傳統以及
儒家思想中不同的元素和價值理念，無論那些元素支援或反對自由、
自主、平等、民主、人權等理念，又或與這些理念無關。只有這樣，
我們才能認真地、深入地思考，中國應實行甚麼形式的自由民主憲
政，中國文化傳統、儒學和自由民主憲政中哪些元素和價值應該共
存，以至中國文化傳統應該進行怎樣的 "創造性轉化"。

本文認為，我們需要全面認識儒家所有支派及其表現的形式，研
究的範圍不應只限於 "生命儒學" 和 "生活化的儒學"（分別由蔣慶和
林安梧所定義）。舉例來說，金耀基的 "社會性儒學"、李明輝的 "深層
化儒學"、林安梧的 "帝制式的儒學"、"批判性的儒學"、蔣慶的 "政治

儒學"、"政治化的儒學",都是我們值得探討的,藉以理解儒家思想、中國傳統政治文化和中國將來的民主化之間的相互關係。

上文已經指出,《宣言》對中國文化傳統和儒家的自我批評不算深刻。《宣言》的另一個缺陷是在宣揚自由民主憲政時不加反省和批判,沒有考慮到以此作為政治制度或政治哲學時有甚麼可能的弊端。在《宣言》發表後 50 多年的今天,我們從一些濫用自由民主原則的現象,以至社羣主義者和其他人士對自由主義的批評中,可以更多了解到自由民主的流弊。現在我們可以更清楚看到,在某種程度上引入儒家思想,可能有助於自由民主憲政的健康發展。因此,儒學思想應與自由主義"相互批評"(Lee Seung-hwan 的用語),從而發展出一種兼顧人文關懷、道德價值和心靈需要的自由民主憲政。

取長補短的考慮

最後,本文指出,牟宗三先生關於中國的科學和民主發展的"良知的自我坎陷"論在今天仍具啟發性。就政治哲學而言,其重要性在於說明,政治科學和政治有其獨立的範圍,不應從屬於傳統意義上的儒家倫理 —— 雖然政治科學和政治也不應完全脫離儒家倫理。承認了政治範疇的這種相對的獨立自主性,認同中國文化傳統的國人便有廣泛的空間,去全面借鑒和吸納西方的政治和法律思想,以建設中國的自由民主憲政秩序的理論基礎和具體制度安排。然而,這種政治理論和制度毋須、也不應完全獨立於儒家思想,因為儒家思想可以作為這個理論和制度的最根本的道德基礎,肯定這個制度的最終目的是促進人的道德實踐和人的心性的成長和實現。因此,牟宗三強調"自由主義之理想主義的根據"。[87] 但是,政治思想和實踐既然有其相對的獨立自主性，那麼它與作為它的道德基礎的儒學之間的介面會屬於甚麼性質的呢？這類問題仍有待進一步研究。

其實要理解儒家倫理對自由民主憲政秩序的意義，並不困難。試想在一個奉行自由民主憲政的國家裏，人民（即選民）是貪婪、自私的，而且只知追求"低層次"的欲望的滿足（如感官的享受和物質財富等），而政客在爭取選票或行使權力時，只為追求權力、虛榮或財富。政客贏取選票的方法雖然是合法，但卻不顧禮義廉恥，為求目的，不擇手段；在取得權力後以馬基雅弗利式的做法來維持和鞏固自己的權力。理論上，這種情況不是沒有可能發生的，因為自由民主憲政的制度本身並沒有任何機制阻止這類事情發生。我們可以把自由民主憲政的制度理解為一個選票市場，選民和政客作為市場的參與者，都純粹以自己的利益為行事的依歸，至於這些"利益"是甚麼，全由各人自己決定。

由此可見，自由民主憲政秩序完全有可能與一個否定"人格成長"和"人文精神"等儒家價值理念的社會共存。在自由、平等、自主、人權和民主等理念中，沒有一個理念能避免上述的情況發生。正是在這裏，我們可以看到傳統、文化、宗教和哲學（如儒家）的不可或缺。它們為人生的意義和價值以至價值的泉源等永恆的問題提供答案；這不是自由民主憲政所能提供的，它只是一種政治制度或一套政治哲學。因此，若要自由民主憲政真的為人類作出貢獻，與我們的社會一同蓬勃發展，它必須建基於某種文化、傳統、宗教或哲學之上，而這種文化、傳統、宗教或哲學又必須肯定和維護人類對人性實現、道德成長和精神修養的崇高追求。這便是唐君毅等四位儒學大師在 1958 年的《為中國文化敬告世界人士宣言》中表達的信念和睿見，也是為甚麼這個《宣言》能為中國未來的儒家政治哲學的建構提供豐富的靈感。

附錄

對蔣慶先生評論[88]本文的回應

蔣先生認為，儒家"反對康德啟蒙意義上的'自主政治'，這是因為儒家對人性的負面價值有深刻的體認，認為人的私欲與氣質之性往往障蔽或支配人的理性，人不能按照自己清明的理性自主管理自己，故董子謂'民者暝也'，社會大眾因而需要聖賢、統治者與政治精英來對其進行專門管理。"（見蔣先生對本文的評論）但是，"聖賢、統治者與政治精英"就能完全脫離"人性的負面價值"的影響嗎？張灝先生在《幽暗意識與民主傳統》[89]一書中指出，中國傳統中發展民主憲政的重要障礙，正是儒家對由"聖賢"行使政治權力過分樂觀，相信"政治權力可由內在德性的培養去轉化，而非由外在制度的建立去防範"；[90]反之，西方之所以出現自由主義、民主憲政以至分權制衡制度，一定程度上正是因為西方思想傳統——尤其是基督教傳統——"對人性的了解蘊有極深的幽暗意識"，[91]正視人性的陰暗面、人的罪惡性、墮落性，相信所有人都需要上帝的救贖，沒有人是完美的，而掌握愈多權力的人更愈有可能變得腐化。孔子有云，"苛政猛於虎"，對治苛政、防止統治者濫權、對統治者的權力作出適當限制等問題，是古今中外具有普遍意義的問題，西方自由主義和民主憲政對這些問題的解決的貢獻是重大的，當代儒家思想應予以虛心學習、借鑒吸收。

蔣先生推崇儒家的聖賢政治，並指出"'聖賢政治'指道統政統合一，統治者除有管理被統治者的世俗權力外，還具有統治者教化被統治者的精神權力，此為儒家所主張的理想的王道政治"。"道統政統合一"相當於政教合一，從人類歷史經驗來看，這種政體是專制主義以至極權主義的溫牀；反之，西方之所以較早出現統治者權力受到限制的立憲政體，正是由於西方從中世紀到近現代的一段獨特的歷史經驗：中世紀已有"雙劍論"，國家和教會分庭抗禮、互相制衡，各自享有其管轄範圍；到了 17 世紀，天主教已因宗教改革運動而分裂成不同教派，英國哲學家洛克（Locke）開始提倡宗教自由思想，即國家及其政府無權和不應運用其政治權力去迫使人民信仰某一個教派，因為國家或政治權力的任務只在於維持社會秩序，人民個人的精神或心靈生活，不應在國家的管轄權範圍之內。這個洞見是作為現代人權的基石的宗教自由、思想自由、信仰自由、言論出版自由的基礎，具有普世意義，當代儒家思想亦應予以正視，重新思考國家、政府和政治權力應有的性質和管轄範圍。

人人平等的原則

蔣先生認為人民不應是政治的主體、統治者和被統治者並不處於平等的地位，又把天理和私欲對立起來，我認為這些觀點都是非常值得商榷的。關於平等問題，起草《宣言》的四位儒學大師以儒家認為人人皆可成為堯舜來論證儒家承認人人平等，蔣先生則從儒家立場對平等原則提出質疑。在兩者之中我比較同意蔣先生對儒家的理解；相對於基督教甚或佛教，儒家並不那麼強調人的平等。是否接受或怎樣理解平等原則，在當代政治思想中是非常關鍵的問題，從 18 世紀啟蒙時代到當代思想（如羅爾斯（Rawls）、哈貝馬斯（Habermas）等），西方政治哲學都以人人平等為最根本的假設。

我認為儒家對人的質素 —— 尤其是道德質素和水準 —— 上的不平等的認識是正確的，聖賢和一般人、君子與小人的區分也是可以成立和有意義的，但這並不導致蔣先生所作出的結論 —— 人在政治上的權利不應平等，人民不應是平等地參與政治的主體。因為在現實世界中，不存在任何公認的、可靠的或客觀的方法來決定誰是有資格成為統治者的聖賢或士人；在現代社會恢復古代的科舉制度固然不是可行的辦法，即使設立新的科舉制度也難以確定把哪些"經典"或知識列入考試範圍。在西方民主的歷程中，最初選舉權限於有一定財產或教育水準的人士，但最終人人平等的原則佔了上風，普及和平等的選舉權成為了當今國際社會公認的人權標準。

歷史經驗顯示，無論是柏拉圖提出的"哲學家王"（philosopher king）或儒家提倡的聖賢政治都很可能異化為專制統治或極權統治，不擇手段奪得政權者會自命為聖賢，同時壟斷國家政治權力和意識形態權力，包括福柯（Foucault）所說的"權力 —— 知識"，獨尊某種這個統治者認定和提倡的宗教、思想或價值系統，實行某種思想上的專制，限制思想、言論、出版等自由，從而禁止各種離經叛道的思想的傳播。這便是波普（Popper）所說的"開放社會"的反面，也就是"封閉的社會"。在封閉的社會裏，某種社會等級制度被奉為理所當然，社會成員須接受某些權威性的教條或信念，不容置疑。反之，開放社會以思想和言論的自由為根本原則，提倡寬容，崇尚多元，社會成員可通過理性討論解決問題，沒有一套至高無上、毋須接受理性批判的權威思想。正如波普指出，從封閉社會到開放社會的過渡是人類歷史中的進步。因此，我認為當代儒家思想不應迴避"開放社會"這個課題，包括開放社會與蔣先生所說的"聖賢政治"、"父道政治"和"士人政治"的可能矛盾，而如果發現開放社會是值得肯定的話，則需要研究當代儒家政治哲學如何吸收開放社會的理念。

傳統宇宙觀的瓦解

蔣先生的政治儒學的核心概念是中國應建立具有"三重合法性的基礎"的政治秩序，"即必同時具有民意（世俗）、超越（神聖）、文化（傳統）的合法性基礎，缺一必不能合法。"[92] 傳統中國的政治秩序的超越性的合法性來自"天"的概念，統治權的合法性建基於"天命"，皇帝是"天子"。正如林毓生教授曾指出，[93] 傳統中國的宇宙觀是和她的政治、道德和文化秩序連成一體、高度整合的，這個宇宙觀的基本元素包括天、道和普遍王權等概念，林教授稱之為"有機式'天人之際'的宇宙觀"。林教授指出，正是由於中國傳統宇宙觀與其政治和道德秩序的一體性和一元性，所以當傳統宇宙觀在近代因西學東漸而動搖並終於瓦解時，與它相連的政治和道德倫理秩序也隨之解體，他並以此來解釋五四運動以來中國的反傳統思潮的激進性和全盤性。

現在蔣先生重提政治秩序的超越、神聖的合法性基礎，好像意味着要恢復傳統的宇宙觀，把這個韋伯（Weber）形容為已"解咒"或"去魅"的世界重新魅化，甚至是王權的復辟，這似乎是沒有可能的事。至於蔣先生談的政治秩序的文化、歷史、傳統的合法性基礎，他建議的落實方法是成立"國體院"，議長由孔府衍聖公世襲，議員則由衍聖公指定歷代聖賢、君主和歷史文化名人的後裔、社會賢達以及各宗教界人士產生，[94] 這更值得商榷，如何說明生為偉人、名人的後裔的人應享有沒有這些遺傳因子的人更多的政治特權？

平民也能選出政治領袖

最後，蔣先生對民主產生的"平面化"問題和他對台灣民主的評價，我也不敢苟同。歷史證明，西方式的"一人一票"的民主也是可以產生像林肯、羅斯福、邱吉爾等偉大領袖的，一般來說，"平面化"的民主所產生的政治領袖的質素、學養和品格，以至其作為政治家的風範，絕對不遜色於非民主的精英統治、寡頭統治或獨裁統治中的統治者。正如主張民主的人士常說，人民的眼睛是雪亮的（尤其是在教育普及和資訊發達的現代社會中），我們應該相信一般人（或蔣先生所謂的"普通人"）的政治智慧，他們是有能力辨認出誰是好的政治領袖（雖然他們（前者）有時會犯錯，但誰能無過）和欣賞一些偉大的政治家的偉大之處的，至少他們在這方面的能力，以至他們的平均道德水準不會比那些飽讀詩書、通過了科舉考試（或其現代的替代品）的人差。

　　至於台灣的民主實踐，固然有很多偏差和不足之處，但其主要問題不在民主選舉制度本身，而在於台灣的民主與其社會中的嚴重族羣對立（"中國人"與"台灣人"的身份認同的對立）糾纏不清。總體來說，我還是認為台灣民主化的經驗（正如香港的民主化）對華人社會未來的政治發展有重大的正面意義和啟示。在這方面，我認為龍應台女士的觀點最中肯、最一針見血，[95] 例如她說："假設你在一條黑暗的街道上，一扇窗裏突然亮了燈。你看見窗格裏的人在吃飯喝酒談笑……但是，你看不見，也不可能知道，一離開那小小窗格，那一家子人做甚麼說甚麼。華人世界看台灣民主，往往也在鎂光燈照亮的一小方格內……可是，你不能不知道：窗格後面，有你看不見的縱深和廣度……民主並非只是選舉投票，它是生活方式，是思維方式，是你每天呼吸的空氣……"[96]

註釋

1　《宣言》原於 1958 年在香港和台灣發表於《民主評論》和《再生》雜誌。中文全文後來以附錄形式（題為〈中國文化與世界〉）收錄於唐君毅：《說中華民族之花果飄零》（台北：三民書局，1974 年），頁 125（本文以下援引《宣言》時均以本書的頁數為依據）。《宣言》亦收錄於唐君毅：《中華人文與當今世界》（台北：學生書局，1975 年）；《唐君毅全集》，第四卷，第二部分（台北：台灣學生書局，1991 年）；張君勱：《中西印哲學文集》（台北：台灣學生書局，1981 年），頁 849。有關《宣言》的英文濃縮版收錄於 Carsun Chang（Zhang Junmai），"A Manifesto for a Re-appraisal of Sinology and Reconstruction of Chinese Culture", *The Development of Neo-Confucian Thought,* vol. 2（New York: Bookman, 1962），p455。有關英文評論見於 Hao Chang, "New Confucianism and the Intellectual Crisis of Contemporary China," in Charlotte Furth（ed）, *The Limits of Change*（Cambridge, Mass: Harvard University Press, 1976），ch11。

2　唐君毅：《說中華民族之花果飄零》，同註 1，頁 158。

3　李明輝：《儒學與現代意識》（台北：文津出版社，1991 年），頁 1-18；李明輝：《當代儒學之自我轉化》（台北：中央研究院文哲所，1994 年），頁 1-21；李明輝：《孟子重探》（台北：聯經，2001 年），頁 143-150；何信全：《儒學與現代民主》（台北：中央研究院文哲所，1996 年），頁 1-11；林毓生：《政治秩序與多元社會》（台北：聯經，1989 年），頁 337-349；Joseph Chan, "Democracy and Meritocracy: Toward a Confucian Perspective", *Journal of Chinese Philosophy*, vol. 34, no. 2（2007），p179。

4　Ming K. Chan and Alvin Y. So（eds）, *Crisis and Transformation in China' s Hong Kong*（Armonk, New York: M.E. Sharpe, 2002）.

5　Steve Tsang, "The Confucian Tradition and Democratization" in Yossi Shain and Aharon Klieman（eds）, *Democracy: The Challenges Ahead*（London: Macmillan Press, 1997）ch.2; John Fuh-sheng Hsieh, "East Asian Culture and Democratic Transition, with Special Reference to the Case of Taiwan," *Journal of Asian and African Studies*, vol. 35, no. 1（2000），p29.

6　Hahm Chaibong, "The Confucian Political Discourse and the Politics of Reform in Korea," *Korea Journal*, vol. 37, no. 4（winter 1997），p65.

7　Neil A. Engelhart, "Rights and Culture in the Asian Values Argument: The Rise and Fall of Confucian Ethics in Singapore," *Human Rights Quarterly*, vol. 22, no. 2（2000），p548.

8　徐復觀：《學術與政治之間》（台北：學生書局，1980 年），頁 126。

9　第八部分題為"中國文化之發展與科學"，第九部分題為"中國文化之發展與民主建國"。

10　唐君毅：《說中華民族之花果飄零》，同註 1，頁 162。

11　同註 10，頁 163-164。

12　同註 10，頁 164。

13　同註 10，頁 164。

14　同註 10，頁 165。

15　同註 10，頁 165。

16　同註 10，頁 165。

17　同註 10，頁 166。

18　牟宗三：《政道與治道》（台北：台灣學生書局，1991 年），頁 55-62。有關這套理論的介紹和評論，可參見王大德：〈牟宗三先生良知坎陷說之詮釋〉，收錄於李明輝主編：《牟宗三先生與中國哲學之重建》（台北：文津出版社，1996 年），頁 399；蔡仁厚：〈所謂 "開出說" 與 "坎陷說" —— 有關 "民主、科學" 出現的內因與外緣〉，收錄於楊祖漢主編：《儒學與當今世界》（台北：文津出版社，1994 年），頁 15；方穎嫻，〈"良知之自我坎陷" 與中國現代化〉，《儒學與當今世界》，同上，頁 29；顏炳罡，〈牟宗三先生的自我坎陷說與當代文化癥結〉，收錄於《當代新儒學論文集：外王篇》（台北：文津出版社，1991 年），頁 197。

19　唐君毅：《說中華民族之花果飄零》，同註 1，頁 160-161。

20　林毓生，同註 3；張灝：《幽暗意識與民主傳統》（台北：聯經，1989 年）；Chang Hao, "The Intellectual Heritage of the Confucian Ideal of Ching-shih" in Tu Wei-ming（ed）, *Confucian Traditions in East Asian Modernity*（Cambridge, Mass: Harvard University Press, 1996）ch3。

21　李明輝：《當代儒學之自我轉化》，同註 3，頁 127。

22　蔣慶：《政治儒學》（北京：三聯書店，2003 年），尤其第一章。

23　林毓生，同註 3，尤其頁 387-394；Lin Yü-sheng, "Reflections on the 'Creative Transformation of Chinese Tradition'" in Karl-Heinz Pohl（ed）, *Chinese Thought in a Global Context*（Leiden: Brill, 1999）, p73。

24　Joseph Chan，同註 3。

25　金耀基：《中國社會與文化》（香港：牛津大學出版社，1992 年），頁 166；並可參見李明輝：《當代儒學之自我轉化》，同註 3，頁 6-10。

26　李明輝，同註 3，頁 8。

27　黃光國以下的著作："Two Moralities: Reinterpreting the Findings of Empirical Research on Moral Reasoning in Taiwan," *Asian Journal of Social Psychology*, vol.1（1998）p.211; "Filial Piety and Loyalty: Two Types of Social Identification in Confucianism," *Asian Journal of Social Pyschology*, vol. 2（1999）p.163; "Chinese Relationalism: Theoretical Construction and Methodological Considerations," *Journal for the Theory of Social Behaviour*, vol. 30, no. 2（2000）p155。黃教授把這些著作寄予筆者，筆者謹此致謝。

28　林安梧：《中國近現代思想觀念史論》（台北：台灣學生出版社，1995 年），第一章。

29　蔣慶，同註 22，前言和第一、二章。

30　註 3 提及的著作和以下著作：鄧小軍：《儒家思想與民主思想的邏輯結合》（成都：四川人民出版社，1995 年）；Lin Yü-sheng, "Reflections on the 'Creative Transformation of Chinese Tradition'" in Karl-Heinz Pohl（ed）, *Chinese Thought in a Global Context*（Leiden: Brill, 1999）p73, esp. pp91-100;

Heiner Roetz, "The 'Dignity within Oneself': Chinese Tradition and Human Rights," ibid, p236;

Heiner Roetz, "Confucianism and Some Questions of Human Rights"（英文文章），收錄於劉述先、林月惠主編：《現代儒家與東亞文明：問題與展望》（台北：中央研究院中國文哲研究所，2002 年），頁 155；

Heiner Roetz, "Rights and Duties" in Karl-Heinz Pohl and Anselm W. Müller（eds）, *Chinese Ethics in a Global Context*（Leiden: Brill, 2002）, p301;

Joseph Chan, "A Confucian Perspective on Human Rights for Contemporary China" in Joanne R. Bauer and Daniel A. Bell（eds）, *The East Asian Challenge for Human Rights*（Cambridge: Cambridge University Press, 1999）, ch. 9;

Joseph Chan, "Moral Autonomy, Civil Liberties, and Confucianism," *Philosophy East & West*, vol. 52, no. 3（2002）, p281;

Yang Guorong, "Mengzi and Democracy: Dual Implications," *Journal of Chinese Philosophy*, vol.31（2004）, p83;

Wejen Chang, "The Confucian Theory of Norms and Human Rights" in Wm. Theodore de Bary and Tu Weiming（eds）, *Confucianism and Human Rights*（New York: Columbia University Press, 1998）, ch 6; and Chung-ying Cheng, "Transforming Confucian Virtues Into Human Rights," ibid, ch7。有關較舊著作中相似的立場，參見黃克劍、吳小龍編：《張君勱集》（北京：群言出版社，1993 年），頁 468-482；呂希晨、陳瑩選編：《精神自由與民族文化：張君勱新儒學論著輯要》（北京：中國廣播電視出版社，1995 年），頁 588-594。

31　蔣慶，同註 29。

32　蔣慶，同註 29。並可參見蔣慶：《生命信仰與王道政治》（台北：養正堂文化，2004 年）。

33　Ernest Gellner, *Plough, Sword and Book: The Structure of Human History*（London: Collins Harvill, 1988），參見 "劍" 與 "書" 的比喻。

34　蔣慶，同註 22，第二章。

35　Honghe Liu, *Confucianism in the Eyes of a Confucian Liberal: Hsu Fu-kuan's Critical Examination of the Confucian Political Tradition*（New York: Peter Lang, 2001）.

36　Tu Wei-ming, "Confucianism", in Arvind Sharma（ed）, *Our Religions*（New York: HarperCollins, 1993）ch3, esp pp 193-194.

37　Chang Hao, "The Intellectual Heritage"（同註 20）。

38　同註 3 及 30 提及的林毓生先生著作。

39　Charles Wei-hsun Fu, "Philosophical Reflections on the Modernization of Confucianism as Traditional Morality", in Charles Wei-hsun Fu and Gerhard E. Spiegler（eds）, *Religious Issues and Interreligious Dialogues*（New York: Greenwood Press, 1989）ch13, at p303.

40　Chenyang Li, "Confucian Value and Democratic Value," *Journal of Value Inquiry*, vol. 31（1997）p183, at p189.

41　〈儒家與自由主義──和杜維明教授的對話〉，收錄於哈佛燕京學社、三聯書店主編：《儒家與自由主義》（北京：三聯書店，2001 年），頁 1。

42　李明輝：《儒學與現代意識》，同註 3；《重探孟子》，同註 3。

43　Joseph Chan，同註 3。

44　Seung-hwan Lee, "Was There a Concept of Rights in Confucian Virtue-based Morality?" *Journal of Chinese Philosophy*, vol. 19（1992）p241; Seung-hwan Lee, "Liberal Rights or/and Confucian Virtues?" *Philosophy East & West*, vol. 46（1996）p367。

45　Chung-ying Cheng, "Transforming Confucian Virtues"，同註 30。

46　Yu Kam Por, *Human Rights and Chinese Ethical Thinking*（Hong Kong: University of Hong Kong, Ph.D. thesis, 1996）.

47　同註 30 提及的 Joseph Chan（陳祖為）的著作。

48　同註 30 提及的 Roetz 的著作。

49　黃俊傑：〈儒學與人權 —— 古典孟子學的觀點〉，劉述先主編：《儒家思想與現代世界》（台北：中央研究院中國文哲研究所，1997 年），頁 33。

50　李明輝：〈儒家傳統與人權〉，黃俊傑編：《傳統中華文化與現代價值的激蕩》（北京：社會科學文獻出版社，2002 年），頁 207。

51　李明輝：《儒學與現代意識》，同註 3，序言，頁 3-4；李明輝：《當代儒學之自我轉化》，同註 3，頁 v 和 12。

52　孟子曰："盡其心者，知其性也；知其性，則知天矣。存其心，養其性，所以事天也。"《孟子‧盡心上》，一。

53　《論語‧雍也篇第六》，二十八。

54　John C.H. Wu, "Chinese Legal and Political Philosophy", in Charles A. Moore（ed）, *The Chinese Mind: Essentials of Chinese Philosophy and Culture*（Honolulu: University of Hawaii Press, 1967）p213, at pp214-215。

55　*Kant: Political Writings*, transl. by H.B. Nisbet（Cambridge: Cambridge University Press, 2nd, enlarged edition 1991），p74。有關這段引文的討論，參見 Norberto Bobbio, *The Future of Democracy*, transl. by Roger Griffin（Cambridge: Polity Press, 1987），p149。

56　引文出自《大學‧治國章》和《大學‧絜矩章》。

57　韋政通：《儒家與現代化》（台北：水牛出版社，1997 年再版）（原以《傳統與現代化》為書名出版），頁 51。

58　引文出自《孝經》第一、五、九和十四章。

59　林安梧：《道的錯置：中國政治思想的根本困結》（台北：台灣學生書局，2003 年），尤其是頁 v-xii。並參見林安梧：《儒學與中國傳統社會之哲學省察》（台北：幼獅，1996 年），第八章。

60　參見上註 28 和 59 提及林安梧的著作。

61　林安梧：《儒學與中國傳統社會之哲學省察》，同註 59，第二章。

62　林安梧：《道的錯置》，同註 59，頁 x 和第五章；林安梧：《中國近現代思想觀念史論》，同註 28，第四章。

63 林安梧：同註 62，頁 128。

64 林安梧：《道的錯置》，同註 59，頁 vii 和 121。

65 林安梧：《中國近現代思想觀念史論》，同註 28，第四章。

66 林安梧：《儒學與中國傳統社會之哲學省察》，同註 59，頁 8-9 和 30。

67 林安梧：同註 66，頁 44。

68 林安梧：《道的錯置》，同註 59，頁 149-155；林安梧：《儒學與中國傳統社會之哲學省察》，同註 59，第九、十章。

69 牟宗三：《政道與治道》，同註 18。有關對牟宗三此觀點的評論，參見司徒港生：〈牟宗三先生的政統理論〉，李明輝：《牟宗三先生與中國哲學之重建》，同註 18，頁 387。

70 參見上註 18 提及的著作。

71 有關牟宗三對"內聖外王"的現代詮釋，參見李明輝：《儒學與現代意識》，同註 3，序言，頁 4；李明輝：《孟子重探》，同註 3，頁 164-165。

72 有關這三個文化價值系統的區別，參見 Richard Rorty, "Habermas and Lyotard on Post-modernity" in Richard J. Bernstein（ed）, *Habermas and Modernity*（Cambridge: Polity Press, 1985）p161。

73 Baogang He, "New Moral Foundations of Chinese Democratic Institutional Design", in Suisheng Zhao（ed）, *China and Democracy*（New York: Routledge, 2000）ch5, p89, at pp90-92。

74 李明輝：《儒學與現代意識》，同註 3，頁 15、57-60；李明輝：《現代儒學之自我轉化》，同註 33，頁 117-118。

75 何信全：《儒學與現代民主》，同註 33，頁 127-128、149 和 192-194。

76 徐復觀：《儒家政治思想與民主自由人權》（蕭欣義編）（台北：台灣學生書局，1988 年增訂再版），頁 203-220；徐復觀：《學術與政治之間》，同註 8，頁 229-245 和 299。

77 李明輝：《儒學與現代意識》，同註 3，頁 57-58。

78 牟宗三：《政道與治道》，同註 18，頁 123-128。

79 牟宗三，同註 78，頁 128。

80 劉述先：〈從民本到民主〉，劉述先：《儒家思想與現代化》（景海峰編）（北京：中國廣播電視出版社，1992 年），頁 17。

81 Chenyang Li，同註 40，頁 188-189。

82 Lee Seung-hwan, "Liberal Rights or/and Confucian Virtues?" *Philosophy East* & West, vol. 46（1996）p367.

83 Lee Seung-hwan，同註 82，該文章的末段。

84 Daniel A. Bell, "Democracy with Chinese Characteristics: a Political Proposal for the Post-Communist Era," *Philosophy East & West,* vol. 49（1999）p451.

85 Joseph Chan，同註 3。

86 陳弘毅：〈二十一世紀中國的政治思想〉，陳祖為、梁文韜編：《政治理論在中國》（香港：牛津大學出版社，2001 年），頁 12，18-20。

87　牟宗三的這篇文章收錄於牟宗三：《生命的學問》（台北：三民書局，1970 年），頁 207。

88　有關評論見於范瑞平（編）：《儒家社會與道統復興 —— 與蔣慶對話》（上海：華東師範大學出版社，2008），頁 1-30。

89　台北：聯經，1989 年。

90　同註 89，頁 28。

91　同註 89，頁 3-4。

92　蔣慶：《政治儒學》（北京：三聯，2003 年），頁 210。

93　林毓生：《中國意識的危機》（貴州：貴州人民出版社，1988 年）。

94　蔣慶：《生命信仰與王道政治》（台北：養正堂，2004 年），頁 170。

95　龍應台：《請用文明來說服我》（香港：天地圖書，2006 年），尤其是書中收錄的 "為台灣民主辯護" 一文。書中的另一篇文章 "你不能不知道的台灣" 曾發表於北京《中國青年報》，2005 年 5 月 25 日。

96　同註 95，頁 13、16。

⚖ 政治儒學與民主

一、導言

　　現代中國思想史在總體上充斥着對許多中國傳統文化和思想——尤其是儒學——的拒絕和批判。在五四運動中，中國知識份子接受了西方的科學和民主，並將儒家傳統視為對中國現代化以及與世界各國競爭、追求富強的障礙，"打倒孔家店"因而成為五四運動的口號之一。中國的共產主義運動本身就是五四運動中激進的反傳統思想之一，並隨後成功地建立中華人民共和國。中國的自由主義也是五四思潮的產物之一，然而並未能對中國大陸的政治和社會產生重要的影響，在國民黨一黨專政時期的台灣亦是如此。

　　21 世紀初，儒學和自由主義在中國的命運和前途似乎開始改變。在中國大陸，人們重新對國學——尤其是儒學——產生興趣。自 1980 年代後期，在中國國民黨的推動下，台灣的政制成功由威權主義過渡到自由民主政制，而伴隨着 2008 年 5 月馬英九就任"中華民國總統"，黨派之間第二次權力的民主轉移也對此加以證明。如同香港的民主發展（儘管比台灣更加有限）和民主在南韓的成功實踐一樣，台灣這個例子帶出了"儒家民主"的問題：具有儒家傳統的中國社會能夠成為一個尊重公民自由和人權，而政府領導人是經由普選而產生的民主社會嗎？如果這是可能的，那它是可欲的社會嗎？這些問題都是，而且應該成為當代中國政治與法律哲學的中心議題之一。

當今中國一位著名的儒家學者蔣慶反對將西方式的民主引入中國。[1][2]¹ 另外一位在當代中國富有影響力的學者康曉光也如此認為，他倡議用儒家的"仁政"來代替民主。[3] 另一方面，20世紀著名的新儒家學者們卻完全接受在西方演化而來的民主憲政。在1958年發表的《為中國文化敬告世界人士宣言》² 中，他們指出儒家傳統中不僅具有民主的種子和胚芽，而且"民主憲政 …… 為中國文化中之道德精神自身發展之所要求"。[4](P166) 作為撰寫人之一的徐復觀寫到："我常說凡是真正了解中國文化，尊重中國文化的人，必可相信今日為民主政治所努力……這是中國文化自身所必需的發展。"[6](P126)

本文首先介紹蔣慶政治思想中的核心內容（第二部分），接着在第三部分比較蔣慶和康曉光的政治思想，後者的思想表明在當代中國的政治思想中，蔣慶的觀點絕不是一個孤立的聲音。本文在第四部分介紹徐復觀的政治思想，就其所處時代的新儒家學者而言，他是對政治哲學最富有洞見的學者。本文將在第五部分作結，指出儘管徐復觀的儒家政治哲學已時隔半個世紀之久，他的論述依然具有解釋力，並可適用於未來的中國。

二、蔣慶的政治儒學思想

蔣慶所著《政治儒學》[1] 一書的主旨之一，就是強調20世紀的新儒學並未能為現代中國提供一種真正的儒家政治哲學。蔣慶認為，這種新儒學堅持宋明理學的心性之學，可以將其稱之為"生命儒學"或者"心性儒學"。他認為在中國傳統中至少還存在其他兩種儒學流派，可分別稱之為"政治儒學"和"政治化的儒學"。政治儒學的典型可見於諸如《春秋》的公羊學和大部分的漢代儒學；它遵循荀子人性本惡的觀點，強調禮更甚於仁，以重建和維持政治和社會制度。它也可以被稱之為"制度儒學"。[1]（P32）蔣慶的觀點是，政治儒學作為一種官方意識形態既可以為帝國的正當性作出支援，它也提供了對統治者使用政治權力的評價標準。另一方面，"政治化儒學"可見於漢朝的古文經學，它強調帝王的神聖地位和絕對權威，是一種僅為統治者利益服務的意識形態。蔣慶也指出，在漢朝之後的大部分時間內，"政治化儒學"在儒學中佔有主導地位。

生命儒學的優勢在於其關於心性和良知的理論，有助於個人的成長和道德修養。但蔣慶指出，生命儒學大體上未能為現代中國的政治和社會秩序的建構提供一個具體的制度性建議。他批判新儒家學者對西方式的自由民主憲政，不加批判便全部接受。新儒家學者認為儒家思想會在現代社會演變必然產生民主思想，但蔣慶認為，從儒家思想演變出西方式的民主是不可能的，也是不適合的。他尤其批評牟宗三的一個著名學說，即民主可以通過"良知的自我坎陷"達成。[1]（P57-95）與牟宗三不同的是，蔣慶並不認為西方民主放之四海而皆準，他認為如果中國也走和西方同樣的民主化道路，她將會喪失其文化身份並脫離儒家傳統。

生命儒學與政治儒學

儘管蔣慶對新儒學或者生命儒學提出了批評，但他的目的並不是去詆毀其重要性，而是指出生命儒學並不是儒學的全部，在當前的時代，政治儒學或者制度儒學是同等重要的。蔣慶確信這兩種儒學流派都有它們存在的適當領域，並且能相互補充。例如，當政治領袖實踐生命儒學的時候，他們會成為具有美德、正直和道德素養的人，真正有資格治理社會。[2](P435) 政治儒學構建制度、結構和規範，以實現儒家理想，而且確保這種實現並不是單純地依賴於個人的道德修養。蔣慶在 2004 年的著作中 [2](P407)，還提到第三種儒學流派 —— 社會儒學，這種儒學存在於國家和政府組織之外，是在民間宣導和實踐的（在現代稱為公民社會）。蔣慶進而推論出，要這三種儒學得到同時發展，儒學在中國才會復興。

那麼，針對當下中國政治和社會的重建，政治儒學有哪些明確的制度性建議呢？這個問題的答案在蔣慶《政治儒學》一書中並不明確，但是在其 2004 年的著作《生命信仰與王道政治》[2] 中變得清晰起來。本書的中心思想是中國應該發展出一種植根於三種合法性淵源的政治秩序：超越和神聖的合法性、歷史文化的合法性和民意的合法性（或稱人心民意的合法性）。然後，蔣慶提出一個三院制國會的建議，三院包括通儒院（提供上述的第一種合法性），國體院（提供上述的第二種合法性）和庶民院（提供上述的第三種合法性）。建議中所提通儒院似乎源自於中國古代傳統中的由士大夫執政，這部分也受到當代伊朗的伊斯蘭神權體制的啟示；國體院似乎受到英國的上議院啟示；庶民院顯然源自於當今世界經由普選產生的議會。

合法性的中西比較

合法性是一個現代西方的概念，蔣慶沒有清楚解釋為甚麼將這個概念作為其重建中國未來政治秩序的政治哲學基礎。他強調合法性對任何政治秩序的重要性，並且指出沒有任何政治秩序能完全建立在暴力之上，任何政治秩序都需要贏得民眾的自願接受和支持。蔣慶認為這種三重合法性理論並不是由他首創，而是源於儒家的傳統典籍。當一個政治秩序建立在天道的基礎上或者表達上天的意志，它就具有超越神聖的合法性。當一個政治秩序植根於長時段演化而來的民族歷史傳統之中，並且和民眾的文化和價值觀相一致時，它就具有歷史文化的合法性。當一個政治秩序和人民意志或者公眾意見一致的時候，它就具有民主的合法性。蔣慶考慮到，對中國而言，西方式自由民主的不足和不合適之處是因為它只具有民意合法性而缺乏其他兩種合法性。蔣慶表示，他並不反對民主，但是民意合法性本身並不能為中國政治秩序的合法性提供堅實的基礎。他試圖構建一種既融合、又超越民主的政治秩序的理論。

蔣慶批評在西方實踐的自由民主制度中，民眾的物質利益和低層次欲望橫行，而超越性的道德原則被忽視。這是因為自由民主憲政並沒有建立制度上的保障，來確保超越性的道德原則不被違反，也無法確保政治秩序具有超越神聖性的合法性。蔣慶指出，自由民主在西方具有歷史文化的合法性，是因為它自身就是西方文化演進的產物，但它在中國則缺乏這種歷史文化合法性（即使把它由西方引進或者移植過來）。

很明顯，蔣慶著作中討論的三種合法性淵源都可以用儒家概念加以理解。合乎天道的政治秩序就是一種勵行德治和仁政的儒家政治秩序。就中國而言，一種政治秩序只有是儒家式的，才能擁有歷史文化的合法性，這是因為（根據蔣慶的解釋）儒學在中國歷史上是佔有主導地位的傳統，而且在中國文化中也具有支配性的力量。一個儒家政治秩序也具有民意合法性，因為儒學要求統治者為了人民的利益和依據人民的意願去統治（因此上天的意志被理解為人民的意志，也就是所謂"天視自我民視，天聽自我民聽"[7]）。在現代，民意合法性和政府的民主選舉聯繫在一起。蔣慶承認民眾選舉是授予政府民意合法性的一種手段，而三院國會中的庶民院就是經由公眾選舉產生。他似乎認為儒家中的民本傳統和現代西方的民主選舉都是民意合法性的體現。

廣泛推廣儒教

在蔣慶的思想中，儒學不僅因為提供了這三種合法性淵源而具有超然地位，儒士還在國家機構中發揮一定的作用。例如，通儒院包括那些經由民眾推選的儒家學者和在國立的通儒學院畢業、並被國家任命的儒家學者，而國體院的議長則由孔府衍聖公世襲。在他 2006 年發表的一篇論文中 [8]，蔣慶認為，儒教 —— 儒學作為一種宗教 —— 應該被認定為國教，而國家應該對在民間社會中組成的中國儒教協會給予一定的特權。他明確指出，西方國家的國教便是相似的例子，諸如在英國的國教聖公會。他指出，這種建議並不意味着中國儒教協會應該被國家控制，因為中國傳統中存在着一種道統和政統的區分，前者由真正的儒家學者發展，後者由國家發展而致 [2]（P428-429）。蔣慶更表示，他所提議國家對儒教的保障和支持，並不意味着對宗教信仰自由和思想自由的壓迫，不同的宗教和思想應該在民間社會中自由地存在 [9]（P37）。但是他也提出，如果大多數的中國人成為基督徒，那麼“中國的文明自性”便將不保 [8]。

在 2006 年的著作中 [8]，蔣慶對中國政治秩序的重構和儒學的復興提出了其他具體的建議和策略。一些策略關係到國家，其他則關係到市民社會。在國家的層次上，蔣慶提議，憲法應該確立儒學作為國家的意識形態；官員應該接受傳統儒家經典的教育，並通過以此為基礎的考試（一種現代科舉制度）。在市民社會的領域，他提議建立中國儒教協會，並且應該在國家宗教生活中被賦予一定的特殊地位（例如，這個學會將會設計和規定官方禮節和禮儀）。社會儒學（即人們在日常生活中所實踐的儒學）的復興還包括促進兒童和學生對儒家典籍的學習。

儘管蔣慶對西方自由民主持批判態度，並且批評新儒家的政治哲學主張全盤西化，但他並不反對借鑒西方民主傳統中的某些因素。像新儒家學者一樣，他承認中國政治傳統最大的缺陷就是沒有發展出充分客觀的制度性和程序性保障，來防止當統治者未能勵行德治、禮治和仁政的時候，政治權力被濫用，進而確保三種合法性要求的實現。蔣慶讚賞西方那種通過定期選舉來保障權力和平轉移的制度性創新，認為它是對人類文明的重大貢獻。他也認為，中國有很多需要從西方政治實踐中學習的地方，諸如權力分立、司法獨立、議會政治和憲政主義。然而，他強調任何對西方政治制度的借鑒都只是建立在純粹的實用性考慮之上，沒有需要像新儒家那樣試圖融合儒家政治哲學和西方自由民主的政治理論（他認為是失敗的例證）。

否定人人平等

顯而易見，蔣慶反對大多數當代西方學者認為是理所當然的原則。例如，他提出的國家應該將儒學訂為官方意識形態的建議，雖然在中國傳統中並不具原創性（因為無論是當代中國還是傳統中國都擁有各自的官方意識形態——分別是馬克思主義和儒學），但這就和西方自由主義的國家中立截然相反。正如香港大學的陳祖為教授在評論蔣慶的政治思想時指出 [9](P37-38)，套用羅爾斯（Rawls）對這個問題的理論，選擇儒學這樣的"綜合性學說"（comprehensive doctrine）作為統治的基礎，便是對贊同其他宗教、哲學和政治信仰的中國公民的不尊重。蔣慶的見解似乎違反了現代多元開放社會的理念，即在其中具有不同價值觀和生活方式的人們尋求合作，一起生活。儘管韋伯（Weber）的世界去魅（the disenchantment of the world）命題原初是用來描述西方現代性的狀況，但似乎正日趨適用於中國，而蔣慶卻嘗試通過政治上的重構，來尋求世界的重魅化 [9](P60)。然而，即使是那些和蔣慶一樣對現代生活的世俗化和拜金主義失望、並相信超越神聖原則的人，也將會懷疑蔣慶的假定是否正確，即就中國而言，儒學對超越神聖性的表述和解釋具有絕對的權威。

對於民主，西方自啟蒙時代以來，人人平等和國家主權屬於全體人民的原則已被承認，而蔣慶卻明確反對這些原則 [9](P5)。他指出，根據儒家思想，儘管所有人都同等地享有成為聖人的潛質，但實際上就經歷、學識、才智和美德各方面而言，人人是不同的、不平等的 [2](P384)。只有德才兼備的人才有資格行使政治權力；所以，國家中所有人都有資格平等地參與國家事務的說法是錯誤的。因此他反對就國民全體而言的平等參與政治的權利 [9](P6)。蔣慶援引儒家對君子和小人的區分，他們在學識、修養、才智和道德品質方面是不同的、不平等的。他認為完全建立在"一人一票"基礎上的民主政治其實是一種小人政治 [9](P9，10，27)。它只會滿足普通人低層次的需求，而忽視超越神聖性和歷史文化的要求。因此，相對於全民政治，蔣慶提倡賢人政治或士人政治，並否定統治者和被統治者是平等的，從而維護統治者對人民實施的家長式統治的正當性。[9](P16，61)

三、康曉光的"仁政"思想

我們現在轉到另一位主張在中國政治重構中使用儒學的著名學

者：康曉光，儘管他並沒有使用蔣慶的"政治儒學"術語。他的理論可視為另一個版本的政治儒學。還有另外一個版本，就是將在本文的下一節中討論的徐復觀的政治哲學。在本節中，我們將介紹康曉光政治儒學的主要內容 [3]，並將其與蔣慶的理論作比較。

康曉光注意到，許多當代中國的知識份子都將自由民主視為對中國問題的靈丹妙藥，他對此表示反對。他認為，引進西方式的民主並不能解決當前中國面臨的主要問題，諸如腐敗、貧窮、經濟問題和社會不公。他認為當中國的經濟發展取得進一步的成功時，諸如腐敗和貧窮等問題才能逐步得到解決。康曉光認為民主化不僅不能解決中國當前的問題，還會產生新的問題，諸如政治不穩定，以及由民族衝突產生的分裂危機（前蘇聯和南斯拉夫就是前車之鑒）。取而代之，他主張採用儒學，尤其是儒家中的仁政，作為中國基本的政治信仰體系。因此，他專著的書名是《仁政：中國政治發展的第三條道路》。[3]

主張"再中國化"

康曉光指出，當前的中國政權面臨着一種合法性危機，在為中國謀劃未來時，基本上有兩個選擇：再西方化（原來對馬克思主義的接受就是一種西方化）（或稱全盤西化）和再中國化。他闡述，如果選擇第一個選項，西方文化會在中國流行，那麼中國將會變為一個西方式的自由民主社會。在另一方面，如果儒學得到復興，那麼中國的政治體制將會實行仁政。康曉光主張"再中國化"，包括重新以儒學和仁政作為中國社會的基礎。他認為，只有回歸到中國的傳統和本土文化，才能為現在的中國政權提供急切需要的合法性。康曉光並不反對學習和借鑒西方，但是像蔣慶一樣，堅持"中學為體，西學為用"原則。

康曉光論證，儒家的仁政學說較少關注政治權力的來源（比如說，政府是否經由選舉產生），而更關注政治權力的使用。為人民而掌握權力，並為了人民的利益而行使權力，就是仁政的實踐。像蔣慶一樣，康曉光視中國傳統的政府為由儒士共同體組成的政府。他建議中國未來實行就是一種新的、由儒士組成的政府。在他看來，若國家教育民眾遵守德行（而不是像自由主義所宣導的政府中立），並且鼓勵他們追求善的生活以及道德和精神上的完成，這樣的政治精英的家長式管治是合理的。

像蔣慶一樣，為了實現他所謂的中國政治和社會的"儒家化"（或者再儒家化），康曉光提出兩項策略。第一個策略涉及到國家，第二個涉及到公民社會。對於國家方面，他主張中國共產黨的"儒家化"和選擇"孔孟之道"作為官方的意識形態，並且將儒家經典（四書五經）納入（或者重新納入）公務員考試，從而重建學統和政統之間的聯繫。從政治和統治領域轉到社會本身，康曉光提議學校的課程應該包含儒學，而且儒教應該被承認為中國的官方宗教（國教）。他相信在容許宗教自由的同時，儒教應該被賦予一定的特權。在很多方面，這些建議和上述蔣慶的主張是一致的。

主張禪讓制政權轉移

如上所述，蔣慶承認根據選舉而實現政權的和平轉移是西方文明的一項偉大成就。饒有趣味的是，康曉光認為，通過競爭性選舉以實現權力轉移，並不是他所宣導的中國未來的儒家政治秩序中所必須的。相反，一種和中國古代政治實踐中"禪讓"類似的現代形式，能夠解決權力過渡的問題。康曉光認為，在最近 20 多年期間，中國共產黨內部就在實行這種禪讓制，諸如鄧小平將權力移交給江澤民，江澤民將權力移交給胡錦濤，現在再移交給習近平。

像蔣慶和新儒家一樣，康曉光承認，傳統中國對濫用政治權力的預防是不足的。然而，他確信西方的自由民主制度並不是必須的，其他的預防制度能夠為中國未來的政治秩序而設計出來。更準確來說，他主張的政治、社會和經濟制度要具備如下的特質：市場經濟、福利國家、行政吸納政治（即社會精英被選進政府的顧問體制）、隱含著以結社自由作為先決條件的法團主義（主要的社會團體，諸如代表工人和企業家利益的工會和商會，和國家之間相互協作）和媒體自由（使得新聞界和其他媒體能夠自由地報道政府的失誤，並且動員公眾意見去監督政府的表現和加以批評）。

我們可能會注意到，儘管康曉光反對將自由民主作為中國政治改革的模式，但是若他的某些建議得到貫徹執行——包括那些涉及到結社自由和媒體自由的建議——中國的政治秩序必要較現在更自由。蔣慶提議中的某些建議也會有如此效果，例如通過全民選舉產生國會中一個院。然而，和蔣慶一樣，康曉光也援引儒學來反對人人平等這個自由民主政制的前提。康曉光指出，儘管在"人人皆可成聖"這個意義上，儒學肯定平等原則，但它也認為在現實中存在具有美德和沒有美德的人，而只有具有美德的人才有資格去進行統治。統治國家是放在德才兼備的精英身上的重任，他們要肩負尤為艱巨的道德要求，而所以民眾有義務去接受他們的教導。和蔣慶一樣，康曉光相信上天的意志高於人民的意志，而且比起普通人來說，儒士更能完全地理解天道。他還表明，在承認人的不平等方面，儒學要比自由民主理論更加誠實，後者只是在宣傳人人平等和主權在民的假象。

四、徐復觀的"雙重主體性"理論

　　徐復觀生活的時代要比蔣慶和康曉光早半個多世紀，他經歷了中華民國、國民黨統治、抗日戰爭和國共內戰時期。3 和蔣慶與康曉光不同，徐復觀起初的職業並不是學者，而是在國民黨軍隊中服役，並升獲高級軍銜。在新中國成立之後，他生活在香港和台灣，獻身於學術，撰寫了大量有關中國歷史和哲學，以及針對當代政治問題的文章。他和幾個新儒家學者（唐君毅、牟宗三和張君勱）一起撰寫了在 1958 年公佈的《為中國文化敬告世界人士宣言》（下稱《宣言》），4 作為 20 世紀新儒家政治哲學的權威性表述。本書前文〈新儒家與民主憲政〉（頁 62）中已經介紹了《宣言》中的相關思想，所以本文主要討論的是徐復觀在《宣言》以外的其他著作中所表述的政治思想。

　　徐復觀的政治思想 [6][12] 和他對中國政治和思想史以及先秦儒家思想的經典文本的研究有密切聯繫。經由他發展的核心思想之一就是中國歷史中的"雙重主體性"矛盾。[6]（P104）徐復觀藉此表明，儘管根據真正的儒家思想，人們應該成為政治秩序中的主體，但是實際上，在中國歷史上，君主才是政治秩序中的主體。在徐復觀看來，儒學要求統治者排除他們自身的利益，而只為人民的利益而服務。然而，這種儒家思想很少在中國歷史中得到實現，而且儒學並未能發展出充分的制度保障來防止帝王濫用絕對權力，只能減少或緩和政治權力被用於壓迫人民的情況。徐復觀強調，在中國歷史上，一些儒家學者和知識份子的確在實踐着真正的儒學，他們仗義執言並挺身而出反對政治權力的濫用，但他們的歷史是用血淚譜寫而成的。

還原真正的儒家思想

徐復觀區分出秦朝統一中國之前已發展的、真正的或者原初的儒家思想，和隨後的儒家思想，後者是在漢朝及其之後，為了帝國統治的需要和利益而被曲解和妥協的儒家思想。例如，他認為"三綱"理論就脫離了傳統儒學的真正精神，真正的儒學強調君臣、父子和夫婦之間的相互責任和關係上的雙向性。而三綱的倫理標準其後卻變質為導致臣子、兒子和妻子對另一方絕對權威的附屬、忠誠和服從。[12]（P77，137）徐復觀也批判中國傳統的科舉制，認為在傳統中國這種制度在很大程度上只是被用作政府馴服和控制知識份子的工具。[6]（P193）

在其研究傳統儒學典籍的基礎上，徐復觀指出，儒學視政治制度為上天為了人民的利益而設。"天視自我民視，天聽自我民聽。"[7][6]（P51）統治者需要贏得民眾的自願支持，政治統治應該建立在道德模範性行為和美德，而不是暴力的基礎上。統治者應該勵行仁政、德治和禮治。統治者尤其應該根據人民的利益和意願進行治理，不應該將自己的政治藍圖強加於人民身上。這是徐復觀對"無為"這種傳統政治美德的解釋。徐復觀解釋儒家箴言中的重義輕利，就是要求統治者去實現人民的利益（義）而非追求自身的利益（利）。

修己和治人的標準有所不同

徐復觀對儒學最為重要和原創性的解釋之一，就是他對儒家觀念中修己和治人之間的區分。他強調這兩個領域內所擇取的標準是不同的，不能相互混淆。在修己的實踐中，儒學的踐行者應該加諸自身最高的道德標準，並踐行最大程度的自律。但是這並不意味着統治者、政治領袖或者政府官員應該將這些標準強加於人民，否則會形成一種暴虐，就像"以禮殺人"這個詞語所概括的意思那樣。根據徐復觀的觀點，儒學在政治統治領域使用不同的標準。在政治統治中，"養民"要優先於"教民"；人民的"自然生命"是最重要的考慮。進一步來說，即使在"教民"時，所教的內容只是那些儒家倫理中基本性的原則，諸如忠孝、仁義和在人倫關係中履行自己對他人的義務。因此在徐復觀的觀點中，儒學絕不是為現代極權主義國家向人民灌輸其意識形態而辯護的理由。

　　徐復觀關於儒學和民主的主要命題之一，就是儒家學說中的性善論為民主提供了道德基礎。[5] 在他看來，這種積極和樂觀的人性觀肯定人性的尊嚴，並導致對"民"的尊重、關懷和信賴。他認為，民主就是建立在這種對人民的尊重、關懷和信賴的基礎之上的政體。徐復觀論證到，人性論的另外一個觀點 —— 性惡論 —— 將會導致民主的對立面：如果人民是惡的而並不被信任，那麼便應支持威權主義統治，以保證人民免於這種惡。在這方面，徐復觀的觀點和張灝的觀點截然相反，後者認為西方的自由主義和源自基督教原罪觀念的對人（尤其是統治者）的不信任緊密相連。[13]

傳統與民主的契合

　　徐復觀完全接受西方的自由民主，並且相信它放之四海皆準，他明確指出特殊的中國式民主並不存在。他提出，"假使孔孟復生於今日，亦必奔走呼號"，為人民爭取民主與人權。[12](P191) 徐復觀的著作也肯定了上述 1958 年《宣言》中的一個基本命題：中國的民主化不僅與中國的傳統文化相契合，而且將是儒學傳統的必然發展，並能夠使儒家理想較之以前獲得更好地實現，尤其是能夠克服上述"雙重主體性"矛盾的歷史性悲劇。

　　儘管徐復觀是一個儒學的堅定信仰者，並且完全忠於儒學，他也承認儒學傳統存在着不足和缺陷。例如，他指出儒家中的"五倫"理念（君臣、父子、夫婦、兄弟、朋友）並不能充分地處理政府和民眾之間的關係。他認為傳統儒學主要從統治者的角度，而不是從民眾的角度看待政治。他也注意到儒學和傳統中國文化過於強調義務和責任，不利於個人主體的自我意識的發展，和自身主體性以及合法權益的維護。因此，他主張現代化的儒家哲學應該不僅成就人的道德卓越，而且應該成就自由、平等和人權。同時，他確信儒家提倡的良知和尊重他人利益的道德自律思想，能夠使得西方的自由民主 —— 因為其來源為個人權利的追求 —— 獲得更為堅實的道德根基。因此，儒學不僅能令中國走向民主，而且能在西方為民主思想提供更為深厚的基礎。

五、結論

　　徐復觀的著作寫於毛澤東主義在中國大陸達到頂峰、國民黨在台灣實行威權統治的時代，他對這兩種政治制度都持批判態度，並宣導中國未來應實行民主憲政。然而，與現代很多批判傳統中國政治文化和儒學的中國自由主義者不同，徐復觀相信儒學和中國文化傳統與民主的融合和整合。徐復觀和其他一起撰寫 1958 年《宣言》的新儒家學者的觀點是，中國的民主化並不意味着全盤西化和拋棄中國的文化傳統。恰恰相反，正如徐復觀指出，中國的民主化應該是所有理解和熱愛中國文化傳統與儒學的人，也是那些衷心維護和促進中國文化傳統與儒學的人所追求的夢想。

　　蔣慶和康曉光的寫作背景是，當作為世俗信仰的毛澤東主義的影響力在中國逐步減退、中國正在經歷愛國主義高漲、傳統中國文化和思想復興的時期。他們都提議選擇或者重新選擇儒學作為中華民族的指導哲學。這和徐復觀所支持的自由民主憲政體制相反，在這個體制中，沒有任何意識形態或政治的、哲學的或者宗教的信仰擁有優先權，不同的政治團體和組織能夠在選舉制度中自由地爭取人民的選票。

向西方制度借鑒

儘管蔣慶和康曉光都不支持自由主義的國家中立性原則，但是他們都不拒絕大量地借鑒西方的政治和社會制度。例如，蔣慶支持的議會制度，其中一院經由定期普選產生。康曉光主張媒體自由、結社自由和社會協作。他們都支持具有福利社會特徵的市場經濟和充滿生機的公民社會，後者更認為，不同的信仰和意見能自由地並存，儘管兩人也希望儒學能被國家承認為國教，並被賦予一定的特殊地位。

蔣慶和康曉光以及徐復觀之間的不同可以歸結為以下問題：第一，儒學應否作為一種被國家支持的意識形態、宗教、哲學或者信仰體系，而被賦予特殊的地位？第二，所有中國公民應否具有平等的政治權利，即最高政治機構應否在自由和公正的選舉的基礎上，通過平等和普及的投票產生？第一個問題涉及到在多大程度上，中國應該是一個自由的國家。第二個問題涉及到在多大程度上，中國應該是一個民主的國家。

對於第一個問題，蔣慶顯然認為儒學應該具有特殊的地位，因為它表達出超越神聖性的真理，並且在中國歷史和文化中具有主導性的力量。然而，對於第一個問題，有人可能有這樣的質疑，即為甚麼儒學應該壟斷精神上的真理？為甚麼其他得到一些中國人贊同的宗教、哲學或者信仰體系就應該被歧視呢？如上所述，這將構成對這些人以至他們的人性尊嚴和信仰自由的不尊重。對於第二點，即使儒學在過去長時期內的中國歷史和文化中具有一種主導性力量，但這並不表示它便因此應該成為中國未來具有主導性的力量。儒學是否將會或者應該如此並不應由國家決定，而是隨着中國社會的變遷和演化，由中國人在他們日常生活中決定。

現在我們轉到民主的問題。不管是蔣慶和康曉光，還是徐復觀，都援引儒學來支持他們的立場。蔣慶和康曉光認為，根據儒學，儘管人人都可成為聖賢，但實際上一些人要比其他人具有更高水準的學識、修養和美德。因此，在儒學中存在君子和小人之分。他們認為儒家的觀點就是具有權力的地位和職責應該僅僅對那些有德行的人開放。所以，無視他們的道德和學識資格之別，讓每個人都享有完全平等的政治參與權利這種說法是不對的，而賦予優秀的人特權並不是錯誤的。

徐復觀依據儒學中人性本善的觀點，認為民主（就平等的政治參與權而言）具有儒學基礎。他論證到，因為人性本善和所有人均具有人性的尊嚴，所以他們應該被尊重，並且應信任他們去為自己做出判斷和決定。就民主作為一種信任人民並授予人民政治權利的制度而言，這和儒家對人性本質的見解是一致的。徐復觀也指出，儒學要求擁有政治權力的人要根據人民的意願和利益行事，不能為了滿足自身利益而濫用權力。這也是民主的原則和目標。徐復觀又提出有關區分"修己"和"治人"的重要觀點：儒學確實要求儒學的踐行者和統治精英進行自我修養並成為君子，但這種君子和小人之分僅僅是為了自我修養的目的，並不應延伸到政治領域用來剝奪或者減少普通人的政治權利。其實如果視普通人為小人，不信任他們，這將會與儒家的這個觀點相矛盾：即統治者應該根據人民的意願施政，並贏得民心、贏得人民的愛戴和支持。

在我看來，徐復觀對儒學的解釋，使儒學和民主思想融合，並支持民主，這種解釋要比蔣慶和康曉光的解釋更具有說服力。我們不反對像蔣慶和康曉光所強調的：儒學的確堅持政治權力和責任應該由那些富有學識、教養和德行的人持有，但是這並不意味着這些人（或者宣稱自己屬於此類人的人）應該永遠成為自我繁殖的統治精英，而沒有必要對普通民眾負責（通過定期的選舉）。如果徐復觀是對的，那麼我們能夠信任普通人可以辨別誰是具有足夠學識、修養和美德的人，並值得被選出來行使權力和承擔責任。這意味着儒家那種認為政治權力的職位應該由那些富有學識、修養和美德的人所擁有的觀點，和民主的（根據徐復觀的解釋，也是儒家的）那種認為普通人能夠判斷和決定誰值得持有那些行使政治權力的職位的觀點，實際上並沒有內在的衝突。在一個儒家文化的社會中，人們會辨別和選擇那些具有儒學所肯定和追求的道德完善和優秀品格的人，成為政治領袖。另一個方面，如果一個社會並不具有儒家文化，一羣自稱是儒家精英的人將他們的統治和價值觀強加在人民身上，這是不可能的，也是不合儒家思想的。這不是儒學，而是一種極權主義。

因此我在本文作出如下的結論。儘管徐復觀和1958年《宣言》的政治儒學創立於半個世紀前，但是對我們今天仍具有啟示意義，並迴盪在我們心中。蔣慶和康曉光提出的將儒學作為中國的官方意識形態的建議，不是中國政治改革的長遠之道。相反，儒家學者應該支持公民社會的自由空間、人權的憲法和法律保障的完善化，從而使得儒

學 —— 和其他宗教信仰一樣 —— 能在公民社會中繁榮發展。當儒學復興、而中國民主發展又更進一步時，國人將能夠直接選出身具道德素養和優秀品格的領導人 —— 這些品格正是儒家式自我修養的成果，而這些人將會把儒家的仁政和德治理念付諸實踐。

參考書目：

[1]　蔣慶：《政治儒學》（北京：三聯書店，2003 年）。

[2]　蔣慶：《生命信仰與王道政治》（台北：養正堂文化，2004 年）。

[3]　康曉光：《仁政：中國政治發展的第三條道路》（新加坡：八方文化，2005 年）。

[4]　唐君毅：《說中華民族之花果飄零》（台北：三民書局，1974 年）。

[5]　唐君毅：《唐君毅全集》，第四冊（台北：台灣學生書局，1991 年）。

[6]　徐復觀：《學術與政治之間》（台北：學生書局，1980 年）。

[7]　《尚書·泰誓》。

[8]　蔣慶：〈關於重建中國儒教的構想〉（2006 年）http://www.aisixiang.com/data/28639.html

[9]　范瑞平（編）：《儒家社會與道統復興：與蔣慶對話》（上海：華東師範大學出版社，2008 年）。

[10]　蕭濱：《傳統中國與自由理念：徐復觀思想研究》（廣州：廣東人民出版社，1999 年）。

[11]　牟宗三：《政道與治道》（台北：台灣學生書局，1991 年）。

[12]　徐復觀：《儒家政治思想與民主自由人權》（蕭欣義編）（台北：台灣學生書局，1988 年增訂
　　　再版）。

[13]　張灝：《幽暗意識與民主傳統》（台北：聯經，1989 年）。

註釋

1　　參考以上的 "參考書目"。

2　　《宣言》原於 1958 年在香港和台灣發表於《民主評論》和《再生》。中文全文後來以附錄形式
　　　（題為〈中國文化與世界〉），收錄於唐君毅 [4](P125)，亦收錄於唐君毅 [5]（第二部分）。

3　　關於徐復觀的生平，參見 [10]。

4　　同註 2。

5　　參見 [10](P225-232)。

第二章
憲政、法治與經濟發展

亞洲國家憲政發展的道路初探：
五大國家的比較研究

摘要

本文研究印度、中國、南北韓、日本與印度尼西亞（以下簡稱印尼）這亞洲五大國家的憲政發展道路，從而探討以下問題：究竟源於西方社會的憲政模式是否在其發源地以外也具有普遍適用性？亞洲又是否存在特殊的憲政模式或政治體制？本文採用宏觀歷史與比較研究的角度，審視這五國自 19 世紀末直到今天的發展，指出在現代和當代時期，憲政主義在亞洲，產生了深遠的影響。本文並認為，亞洲似乎沒有特殊的"亞洲式"的憲政模式或政治體制，也沒有足夠證據顯示亞洲的文化與價值觀念與憲政主義難以相容。恰恰相反，憲政主義能否在某一國家或地區得以發揚光大，似乎更多地取決於政治因素，以及戰爭、外國干預等具偶然性的歷史事件的影響，而不是主要取決於文化與價值觀念。

一、引言

憲政主義原為西方現代文明的產物，它既是一門學説，也是一種政治和法律的實踐。它包含以下元素：（1）法治；（2）權力分立；（3）權力互相制衡；（4）公民權利和自由的保障；（5）成文憲法；（6）政府行為能受到違憲審查；（7）政權依據憲法性規範和平交接。[1] 在上兩個世紀，憲政主義傳遍世界每一角落。本文旨在研究並反思憲政主義或與其相關的政治體制在亞洲的起源與發展，尤其專注於南亞、東亞與東南亞的幾個個案——即印度、中國、朝鮮半島、日本與印尼。本文將回顧這些國家的憲制發展道路，考慮在西方始創的憲政模式是否普遍適用於其他地區，並討論是否如同有人主張亞洲具有其獨特的人權價值觀一樣，亞洲也具其特殊的憲政模式或政治體制。

西方憲政主義的理論和實踐移植到亞洲的過程，在某些情況下是由於殖民化（如印度），在另一些情況下是因為某一亞洲社會遭遇西方挑戰後，追求現代化而自願自覺地引進或模仿（如中國、日本）西方憲政模式。有些例子中，某亞洲國家宣告獨立時，引進了帶有西方自由主義和民主傾向的憲法，其後執政者卻無視憲政主義的要求，實施威權統治（authoritarianism）（如韓國、印尼）。然而，這些威權主義政體均未能持續，逐漸讓步給民主憲政（如韓國、中國台灣地區、印尼）。在另一些例子中，西方憲政理想與體制成功地融入了本土文化和環境，造就了穩定的管治模式（如印度、戰後日本）。還有一些例子中，列寧—史太林式的憲法被國家引進後，穩固地保留下來，由共產黨領導的社會主義政體仍然健在（如中國大陸、朝鮮）。

本文建基於對五個主要亞洲國家的憲制發展道路作為個案的研究。在介紹五個個案後，本文結論部分將會比較各國在憲制史上之不同經驗，並評估憲政主義在這些國家實踐的"成功"程度，以及討論憲政主義或與其相關的政治體制是否在亞洲有其獨特的模式。

在探討這些個案之前，首先要解釋的是這次研究為何選擇這些國家：中國（包括台灣地區的"中華民國"）、日本、南北韓（包括北部的朝鮮民主主義共和國，和南部的大韓民國）、印尼和印度。選擇這些國家的原因，一是在於它們代表了不同脈絡的亞洲傳統和文化、亞洲國家中的不同現代化軌跡、不同的經濟發展水平，二是在於她們在亞洲地區（中東地區除外）享有文化、經濟或政治上的重要性或影響力。以中國為例，她是當今世界人口最多的國家，亦是崛起中的經濟超級大國。在亞洲地區，日本在經濟、科技方面最為先進。印尼、印度從疆域、人口或經濟規模上說，分別是東南亞和南亞的最大兩國。最後，朝鮮半島的南北韓是分裂國家中的重要個案，其中韓國更是成功走出朝鮮戰爭造成的破壞與貧困，成為了亞洲的經濟與文化大國。

二、日本的案例

歐洲人於 16 世紀初首次去到日本，當中包括基督教（天主教）傳教士，但他們在 17 世紀被驅逐出境，而當地基督徒也受到了迫害。在德川幕府統治期間（1603~1868），日本採取鎖國政策，直至 1853 年美國海軍軍官培里率艦隊抵達東京灣後不久，才被迫開放門戶。[2] 一如鄰邦中國，西方列強與日本簽訂 "不平等條約"，而日本人也像中國人一樣，開始尋覓足以抵禦外敵的富國強兵的良策。[3]

雖然日本天皇的皇位自遠古時代起就世襲繼承，未曾間斷，而不像其他國家那樣經歷過改朝換代；但國家的統治實權卻掌握在攝政的軍事領導人（"將軍"）及其政府（"幕府"）手中。（將軍之位也按血統世襲；自從 17 世紀以來執政的幕府乃由德川家康創立。）日本分為二百多個藩地，[4] 各有諸侯（"大名"）管治，並由幕府將軍監察和掌控。西方列強的挑戰促成了德川幕府的覆滅及 1868 年的 "明治維新"，原有的封建制度改變為中央集權。理論上，明治維新標誌着天皇重掌政權，即幕府將軍向天皇奉還政權。但從政治現實上看，政權實際上轉移到一批新的政壇精英手中，他們多為薩摩或長洲藩地的原政治領袖，[5]"明治維新"後他們便以天皇之名行事。這些政治精英被稱為"元老"。[6]

明治維新

明治天皇（1868~1912）在位期間，日本在經濟、科技、社會、文化、政治與法律方面均經歷了迅速的現代化與西方化。"從來沒有任何國家，能如此快速而成功地對西方的經濟、軍事與科技優勢所帶來的挑戰作出反應。"[7]以法律領域為例，日本訂立了歐洲式的法典（主要參照法、德兩國法典），又設立了歐洲式的法院、律師職業和法學教育。[8]"法治國家"與司法獨立的概念得到引進，並被奉為正統。[9]政府的行政制度亦進行了西化。[10]

從憲政角度來說，最重大的發展之一，莫過於 1870 年代興起的自由民權運動，以及與之相關的主張在日本建立英式國會的運動。[11]1875年，日本政府向社會承諾最遲於 1890 年制憲，並成立國會。[12]為準備制憲，政治家伊藤博文被派往歐洲研究當地憲政制度。[13]雖然當時各政治團體和政界人士都提交了內容各異的憲法草案，最終被政府認定最適合為日本仿效的還是歐洲某些國家的君主立憲制度，尤其是 1850 年的《普魯士憲法》。[14]1889 年，《大日本帝國憲法》（又稱《明治憲法》）終由天皇頒佈。

《明治憲法》的頒佈被視為天皇的行為，而非日本全國人民的行為；西方的主權在民概念沒有被納入其中。根據憲法正文前的"御告文"，天皇"誓率先現在及將來之臣民履行此憲法無懲"。緊隨"御告文"的是"憲法發布敕語"，其中寫道：天皇"對現在及將來之臣民，宣佈此不磨之大典……國家統治之大權，朕承之於祖宗，侍之於子孫。"憲法正文則宣

告 "天皇神聖不可侵犯",[15] 並 "為國家元首,總攬統治權"。[16]

在宣稱天皇擁有統治權的同時,《明治憲法》(於第三章)設立名為帝國議會的國會制度,當中包括貴族院(上議院)及眾議院(下議院)。前者由貴族及敕任議員組成,後者的議員則由人民公選產生。憲法於第二章列明臣民的權利與義務(第一章乃關於天皇)。其餘章節則是關於為國務大臣及樞密顧問(第四章)、司法(第五章)、財政(第六章)及補則(第七章)。

初步建立議會制度

起初,眾議院的選民範圍局限於每年繳納至少 15 日圓稅款的男性公民,這類人當時僅佔人口的百分之一。[17] 其後選民範圍於 1900 年及 1919 年先後有所擴展,到了 1925 年,所有男性公民皆享選舉權。[18] 不同政黨的候選人互相競逐,並在進入議會後與政府行政官員分享權力,發揮制衡作用。這種制度逐步演化為英式的議會內閣制,即組成內閣的首相及其他大臣,均從眾議院中佔多數議席的政黨的領袖之中任命。日本帝國議會因而 "成為西方以外,首個成功的議會制度的實驗"。[19] 這種於大正天皇位內(1912~1926)盛行的民主政治被稱為 "大正民主"(1913~1932)。[20] 然而,日本民主發展的趨勢卻於 1930 年代發生了逆轉。

應當指出的是,即使在 1930 年代民主發生倒退之前,西式的自由主義的民主憲政從未被完全引入日本。19 世紀末以來,為了防止時有發生的民間騷亂,以及打壓異見人士與共產主義者等原因,日本人的公民與政治自由一直受到嚴苛的法律限制,如 19 世紀末的《保安條例》[21]和 1925 年的《治安維持法》。[22] 值得注意的是,《明治憲法》所保障的權利可受法例的限制，憲法並沒有設立任何進行違憲審查的機制。

日本軍人政府的興起並於 1936 年正式取代文官統治[23] 的原因，固然可以歸究到國際經濟大蕭條、日本民意對軍方在華軍事行動的支持，以及文官政府的一些領導人被軍方暗殺等原因，然而《明治憲法》本身的不足之處，也是一個關鍵因素。《明治憲法》並不要求內閣大臣或首相向議會負責。他們完全由天皇任命，只向天皇負責。如此一來，任命議會中多數黨的領袖成為大臣或首相的做法，就並無憲法上的基礎。再者，按照憲法，只有天皇擁有對軍隊的最高指揮權，軍隊實際上不受文官政府的控制。自 1930 年代起，亦即日軍侵略和佔領中國東北時，日本的外交政策與軍事行動已大致由軍方"自把自為"。軍方於 1930 年代取得對政府的控制權後，將日本變為一個由警察與特務統治的軍國主義極權國家，並向國民灌輸"國體"（kokutai）思想，[24]強調對神聖天皇的絕對忠誠、完全犧牲，最終更挑起了太平洋戰爭。

日本戰敗後，由美國主導的盟軍佔領了日本（1945~1952）。美國除了在日本推行去軍國化，並協助日本重建經濟和社會外，也意圖將日本轉化為真正的自由主義的民主憲政國家。駐日盟軍總司令麥克阿瑟將軍要求戰後的日本政府着手草擬新憲法。不同政黨及團體提出了關於草擬新憲法的方案，政府隨之擬定草案，提交給駐日盟軍總司令部。然而美方對草稿並不滿意。麥克阿瑟於 1946 年 2 月指示手下擬定一份指引，讓日本政府在此基礎上再行起草。新憲法的草案再經修訂後，經駐日盟軍總司令部批准，最終於 1946 年 8 月由新選出的帝國議會眾議院通過。[25]這部《日本國憲法》由裕仁天皇（1926 年即位，在位至 1989 年駕崩為止）於 1946 年 11 月按照《明治憲法》中關於憲法修訂的條款頒佈，以此確保了日本憲法的延續性。

主權在民的新憲法

　　另外，憲法的延續性也因 1946 年《日本國憲法》保留天皇制度而得以保障，但在憲法的基本原則與憲法所確立的政治體制方面，則發生了根本性的轉變。這部新憲法的基本原則包括主權在民、和平主義（永遠放棄發動戰爭、武力威脅或使用武力）和對基本人權的保障。政治制度正式確立為英式的議會內閣制。新憲法亦採用了美國式的違憲審查制度，即法院可根據憲法審查國家的立法與行政行為。

　　如果把新憲法的序言與《明治憲法》的序言比較，可謂大相逕庭。前者開宗明義說 "我們日本國民……茲宣佈主權屬於國民，並確定本憲法。" 不過，新憲的基本結構與章節仍主要沿用《明治憲法》。故此，第一章仍是關於天皇的章節，它規定天皇僅是 "日本國的象徵，是日本國民統一的象徵，其地位以主權所屬的日本國民之意志為依據。" [26] "天皇有關國事的一切行為，必須有內閣的建議與承認，由內閣負其責任。" [27] 第二章為新增章節，題為 "放棄戰爭"，當中只有一項條文 —— 第 9 條，亦是新憲法中最著名的條文。第三章題為 "國民的權利與義務"，列舉了諸多公民與政治權利，社會、經濟與文化權利及財產權等。其他章節分別涉及國會（即 "國家的最高權力機關"，包括眾議院及參議院兩院）、內閣（須 "對國會負連帶責任"）、司法（被賦予違憲審查的權力）、財政、地方自治、憲法的修改（須每議院全體議員三分之二以上通過，並於全民投票得到半數以上贊成）、最高法院及補充規則。

日本憲法的成功

　　雖然 1946 年的《日本國憲法》於盟軍佔領時期制定，它卻一直沿

用至今，成為當今世界最＂耐用＂的憲法之一。雖然日本國內不時有
修憲的倡議與爭論（特別是就第 9 條（關於永不發動戰爭、不保持軍隊
等戰爭力量等）而言），[28] 但政府和國會從未正式提出過任何憲法修正
案，更遑論制定任何修訂憲法的條文。戰後這部新憲法看來是贏得了
大部分日本國民的滿意、支持與尊重。[29] 整體而言，日本政府對憲法保
障的權利與自由是尊重的。[30] 有關憲法條文的訴訟案件也為數不少，然
而日本最高法院素以保守和司法克制著稱，在 62 年內（1947~2008）僅
有八次宣告國會通過的法例違憲。[31] 自 1940 年代末起，日本一直定期
舉行自由而公平的選舉，而＂保守派＂與＂改革派＂的政黨都積極地參
與選舉和政務。戰後自民黨長期獨大（直至 2009 年）可說是由於日本
選民自身的選擇而導致的。筆者認為，日本是西方自由主義的民主憲
政移植到亞洲土壤的成功＂物語＂。

三、印度的案例

印度是世界最古老的文明之一，至今昌盛不衰。在殖民化過程
中，它的法律及政治體制經歷了全面的西化。＂這種對其傳統規範體系
的轉化，是世界文化交流史上值得矚目的成就之一＂。[32] 英國東印度
公司成立於 1600 年，並於 17 世紀開始於印度活動；到了 1858 年，英
國政府正式就印度行使主權，負起管治印度的責任。[33] 英國國會制定
《1858 年印度政府法》，作為英國在印度施行威權主義的殖民統治的法
理基礎。英國普通法的基本概念和體制，如法院制度、司法獨立、律
師制度等也被移植到了英屬印度。

吸收英國法理基礎

後來，英國將民選成分引入了印度的立法議會，使印度政治體制朝向英國西敏寺式的代議政制發展，雖然這舉措當時並非是為了推動印度獨立。印度人組織了自己的政黨，如 1885 年成立的印度國民大會黨，及 1906 年創立的全印穆斯林聯盟。第一次世界大戰期間，國大黨展開其"地方自治運動"，爭取由印度人自治。[34] 後來，聖雄甘地帶領國大黨進行"不合作"運動的非暴力抗爭，目標是追求印度完全脫離英國統治而獨立。二次大戰後，英國最終同意讓印度獨立。全印穆斯林聯盟對於將英屬印度分割為印度與巴基斯坦兩國的建議得到接納。英國國會制定的《1947 年印度獨立法》正式確立印、巴為兩個新的主權國家，各自擁有其制憲會議，以制定各自的憲法。經過兩年的討論，印度制憲會議在 1949 年通過了《印度共和國憲法》。

這部新憲法在通過時包括序言、22 篇（395 項條文）和 8 個附表，[35] 是世界上篇幅最長的憲法。在其他國家由一般法例規定的許多行政細節，也都包括在這部憲法之內。如果把該憲法與《1935 年印度政府法》（即印度獨立前英國國會為英屬印度通過的最後一份憲制性文件）相比較，我們會發現兩者之間有相當延續性：新憲法中不少條文都是從《1935 年印度政府法》複製而來的。新憲法基本上包含西方自由主義民主憲政國家的憲法的所有特徵，既肯定主權在民的原則，又設定了人權保障的制度。它並跟隨《1935 年印度政府法》所設的架構，採取聯邦制（部分學者稱之為準聯邦制），[36] 劃分印度聯邦政府和各邦政府的權力。[37] 在聯邦和邦兩個層次，印度憲法都設立了英式議會內閣制的政治體制。同時，印度也引進了美國式的違憲審查制度，由法院審查立法行為與政府行為是否違憲。

　　《印度憲法》的其中一個特色，在於其第四篇列出的一套"國家政策的指導原則"（簡稱"指導原則"），憲法明文規定這些原則的執行並無可訴訟性（即不由法院在審理案件時直接應用和執行）。這種指導原則的設立是由《愛爾蘭共和國憲法》所啟發的。[38] 指導原則包括國家的一些基本方針政策，如維持公正的社會秩序以促進人民福利，[39] 確保"社會物質資源的佔有與控制，應以最有利於公共利益的方式分配"，[40] 及避免"財富與生產手段過於集中，損害公眾利益"。[41] 指導原則也涉及公民的社會、經濟與文化權利，如"擁有基本謀生手段的權利"、[42] 工作權、受教育權、享有公共援助權，[43] 以及保障人民"能夠就業、擁有起碼的工資和工作條件，以確保他們能享有合理的生活水平，並享有閒暇與參與社會和文化活動的機會。"[44]

　　考慮到印度社會中傳統的種姓制度，以及社會與經濟上的嚴重不平等現象，以下指導原則顯得尤為重要："國家須特別關心與促進弱勢階層的教育與經濟利益，特別是表列種姓和表列部族（於憲法附表列出的種姓和部族），並須保護他們免受社會不公及任何形式的剝削。"[45] 在此應當指出，憲法也為表列的種姓和部族預留了在人民院（又稱下議院）及邦的立法院中一定比例的議席，[46] 並廢除了"賤民制"[47]——傳統觀念中將某種姓視作"不可接觸的人"的制度。

促進社會改革

　　由此可見，《印度憲法》並非單為建立政治體制和宣示基本人權自由而設，同時也是為了促進社會改革。究竟維護社會下層種姓（即表列種姓、表列部族）與"其他在社會及教育上的落後階層"的利益，是否構成對其他人的歧視？這一直是在印度憲法學中最具爭議性的議題之一。[48] 例如 1990 年印度政府實施《曼達爾委員會報告書》的建議，為社會和教育上的落後階層預留一定比例的公職名額，結果導致了大規模的族裔騷亂。[49] 在公務職位聘用中，"機會均等" 與 "優待弱勢" 之間的矛盾，成為了憲法詮釋的問題。[50] 在 Indra Sawhney v Union of India 一案中，印度最高法院討論了這個問題。[51] 在此案和後來相關的判決中，法院訂下了詳盡指引，以判別這些扶持行動是否合憲。[52]

　　另一個與社會改革相關的具爭議性的憲法領域是土地改革和經濟政策；在印度憲政史上，這方面構成了最高法院與政府之間最為嚴重的分歧。政府在這方面推行社會主義式的政策，而憲法則保障私人產權，兩者之間自然產生了衝突。法院在針對立法進行違憲審查時，維護了受到土地改革的不利影響的農村地主的權益，土地改革因而受到阻礙；其他擁有私有財產並受到國有化措施影響的人，也得到類似的憲法性保護，因此政府與法院之間爭論不休。政府的對策是：運用執政黨對國會三分之二議席的控制權，通過了一系列對憲法的修訂，意圖削減法院在這方面的違憲審查權。[53] 國會與最高法院之間展開了對憲法 "監護權" 的爭奪戰。[54] 在此期間，法院創設了以下著名的憲法學原則：如憲法條文關乎該部憲法之 "基本結構"，則國會無權對其作出修訂。[55]

印度聯邦制的靈活性

　　印度是由許多族裔和不同宗教與語言的社羣組成的多元社會。事實證明，印度憲法建立的聯邦制靈活有度。國家可以依照族裔及其他身分等政治因素，不時增添新邦。[56] 對於聯邦與邦之間在憲法上的關係，印度憲法第 356 條的運用與濫用長期以來是很有爭議性的課題。根據此條文，若印度總統根據邦長的報告，或從其他途徑，"有理由相信在當時情況下邦政府已無力按憲法的規定履行其職能"，則總統可取締邦政府之權力，並下令由聯邦政府直接就邦的事務行使權力。[57] 憲法第 356 條被運用了逾百次之多。[58] 在 Bommai 一案中，[59] 印度最高法院制訂了在這類情況下實施違憲審查的準則，試圖限制聯邦政府運用第 356 條的行為。

第 356 條屬於印度憲法第 18 篇，題為 "緊急狀態"。該篇首項條文為第 352 條，授權總統宣告全印度進入緊急狀態。印度憲政史的分水嶺，也是一宗被視為具創傷性的事件，出現在 1975 年，當時總理英迪拉·甘地夫人（Indira Gandhi）使用第 352 條，"表因是聲稱印度發生內亂，會危害印度的安全，但實則是預防她會失去總理之位"。[60] 事情的背景是，印度的安拉阿巴德邦的高等法院在某宗關於不正當選舉行為的訴訟中，宣判甘地夫人罪名成立後，她隨即於翌日頒佈緊急狀態令。[61] 緊急狀態期間，超過一千名政敵被拘留。[62] 1977 年，英迪拉·甘地撤銷緊急狀態，舉行大選，卻出乎她意料地被印度人民黨擊敗。[63] 人民黨政府通過國會廢除了英迪拉·甘地在位時，國會為限制司法權而通過的一些憲法修訂案，並進一步通過一項憲法修訂案，以減縮關於緊急狀態令的權力。[64]

在緊急狀態期間，印度最高法院曾作出了一項惡名昭彰的裁決：在 Habeas Corpus 一案中，[65] 最高法院裁定，緊急狀態令生效期間，所有防範性拘留（即被拘留者沒有在法院審判中被證明犯罪，拘留的目的被聲稱是在於防止他犯罪）均可免於違憲審查。但緊急狀態令結束後，最高法院則重新肯定了自身的司法權力，一個 "積極司法" 的新時期就此展開。自從 1978 年 Maneka Gandhi 案 [66] 這一劃時代的案例開始，印度法院建立了一整套的法理 [67] 來解讀憲法第 21 條，[68] 幾乎確保所有人民能有尊嚴、有意義地生活的元素都得到了程序上與實質上的憲法性保障；許多憲法中的指導原則原本不能由法院執行，從此也因而得以間接實施。[69] 在 1980 年 Minerva Mills v Union of India[70] 一案與其後相關的案例中，就國會修訂憲法的權限問題，最高法院重申並擴大了上述"基本結構"的原則。[71]

在 1980 年代的印度，著名的"公眾利益訴訟運動"（或稱公益訴訟）開始形成，至今興盛不衰。[72] 為促進這些訴訟，最高法院摒棄了傳統的訴訟資格規則，並通過建立和運用"以書信起訴"等模式，給貧困者、文盲等弱勢社羣通過法院去維權提供了方便。[73] 法院還突破了其審裁糾紛的傳統角色，例如它不僅任命調查委員進行調查，還推行社會政策性的項目，並監察其實施。對社會上處於弱勢、受到壓迫的羣體而言，法院成為了他們的權益的守護神。法院還介入涉及諸如貪污、警察與監獄暴力、環境污染等事件，以促進問題的解決。[74] 正如兩位印度學者在其合著中指出，"在其權力行使的廣度與深度來說，印度司法機關，特別是最高法院，是民主憲政國家中的驕傲。"[75]

全民投票選政府

雖然有着以上成就，然而印度的司法系統"整體效益非常值得商榷"。[76] 例如，法院積壓了大量未處理的案件。行政體系的效率也有很多方面不如人意，貪污問題無日無之。印度的族裔、種姓與宗教衝突仍然偶爾演變成為暴動。然而，考慮到印度在 60 多年前宣告獨立時面對着何等龐大的社會、經濟與政治問題，筆者認為印度實施自由主義的民主憲政的歷程總體而言可算成功。在這坐擁 11 億人口的國家，上次的 2009 年大選有 7 億 1400 萬合資格選民投票，在超過 80 萬個票站中選出自己的政府，[77] 印度在民主憲政上的成就閃耀於亞洲。

四、印尼的案例

在歷史上，今稱印度尼西亞的千島之國曾見證了印度教、佛教並重的室利佛逝帝國（公元 8 至 14 世紀）及滿者伯夷帝國（1293~1520）的文明。[78] 在目前印尼逾二億的多族裔人口中，絕大部分為穆斯林。[79] 現代印尼的疆界是荷蘭殖民統治時期所確立的。實際上，正是追求獨立的抗爭活動，成為了向現代印尼的居民注入共同身份認同感和國家統一意識的關鍵歷程。荷蘭人於 1596 年抵達印尼，並在其後三個半世紀中，在今日所稱的印尼實施殖民統治。自 20 世紀初，荷蘭在印尼實施所謂 “合乎倫理的政策”，於當地發展教育與衛生服務，[80] 但與印度不同的是，印尼獨立前並沒有成熟的公務員體系，也沒有由本地民選政治家實施自治的經驗。[81]

20 世紀初期，印尼民族主義運動萌芽。“締造出一個印尼身份的轉捩點” [82] 是 1928 年社會運動家們舉行的一次會議上，與會者當場宣讀 “青年宣言”，宣稱他們將以 “同一國度、同一家園、同一語言” 作為奮鬥的目標。[83] 另一關鍵事件是日本在太平洋戰爭期間對印尼的侵略和佔領，最終促進了印尼的獨立。多位民族主義政治運動家，包括蘇加諾（Sukarno）與穆罕默德‧哈達（Mohammed Hatta）等，均曾與日本人合作，在日本人建立的印尼政府中任職。[84] 日本投降後，蘇加諾於 1945 年 8 月 17 日宣告印尼獨立，並於翌日頒佈憲法（《四五憲法》）。[85]

這部憲法僅於 20 日內匆匆擬定，[86] 本意是作為臨時文件使用。[87] 蘇波莫（Soepomo）是這部憲法的主要起草人，[88] 他拒絕接受限制國家權力、分權制衡、個人權利高於國家等自由主義民主憲政學說中的概念。相反,他堅信國家整體論,認為國家與個人合組成一基本整體,而且國家必然代表着人民的利益。這一學說演變自德國的黑格爾思想與"民族精神"理念,[89] 並結合了印尼本土"家和共濟"的精神。[90]

憲法序言可謂是《四五憲法》最重要的部分之一,以現今視角回顧歷史時,這點更為明顯。序言最後一段總結了"潘查希拉"(Pancasila)思想即"建國五原則",[91] 該套思想由蘇加諾於 1945 年 6 月首次提出。[92] 該段闡明:"我們相信:至高無上的神道,公正和文明的人道,印尼的統一,協商和代表制指導下的民主,以及關於印尼全體人民的社會公正之實現。"[93] 因此"建國五原則"其實排除了伊斯蘭國家的思想,並確立了對人民的宗教信仰的寬容原則。[94]

序言也表明印度尼西亞是"主權在民的共和國"。憲法全文篇幅甚短,僅有 37 條條文,但在發佈時附上了一份題為《印度尼西亞共和國憲法闡釋》的文件,當中包含了協助解讀憲法的一系列註釋性條文。[95] 憲法同期的另一重要文件為《雅加達憲章》,於 1945 年 6 月由獨立運動的領袖們共同簽署。[96] 憲章宣告印尼獨立,申述"建國五原則",但同時也包含一條憲法並未納入的語句,這一點在印尼是敏感的:[97] 共和國必須信仰神道和以"遵守伊斯蘭教法律為該教信徒的義務"為基礎。

這部憲法建立的主要國家體制包括總統、行使選舉總統等最高權力的議會——"人民協商會議"、作為行使一般立法權的立法機關的"人民代表會議"、最高評議院,以及以最高法院為首的司法機關。關於人民協商會議與人民代表會議成員的產生方法,憲法均交由一般法例作出規定。舉例來說,人民協商會議應包括人民代表會議的成員,"以及按照法例規定,來自各區域及組別的代表",[98] 而人民代表會議的組成"須按照法律規定"。[99]

　　憲法中關乎人權的條文少之又少；沒有以公民權利為題的專章。第十章題為"公民"，只有三項條文，其中兩條涉及就業權和建立工會的權利，以及結社、集會、言論與出版自由。[100] 宗教自由是在有關宗教的一章提及，[101] 而教育權[102] 則包含於關於教育的一章。[103] "社會福利"一章[104] 列明國家將照顧貧苦無依者和需要由國家撫養的兒童。

　　印尼宣告獨立後，荷蘭曾多次嘗試重奪印尼的控制權，包括出兵攻打支持獨立的印尼軍隊。在 1948 年 12 月，蘇加諾與哈達被荷蘭人俘虜，但曾受日本訓練的印尼部隊持續抵抗。[105] 聯合國介入事件，在 1949 年的海牙峰會，荷蘭終於同意放棄印尼主權，並承認"印度尼西亞共和國"。共和國在 1949 年 12 月成立，並於 1950 年 2 月採納臨時性的聯邦制憲法。[106] 然而，許多印尼人認為聯邦制屬殖民策略，旨在以"分而治之"的方式削弱新印尼；[107] 故印尼於 1950 年 8 月頒佈的另一部過渡時期憲法中，便摒棄了聯邦制。[108] 此憲法表明，新的憲法將由一個為制定新憲而選出的制憲會議負責訂立。

指導式民主

　　1950 年 8 月的憲法背離了《四五憲法》，它採用了議會內閣制，權力由總理所握，總理向一院制的國會問責。[109] 總統的權力則大為削減，僅為國家元首，除了解散國會、宣佈戒嚴[110] 之外，並無行政實權。新的印度尼西亞共和國就是以這種方式，在 1950 年代嘗試實施自由主義的民主憲政。[111] 當時大約有 50 個政黨成立。[112] 在 1955 年 9 月，第一次國會大選舉行，其中 16 個政黨獲得國會議席。[113] 當時沒有形成穩固的執政聯盟，而是出現了不少政治角力。在 1955 年 12 月，印尼選出了制憲會議以草擬新憲。然而，在制憲會議完成其工作之前，蘇加諾於 1957 年 3 月宣布戒嚴，並利用軍方支持，將權力集中在自己手上。[114] 在 1959 年 7 月，蘇加諾下令解散制憲會議，撤銷當時仍有效的 1950 年憲法，並宣布印尼將按照《四五憲法》進行統治，[115] 這樣印尼對西式民主憲政的實驗便告中止。蘇加諾將印尼新的政治秩序稱為"指導式民主"，並斷言只有這種民主方式才適合印尼。[116] 一共十個政黨被蘇加諾政府特別認可，得以繼續生存。[117]

1965 年，印尼共產黨被指控策劃政變，事件餘波未平，蘇哈托 (Suharto) 將軍旋即奪取政權，到了 1967 年，他的權力得以鞏固。[118] 在 1965 年，印尼政府對共產主義人士及其他政敵進行清洗，屠殺了估計約 50 萬至 100 萬人，事件被稱為"20 世紀最惡劣的大屠殺之一"。[119] 蘇哈托建立的政治體制稱為"新秩序"。[120] 根據所謂的"雙重角色" (dwifungsi) 原則 [121]（讓軍人肩負軍事與政治的雙重功能，以表彰他們在印尼獨立抗爭中的貢獻），保證軍方享有一定數量的國會議席。人民協商會議議席中，過半是由蘇哈托委任的。[122] 雖然人民代表會議的選舉每五年舉行一次，但候選人資格受到嚴格控制，而且只有三個政黨被容許生存：蘇哈托自己所屬政黨"專業集團"，以及兩個友好政黨，一有伊斯蘭背景而另一無宗教背景。[123] 蘇哈托一再被人民協商會議選為總統，《四五憲法》沒有限制總統可連任多少次。蘇哈托統治期間，法院屈服於政權之下，普遍被視為貪污腐敗，無力維持公義。[124] 雖然政府容許一定限度的社會多元空間，[125] 異見人士卻偶被逼害。[126]

雖然印尼在蘇哈托一人專制統治之下，經濟得到了快速發展，但到了 1990 年代中期，社會不滿與反對情緒開始升溫。"新秩序"政權終在 1997 年開始的亞洲金融風暴的壓力下崩坍。1998 年，印尼爆發大規模的示威與動亂，普羅民眾指責政權"貪污腐敗、同謀勾結、用人唯親"。[127]

蘇哈托終在 1998 年 5 月被迫下台，印尼憲制史掀開新一頁。[128]

在 1998 年，大部分觀察家都不可能預料到，印尼由威權統治過渡到民主憲政的過程能像我們現在回顧時所見的這樣順利和成功。[129] 蘇哈托下台後，當時的政治精英（包括新總統哈比比（Habibie）與其他人民協商會議成員）踏出了民主化的關鍵步伐。[130] 公民與政治自由得以恢復，新選舉法得以制訂，而原定於 2002 年舉行的大選亦提早至 1999 年。[131]48 個政黨參與了 1999 年大選，這是自 1955 年以來印尼的第一次自由選舉。[132] 在 1999~2002 年期間，新選出的人民協商會議先後四度修憲，[133] 最終讓印尼憲法具備了自由主義民主憲政的所有特徵。[134] 雖然修訂相當廣泛，但修訂後的憲法仍保留《四五憲法》的原名，用以肯定《四五憲法》的象徵意義，也肯定了人民對它的尊重和情意，特別是其序言中的 "建國五原則"。[135] 跟總統相比，立法機關（人民代表會議）的權力得到大幅提升，而新成立的地方代表會議（即上議院或 "參議院"）得以代表地區利益。[136] 人民代表會議與地方代表會議均由人民直選產生，而這兩會成員則組成人民協商會議。人民協商會議放棄了原先選舉總統的權力，並改由人民直接以普選的方式選出總統。總統任期僅限於最多兩任。所有原先預留給軍方的人民協商會議及人民代表會議議席被悉數廢除。印尼還建立了地方自治機制。憲法中加入了詳盡的保護人權的條文。法治原則（"法治國家"）與司法獨立也被寫入新憲。[137] 2001 年的第二次修憲更創設了憲法法院，此法院於 2003 年成立並開始運作，自此逐漸建立了一定的信譽：法院 "願意因應事實，對爭議性的議題作出裁決，並顧及與政治現實的協調"。[138] 無論是 2001 年人民代表會議彈劾總統瓦希德（Wahid）（面對彈劾，當時他嘗試宣告國家進入緊急狀態，以解散人民代表會議，但沒有得逞），還是人民代表會議在此情況下推選梅加瓦蒂・蘇加諾普翠（Megawati Soekarno Putri）為總統，這些憲制危機均得以和平解決。[139] 2004 年與 2009 年的總統及國會大選被視為大致上自由、公平的選舉，而 2004 年的大選更達成了政權和平交接的結果。[140]

　　現時，印尼可被視為一個新進而年輕的民主憲政政體。作為一個發展中國家，印尼所面對的問題龐大紛繁：人口背景多樣化、族裔與宗教衝突、社會與經濟嚴重不公、經濟發展水平落後、政府與司法的腐敗、恐怖襲擊偶有發生、部分地區存在分離主義勢力等。然而儘管困難重重，在 1990 年代末以來，印尼人民證明了他們有能力完成複雜但和平的政治體制改革，從威權統治走向民主憲政，相信在未來仍大有可為。依筆者之見，印尼的憲政改革歷程是一個給亞洲人民燃點希望的故事，為亞洲其他地區的憲政工程帶來啟迪，帶來鼓舞。

五、南北韓的案例

　　在傳統上，朝鮮半島是受中國儒家文化影響深遠的區域。該半島在 19 世紀由李氏朝鮮王朝（1392~1910）統治，被視作中國的藩屬。自日本於 1894~1895 年及 1904~1905 年分別戰勝中國與俄國後，朝鮮半島落入日本控制中，並在 1910 年遭日本正式吞併。日本在朝鮮半島實行高度威權主義的殖民統治，直至二次大戰結束，朝鮮半島在美、蘇影響下分裂為兩個國家。1948 年，朝鮮民主主義人民共和國於北部成立，南部則建立了大韓民國。以下本文將分別討論兩國的憲制發展歷程。

（一）韓國

　　儘管韓國法制繼承日治時代遺制，屬於歐洲大陸法系傳統，但美

式憲政主義對韓國憲法也影響重大。[141] 第一部《大韓民國憲法》制定於
1948 年 6 月，對它的起草有影響的不僅有《美國憲法》，也包括第一次
世界大戰後德國的《威瑪憲法》與二戰後的《中華民國憲法》。[142] 韓國
這首部憲法為韓國鋪下了西式自由主義民主憲政的基礎。

新憲頒佈後，國會（由 1948 年 5 月首次大選產生）選出李承晚博
士為首任總統。[143] 在 1950~1953 年朝鮮戰爭期間，李承晚嘗試修訂憲
法，將總統的選舉模式改變至全民直接普選產生，但最初國會並不支
持這樣的改變。到了 1952 年 5 月，李承晚宣告戰時臨都釜山實施戒
嚴，並運用他戒嚴期間的擴大權力向國會施壓，1952 年 7 月，他所提
議的憲法修訂終於得以通過。[144] 不久，李承晚當選為第二任總統。在
1954 年，李承晚在爭議聲中進行第二次修憲，[145] 修訂是就總統只能連
任兩屆的這項限制創造了一個例外，就是共和國首任總統不受此限，
可以無限期連選連任。1955 年李承晚再次當選，成為第三任總統。
1960 年 3 月他又一次當選，成為第四任總統。

總統濫權連任

這次選舉結果並未為廣大國民接受，不少人堅信選舉中存在舞
弊。大學生發起大規模示威，結果在 1960 年 4 月 19 日的漢城（現今
首爾），警方向羣眾開火。[146] 同日總統宣佈戒嚴，召集軍隊入城，然
而示威、暴動依然持續。李承晚於 4 月 26 日被迫辭職，這事件後稱為
"四一九學生起義"。[147]

李承晚辭職後，臨時政府成立，尚存的國會於 1960 年 6 月進行修
憲，以議會內閣制取代了總統制。[148] 第二共和國的國會於 1960 年 7 月
經選舉產生。然而，第二共和國的民主憲政很快就夭折了，因為新政

府治國無方。經濟惡化，示威無日無之，共產主義支持者與激進人士的影響力日益壯大。

1961 年 5 月，朴正熙將軍發動政變。戒嚴令在全國範圍適用；"國家重建最高會議"成立，接管政府與（當時已被解散的）國會的權力。6 月，該會議訂立《國家重建非常措置法》，此法實際上是凌駕於憲法之上的。12 月，憲法再次修訂，重新引入總統制，新憲法獲由全民公投認可。[149]1963 年 10 月，韓國按照《1962 年憲法》舉行總統選舉，朴正熙被選為第三共和國總統。

在 1967 年，朴正熙再次當選連任。在 1969 年，朴正熙成功修憲，容許現任總統為第三次任期競選，此次修憲得到國會（雖然反對黨大力反對）與公投的認可。[150] 在 1971 年，朴正熙以些微票數差距擊敗對手金大中，進入他第三任的總統任期。

威權統治合法化

1971~1972 年是韓國憲制史的轉捩點。在 1971 年 12 月，朴正熙總統宣佈全國進入緊急狀態，他宣稱朝鮮可能入侵韓國，國家安全因而受到威脅。[151] 此後不久，國會制訂了《國家保護及防衛非常措置法》，授權總統限制人權與出版自由、[152] 推行緊急經濟措施和徵用財產。[153] 1972 年，朴正熙總統向威權主義統治邁出了更大的一步：在 10月 17 日，他忽然宣佈全國戒嚴。集會、示威均被禁止；嚴厲的出版審查開始實施；政府使用"超越憲法的權力"來解散國會；[154] 政黨活動一律被禁。朴正熙聲稱這些措施是建立新體制以促進南北韓對話，最終達至統一的必要手段。[155] 正如 Kleiner 指出，"1972 年 10 月 17 日的措施是對憲法的攻擊。朴正熙對自己的憲法進行了策反。"[156]

在 1972 年 11 月 21 日，正值國家戒嚴之際，新憲被公投通過。這部憲法被命名為《維新憲法》，[157] 朴正熙聲稱要引進一種"韓國式民主"。[158] 按照《1972 年憲法》——"一部把威權統治合法化的憲法"[159]——成立的"統一主體國民會議"在 12 月選舉朴正熙為第四共和國的總統。韓國進入了"憲政的黑暗時代"。[160]

《1972 年憲法》擴大了總統在緊急狀態時期的權力，明文授權他採取非常措施，使憲法保障的人權暫時失效。[161] 在 1972~1979 年的第四共和期間，這些緊急權力被廣泛運用，以引進嚴苛措施來打壓要求修憲、自由與民主的活動。"維新"體制再於 1975 年的公投被肯定，朴正熙也在 1976 年被統一主體國民會議再選為總統。

學生遊行起義

在 1979 年 10 月，反對派政治領袖金泳三被逐出國會後，韓國出現了"自 1960 年以來最嚴重的學生起義"。[162] 在 10 月 26 日，朴正熙總統遭到暗殺，政府隨即宣佈韓國全國戒嚴。1979 年 12 月，全斗煥將軍奪得軍政大權。1980 年 5 月，全國爆發遊行，要求停止戒嚴，實行民主。全斗煥選擇對之進行鎮壓。民間對全斗煥政權的反抗，演化為 1980 年 5 月 18 至 27 日的"光州起義"。最後，"在 1980 年 5 月 27 日凌晨時分，軍隊如同戰時一般發動襲擊，光州被攻陷。"[163] 這事件被一位論者稱為"韓國版的天安門夢魘，其對學生與年輕人屠殺的規模比 1989 年 6 月的有過之而無不及。"[164]

1980 年 8 月，統一主體國民會議選出全斗煥為總統。一部新憲法於 1980 年 10 月經公投通過，[165] 這部憲法不同於《維新憲法》而帶有自由民主傾向。1981 年 2 月，選舉團依照新憲法選出全斗煥為第五共和國總統。在全斗煥統治期間，韓國的民主運動持續發展，民眾要求總統由公民直選產生。1987年，此運動升溫為大型示威。6月29日，全斗煥的指定繼承人盧泰愚選擇放棄鎮壓而尋求與反對陣營和解，最終政府與反對派達成共識，制定新憲，並於10月12日及25日分別由國會及公投通過。[166] 此憲法規定總統由全民直選產生，並成立憲法法院。[167] 這部1987年的憲法至今仍然生效。

憲法力量逐步加強

盧泰愚在1987年12月贏得總統大選。1992年12月，金泳三在大選勝出，成為韓國32年來首位文人總統。[168] 及後，隨着金大中於1997年當選總統，韓國首次出現政府與在野黨和平交接政權的局面。[169] 韓國的民主憲政明顯得以鞏固，[170] 倒退回威權統治或軍事統治成了不可想像的事情。[171]1995年，全斗煥與盧泰愚兩位前總統均被起訴，分別被判處叛國罪與貪污腐敗罪罪名成立，"轉型正義"得以伸張。[172] 韓國憲法法院[173] 成立20多年來，樹立了作為憲法守護者、人權捍衞者的形象，它在數百宗案件中宣告法例或政府行為違憲，並曾審理涉及關鍵政治議題的案件，如對兩名前總統的審判的憲法性問題，以及2004年國會彈劾總統盧武鉉一案。[174]"通過憲法法院的活動，憲法成為了真正的規範性文獻，規管國民生活及政府運作。"[175] 今日韓國，是亞洲經濟與文化強國之一，也是亞洲民主憲政的要壘之一。正如一位當代韓國史家寫道：

"民主並非上天的恩賜，亦非人類與生俱來的政制，而是每個社會一步一步爭取而來的。在這方面，韓國人的抗爭如此歷久不衰，或許在我們的時代，沒有任何國家比大韓民國的人民更配享有民主。"[176]

（二）朝鮮

　　如上所述，韓國徘徊於獨裁與民主之間，經歷了數十年的政治與社會動盪，相比之下，朝鮮的歷程可謂形成了強烈的對比。朝鮮的集權主義共產主義政權，不論在政治上還是在憲制上，其穩定性與延續性都顯得不同凡響。自 1948 年朝鮮民主主義人民共和國成立以來（至少到 2011 年），國家一直受到一人的強權領導，先是金日成（直至他 1994 年逝世為止），再是其子金正日（直至他 2011 年逝世為止）。一些觀察家指出，後者即位的合法性實質上是基於王朝式的繼承，而不是他個人的特點或思想。[177] 2011 年，金正恩也繼承了父業。以下將簡介朝鮮的第一部憲法即《1948 年憲法》、其後的《1972 年憲法》及其修訂。

　　《1948 年憲法》大幅度仿效蘇聯史太林時代的《1936 年憲法》，[178] 據稱史太林（Stalin）曾親自編修過朝鮮這部憲法的原稿。[179] 這部憲法建立了蘇維埃式的政治體制。理論上，最高權力屬於由選舉產生的最高人民會議。實際上，權力由共產黨 —— 朝鮮稱為朝鮮勞動黨 —— 及其最高領袖掌握。朝鮮的選舉被指為 "徒具形式，每個議席都只有一位由執政黨首肯的候選人競選"。[180] 政府行政權力則由內閣及總理行使。憲法中有關於國民權利和義務的條文。在經濟領域方面，《1948 年憲法》體現了對當時的中產階級的 "妥協"：它認可一定程度的生產工具的私有制及經商自由。[181]

集體主義原則

　　《1948 年憲法》先後於 1954、1955 與 1962 年修訂。[182] 1972 年，朝鮮制訂了一部全新的憲法。原來的《1948 年憲法》是一部 "人民民主憲法"，[183] 反映 "人民民主" 的原則 [184] 而非全面的社會主義，與此相比，

《1972 年憲法》則命名為《朝鮮民主主義人民共和國社會主義憲法》。這部憲法的制定，宣示着早前對非社會主義經濟的"妥協"告一段落，金日成的強人統治也進一步鞏固 —— 憲法為他增設了新的職位：權力至高無上的"主席"。新憲法表明，朝鮮民主主義人民共和國的指導思想是"朝鮮勞動黨的主體思想，此思想乃馬克思列寧主義於我國現實情況的創造性運用。"。[185] 主體思想於 1966 年由金日成首次提出。[186]《1972 憲法》也納入金日成的一些其他思想（有些按照他首次發表的地點命名），如"青山里方法"、"千里馬運動"及"大安工作體系"。[187] 在此部憲法下，私人經濟活動再無立足之地，國家實行計劃經濟，並宣稱廢除稅制。[188] 在國民權利與義務方面，新憲法明文規定"每人為全體，全體為每人"的集體主義原則是權利與義務的基礎；[189] 換言之，社會利益應當凌駕於個人利益之上。

　　《1972 年憲法》於 1992 年修訂；1994 年金日成逝世後，憲法於 1998 年進行更廣泛的修訂，到了 2009 年，朝鮮又再度修憲。也許是為了回應共產主義在蘇聯和東歐的衰落，1992 年的修訂不再將主體思想與馬列主義相提並論；前者成為了朝鮮民主主義人民共和國的主要指導方針。[190]1992 年的修訂也改變了《1972 年憲法》中關於經濟方面的條文，容許外來投資。[191]

鞏固總統勢力的修憲案

　　《1998 年憲法》[192] 於序言中稱這"是把偉大領袖金日成同志的主體國家建設思想及其國家建設業績加以法律化的金日成憲法。""國家主席"一職被廢除，政府架構基本上回復至《1972 年憲法》所規定的情況。這部憲法的序言稱金日成是"共和國的永恆主席"，並宣告朝鮮人民會維護和繼承他的思想，並在朝鮮勞動黨的領導下，將主體思想的革命事業進行到底。修訂後的憲法明文規定"朝鮮民主主義人民共和國的一切活動在朝鮮勞動黨的領導下進行"。[193] 在經濟領域方面，修訂後的憲法擴大了私有產權的範圍，並容許國民有限度參與私人經濟活動。[194]

2009 年 4 月，朝鮮憲法再次修訂。[195] 這次修憲看來是為了鞏固金正日的地位而進行的。金正日在修訂前已兼任國防委員會委員長及若干其他公職，而修改後的憲法表明，國防委員會委員長是朝鮮民主主義人民共和國的"最高領袖"。國防委員會的權力通過這次修憲得到擴充。金正日於 1990 年代末提出的"先軍政治"[196] 也被列入憲法，成為除主體思想以外的基本指導方針。是次修訂也刪除憲法中所有提及"共產主義"的字眼，涉及"社會主義"者則被保留。此次修憲亦引入一項條文，表示國家尊重、保護國民的人權。

金正日於 2011 年 12 月去世，其子金正恩順利繼承了其父親的最高領導地位。至於朝鮮的憲法體制會否有變，則尚待觀察。

六、中國的案例

西方憲政與民主思想早於 19 世紀末傳入中國；而在 20 世紀初，清政府也開始準備引入君主立憲。[197] 但在成事之前，清朝已因 1911 年辛亥革命而被推翻。[198]1912 年，中華民國正式宣告成立。在共和國最初 15 年間，連續幾任政府在北京草擬和頒佈憲法（以西式自由民主傾向為主）；但由於政局不穩、軍閥割據、國家未能統一，這些憲法無一能發揮效用。[199]1928 年，蔣介石領導下的中國國民黨完成對軍閥的"北伐"，中華民國政府定都南京。然而，國民黨與中國共產黨（1921 年成立）的內戰依然持續。直至 1936 年"西安事變"，蔣介石方停止對共產黨（當時已退至延安）的軍事行動，改為與他們一起抵抗日本入侵。

　　國民黨的憲制發展策略，乃建基於孫中山先生關於革命建國的三序方略。[200] 第一階段是軍政（軍事政府統治），旨在掃除軍閥，一統國家。第二階段是由國民黨領導國家，實行訓政，為日後的民主憲政作好準備；最後是實施憲政。故此，蔣氏政府於 1931 年頒佈臨時憲法，題為《中華民國訓政時期約法》，並明文賦予國民黨執政權力。[201]

孫中山的三民主義

　　二次大戰後，國共內戰再度爆發。國民黨召開制憲國民大會，於 1946 年 12 月通過新的《中華民國憲法》。[202] 支持新憲者認為，它帶領中國從訓政過渡至憲政，建立分權制衡的政治體制，[203] 實現民主政治，容許政府由多黨派參與的自由選舉產生，並且尊重公民自由與人權。憲法第一條宣告："中華民國基於三民主義，為民有民治民享之民主共和國。"三民主義是孫中山先生建立的治國思想：民族主義、民權主義和民生主義。[204]

　　雖然《1946 年中華民國憲法》包含權力分立、互相制約、自由選舉與人權保障等條文，後續事件卻顯示國民黨政府實際上架空了這些憲法原則的效力。[205] 隨着中國陷入內戰，國民黨主導的國民大會於 1948 年 4 月通過修憲，在憲法中附加《動員戡亂時期臨時條款》（下稱《臨時條款》）以擴大總統的緊急權力。國民黨政府於 1948 年 12 月宣佈在中國大陸戒嚴，並於 1949 年 5 月將戒嚴令延伸至台灣（台灣經日本半世紀殖民統治後，在二戰結束時從日本光復）。人民解放軍在大陸戰勝後，國民黨政府在 1949 年退守台灣。[206] 以下我們先回顧"中華民國"國民黨政府統治期間，台灣地區所經歷的後續憲制發展，接着再討論中國大陸的情況。

（一）台灣地區

直至 1987 年 7 月，蔣介石之子蔣經國 "總統" 才宣佈解除 1949 年的戒嚴令。自此，台灣踏進政治自由化、民主化的新時代。[207] 在 1991 年，"國民大會" 廢除《臨時條款》，並首次引進 "中華民國憲法增修條文"，這是日後一系列 "憲法" 修訂的開始。"國民大會" 再於 1992、1994、1997、1999、2000、2005 年六度在 "憲法" 加入增修條文或對增修條文進行修訂，[208] 當中 1999 年修訂被 "中華民國" 的憲法法院（即 "司法院大法官會議"）裁定為違憲而無效。[209]

自 1980 年代末及 1990 年代以來，台灣的政治自由化、民主化的發展使其政治體制更貼近西方的自由主義民主憲政。[210] 不論是 "總統" 選舉，還是 "立法院" 委員的議席，各政黨與獨立參政的民間人士均可自由參選。兩黨制逐漸成型，國民黨與民進黨成為主要政黨。自 1945 年日本歸還台灣予中華民國後，國民黨長期統治台灣，直至 2000 年國民黨在 "總統" 大選落敗後，將政權和平交予民進黨，實現了 "中華民國" 憲政史上第一次順利的政黨輪替。民進黨領導人陳水扁成為 "總統"，並於 2004 年連任。2008 年，馬英九當選為 "中華民國總統"，國民黨重新掌政，馬英九並於 2012 年獲選連任。

由保守到積極的憲法改革

1946 年《中華民國憲法》建立了一個憲法法院，名為司法院大法官會議，負責作出對憲法的權威性解釋。"中華民國" 政府退守台灣後，司法院大法官會議逐漸建立憲法解釋的案例，從而積累其制度化能力與司法權威。[211] 早期的憲法解釋大多牽涉政府架構內部的權力劃分的法律技術性問題，而不是公民權利和自由的保障。雖然司法院大法官會議對法律、法規及命令有違憲審查的權力，但它在 1980 年前從未行使過此權力。[212] 在 1980 年代末之前，司法院大法官會議由於過去在處理政治敏感案件時的保守取向，並不被視為一有力的憲法捍衛者；相反，有人認為它不過是在威權統治中，給政府行為增加合憲合法性的同謀。[213]

到了 1980 年代中後期，司法院大法官會議的形象開始好轉。司法院大法官會議變得更為積極，更願意行使違憲審查的權力，去審查立法與行政行為。[214] 1990 年，司法院大法官會議面對"國民大會"、"立法院"等"中央民意機構"是否應全面改選的問題[215]（其大部分成員仍是 1940 年代末於中國大陸選出的那些人，他們不用面對定期的選舉而長期留任；原因在於這些"中央民意機構"理論上仍代表全中國人民，但 1949 年後"中華民國"政府要在大陸舉行選舉並不可行），終於有機會證明其自身價值，樹立其權威。在著名的司法院釋字第 261 號解釋中，[216] 司法院大法官實質上裁定"中央民意機構"的所有議席均應在台灣重新選出。在此解釋後，司法院大法官會議就公民權利、權力分立等議題，陸續作出了很多憲法解釋，這個憲法法院因而確立了它作為積極和值得人民尊敬和信賴的憲法守護者的形象。[217]

（二）中國大陸

在擊敗國民黨軍隊後，中國共產黨於 1949 年 10 月建立了中華人民共和國。[218] 建國之初，中國政府依據臨時憲法《中國人民政治協商會議共同綱領》而運作。1954 年，第一部《中華人民共和國憲法》由全國人民代表大會通過，[219] 此部憲法深受《1936 年蘇聯憲法》的影響。[220] 第二部憲法於 1975 年頒佈，適逢中國處於 "極左" 統治時期，這部憲法反映的思潮源於 1966 年毛澤東發動的 "無產階級文化大革命"。第三部憲法在毛澤東 1976 年逝世後兩年頒佈，是從極左思想到 "社會主義現代化" 及 "改革開放" 新思想的過渡時期產物。現今仍生效的是第四部憲法，它於 1982 年頒佈，其後四次修訂，反映的是鄧小平 "中國特色社會主義" 的思想。

1982 年《中華人民共和國憲法》以 1954 年的版本為基礎，並加以修訂改善。鄧小平提出的 "四項基本原則" 常被理解為《1982 年憲法》背後的指導思想。[221] 鄧小平指出，堅持這些原則對中國邁向經濟現代化至關重要。[222] 這四項原則是指必須堅持中國共產黨的領導，必須堅持社會主義道路，必須堅持人民民主專政，以及必須堅持馬列主義、毛澤東思想（其後增加了鄧小平理論和 "三個代表" 思想[223]）。這些原則見於《1982 年憲法》的序言。[224]

現行《中華人民共和國憲法》第 1 條表明 "中華人民共和國是工人階級領導的、以工農聯盟為基礎的人民民主專政的社會主義國家。社會主義制度是中華人民共和國的根本制度。" 毛澤東創造了 "人民民主專政" 一詞，可理解為對馬克思主義中推翻資本主義後實行的 "無產階級專政" 作出的本土化應用。憲法第 1 條提及的工人階級領導，實指中國共產黨的領導，這是因為列寧主義理論視共產黨為無產階級（工人階級）的先鋒，負責領導無產階級進行革命鬥爭和建設社會主義社會。

改革開放帶來的轉變

自《1982 憲法》頒佈後，先後有 1988、1993、1999 與 2004 年四

次修訂。[225] 這些修訂深化、加強了"改革開放"政策，也將以下字眼與概念引入憲法：社會主義初級階段、中國特色社會主義、社會主義市場經濟、保障私營經濟、依法治國與建設社會主義法治國家，以及保障人權及私有財產權。

自從鄧小平主導的"改革開放"時代於 1970 年代末展開以來，中國大陸發生了巨大的轉變：從由黨國系統控制一切社會與經濟領域及公民生活的傳統社會主義制度，轉變為政權承諾遵從法律[226] 的"社會主義市場經濟"和"中國特色社會主義"[227] 制度，而經濟的發展反過來又造就了在黨國系統直接控制之外的私人空間與經濟活動領域的迅速發展。

根據憲法的規定，中華人民共和國的"最高國家權力機關"[228] 是全國人民代表大會。全國人大由省級人民代表大會選出，而後者則由市級人民代表大會選出。市級人民代表大會又由縣級人民代表大會選出，後者則由人民直接選舉產生。實踐上，各級人民代表大會的選舉和運作均奉行"中國共產黨的領導"的基本原則。[229]

在中華人民共和國，實行憲法的主要方式[230] 是依據憲法去制定和執行法律。"改革開放"年代期間，司法制度無論在規模、案件數量，以至法官的學歷與專業化等方面均發展迅速，[231] 但它亦備受貪污、政治干預司法、與民事判決執行難等問題的困擾。[232] 中國法院的憲制職能是依照法律規定行使審判權。[233] 法院無權解釋憲法，也無權審查法律規範或行政行為是否違憲。[234] 在 2001 年，最高人民法院在"齊玉苓案"作出的司法解釋似乎意味着中國法院有可能直接應用憲法條文以作出裁決；[235] 但在 2008 年 12 月，最高人民法院卻廢除了此項司法解釋，[236] 示意法院在審判工作時，不能夠直接依賴和引用憲法條文。

七、結論

憲政主義是現代西方文明的產物，對亞洲文明來說，本屬於舶來品。在近現代，西方文明憑藉其科技、軍事與經濟上的優勢，深入影響或控制整個亞洲的不同角落，憲政主義與其相關的憲制實踐便隨之移植到亞洲。正如本文所述各個案所示，亞洲五大主要國家的現代政治史均與西方憲政思想、體制和實踐有千絲萬縷的關係。在憲法與憲政主義方面，我們可分辨出三大類型的政治、憲制與相關的法律實踐：

（1）傳統憲政或民主憲政，即本文引言所述的憲政主義或自由主義的憲政主義（classical constitutionalism, CC）；

（2）列寧—史太林式社會主義黨國統治模式，即由憲法界定國家結構、宣示國民權利和義務、並確認共產黨的領導的政體（Party-State, PS）；

（3）混合式憲制實踐（hybrid constitutional practices, HC），[237] 即政制同時包含憲政與威權統治的元素，後者一定程度上對憲政主義構成限制或造成破壞，或與之不相容。

威權統治的元素可能衍生自本土的傳統思想、規範、體制與政治實踐，或反映在統治者或統治精英（例如一人獨裁、一黨專政、軍事統治等）蓄意以民主憲政為名，施行威權統治為實；其手段包括操控選舉及其他政治過程、侵犯憲法所保障的人權，或限制或排拒反對勢力或異見人士依憲競逐政權的機會。威權統治或"半民主"政權下的混合性憲制實踐，有別於傳統社會主義的黨國模式，因為在前者，國家政權並沒有控制所有社會或經濟領域，故一定程度的社會和政治的多元化，與威權統治並存。

根據上述三種政治、憲制與相關的法律實踐的分類，本文所述的國家及地區的憲制發展道路或憲政史可歸納如下。

地區	戰前	戰後	1987-1990 年代	2000 年代
中國大陸	HC	PS	PS	PS
台灣地區		HC	CC	CC
日本	HC	CC	CC	CC
韓國		HC	CC	CC
朝鮮		PS	PS	PS
印尼		HC	HC	CC
印度		CC	CC	CC

依據其憲政發展道路，或其政治、憲制與相關的法律實踐的歷史軌跡，這些國家及地區可分成以下類別：

類別 I	國家成立以來，一直實行民主憲政（CC）	（括號內為關鍵的過渡年份） 印度（1949～）
類別 II	國家最初實行混合式憲制（HC），後來過渡至民主憲政（CC）	日本（1946） 韓國（1987） 台灣地區（1987） 印尼（1998）
類別 III	國家成立以來，一直實行社會主義黨國統治模式（PS）	中華人民共和國（1949～） 朝鮮（1948～）

我們接下來根據時間順序的方式，嘗試思考和比較各國的憲制發展道路。先談中國與日本，（於本文提及的案例中）只有她們是二次大戰前已存在的獨立國家。日本是第一個採用西方式憲制的亞洲國家。

1889 年《明治憲法》即為混合式憲制實踐的例證；它結合了西方憲政與日本本土的思想和體制，特別是在於其給予神聖的天皇超然的地位與權力的安排。這部憲法的自由民主成分於 20 世紀初期曾經得到發揮和實踐，後來卻遭軍方以天皇之名，以威權主義軍事統治取而代之，最終導致日本於二次大戰一敗塗地。如 Beer 指出：“若沒有太平洋戰爭之敗北震撼日本，也沒有佔領日本的盟軍支持日本民間的自由民主力量，日本不可能在短期內成為民主憲政的政體。” [238]

一如日本的個案，中國於 20 世紀初實行的可說是一種混合式的憲制。清朝末期，中國處於君主立憲邊緣，但 1911 年辛亥革命之後立即成為了共和國。民國早年的西式民主憲政的實驗是失敗的。孫中山先生創立三序說，倡議由軍政、訓政，過渡至最終的憲政；國民黨政權亦嘗試予以實踐，其於 1946 年制定的《中華民國憲法》至少在其文本上有開創憲政時代的可能性。此憲法具有民主憲政的各基本元素，但由於國民黨在內戰中落敗而被驅逐到台灣，這部憲法從沒有機會於中國大陸實施。

可以說，中國和日本都是為了回應西方的挑戰，才引進西式的憲制來試圖實現自身的“現代化”。《明治憲法》建立的“有缺陷的民主” [239] 最終以軍國主義作結。在中國，1910 及 1920 年代的軍閥割據，1930 及 1940 年代的日本侵華，以至斷斷續續的國共內戰，均使孫中山先生在中國實行憲政的願景未能成真。故此，以 1945 年二次大戰結束時的情況來看，中日兩國的憲政前景均極不明朗。

二次大戰的結束，使中日兩國的憲制發展重新上路，同時造就印度、印尼、南北韓成為新的獨立主權國家，他們的憲制史從此展開。共產主義在中國大陸及朝鮮取得勝利，促使這些國家成立了列寧—史太林式的黨國統治模式。雖然後來中國大陸推行市場導向的經濟改革十分成功，行政和政治體制亦進行了一定程度的改革，但黨國統治模式卻未有根本改變。日本則在二戰後美國主導的盟軍佔領時期，建立了"傳統憲政"制度，並在之後的 60 年間，成為在亞洲推行民主憲政的成功例子。同一時間，韓國在美國影響下，也制定了具備民主憲政元素的憲法，實際上卻在其後 40 年間，經歷了混合式憲制的強人統治。

在印尼，從 1945 年憲法的主要起草人的"國家整體論"哲學以及"建國五基"原則來看，1945 年的首部憲法或可理解為混合式憲制的體現。在 1950 年代，印尼曾短暫嘗試實踐民主憲政，終以失敗收場。蘇加諾的"指導式民主"與蘇哈托的"新秩序"，均可視為混合式憲制的例證。

在印度，1949 年的憲法顯然具備傳統憲政的所有特徵。雖然印度的人口背景錯綜複雜，存在族裔、語言、宗教與種姓等矛盾衝突，貧窮普遍，文盲眾多，但事實證明印度在過去 60 多年是亞洲推行傳統憲政的要壘。故此，日本與印度均憑其在 60 多年來堅持實踐民主憲政的經驗，成為亞洲中實踐傳統憲政時間最悠久的國家。然而有趣的是，兩者實踐憲政經驗也有顯著不同之處。印度之所以推行西式民主憲政，是其開國元勳的自由選擇，他們有意繼承英國的法治與代議政制的傳統。和印度很不同，日本的 1946 年憲法的制憲背景顯然包含外來強加的元素，雖然也可以說美國不外是嘗試把日本在 20 世紀初已累積的民主憲政經驗復活和進一步發展。此外，日本人口高度單一化，印度人口則高度多元化。《1946 年日本憲法》短小簡單，《印度憲法》則冗長複雜。自 1946 年起，日本憲法從未經歷過修訂；印度憲法卻被修訂了上百次。印度採用複雜的聯邦制，日本沒有。在涉及憲法的案例中，印度最高法院以積極創新而世界聞名，日本最高法院則以保守克制著稱。然而，傳統憲政在這兩個國家的生命力均十分旺盛，這顯示傳統憲政的靈活性和可塑性，它可適用於多種多樣的亞洲環境。

在 1960 和 1970 年代，韓國、中國台灣地區和印尼都在實施混合式憲制與威權統治，那時亞洲看來仿佛的確存在其獨有的憲制模式，與西方憲政有別。這種"亞洲式"憲制實踐似受亞洲文化及價值觀所影響，如儒家學說、社群主義或集體主義精神，形成了西方憲政與亞洲本土思想和實踐的混合體，傾向於威權統治，由領導者個人、一黨或軍方獨大。觀乎這些國家或地區的憲法，它們都包含一些憲政主義與自由民主的元素。然而，威權統治者（如朴正熙、蔣氏父子、蘇加諾與蘇哈托）往往運用憲法所規定的體制和程序，以憲法之名授予自身政權合法性。例如蘇加諾為自己的非民主做法辯護，稱之為"指導式民主"——一種印尼式民主，而非西式民主。朴正熙的"韓式民主"也如出一轍。蔣氏父子亦利用儒家學說，又聲稱在台灣的"中華民國"是全中國的合法政權，不實行議會選舉只是因為無法舉辦全國性的選舉而已。朴正熙統治下的韓國、國民黨統治下的中國台灣地區與蘇哈托統治下的印尼，均經濟發展迅速，這使這些政權可以辯護說它們的政制符合"發展型國家"的需要。

然而，韓國、中國台灣地區（兩者均於 1980 年代後期開始民主化，成為當代世界"第三波"民主化浪潮的個案）及印尼（於近十多年間經歷民主化）現在已經先後過渡至民主憲政，其民主已經一定程度上鞏固下來，在這情況下，在亞洲存在其獨有的憲制模式之說，似乎已難以找到立足之地。回顧過去，那些表面上具備"亞洲特色"的混合式憲制，事後看來，似乎僅僅是步向傳統憲政的前期或過渡階段。在此階段，政治實踐仍未能符合憲法中關於自由民主的承諾。值得留意的是，韓國、台灣地區與印尼三者從混合式憲制走到傳統憲政，其過渡過程[240] 大致上都是和平的（意指期間並無暴力革命，雖然韓國與印尼當時曾出現大型示威以至民間騷亂，韓國也有過血腥的光州事件），並能夠按照當時的憲法，通過修憲以建立新的政治體制，從而保持了憲制的延續性。印尼的個案有其可圈可點之處，在於一個相對貧窮而社會多元的國家實施民主憲政仍可取得一定成功；這在十多年前是難以預見之事。韓國、台灣地區及印尼的個案也意味着，憲政主義能與儒家文化或伊斯蘭文化和價值觀相容，亦能配合不同程度的經濟發展。

　　不論是朝鮮與韓國，還是大陸的中華人民共和國與台灣地區的"中華民國"，它們分別實行黨國統治與傳統憲政，形成強烈的對比；這似乎反映憲政主義（或傳統憲政）在某一地區成功與否，更多地取決於政治因素，包括戰爭、外國干預等歷史事件的影響，而非文化與傳統價值觀。與東歐及前蘇聯不同，亞洲 —— 除蒙古受蘇聯影響除外 —— 暫無國家從黨國統治模式過渡至憲政主義，至少本文提及的中國大陸和朝鮮仍然維持其原有政制。然而，中國大陸和朝鮮實行的政治體制在一定程度上是從前蘇聯移植而來的事物，黨國體制在該兩國的持久不衰，不足以證明亞洲有其獨特的憲制模式。

　　無論是憲政主義在亞洲的前景，還是它在亞洲的不同地方的植根和適應能力，本文對亞洲五大主要國家的憲制發展道路的考察，可以為我們提供一個審慎樂觀的視角。**憲政主義雖源於西方，它看來卻有很大的普適性，能夠在世界範圍內通行，並足以成為亞洲中多個社會的管治的有用資源。**若採用宏觀比較史的角度來審視亞洲 19 世紀末以來的政治發展，可以看到，憲政主義在此期間的影響，在其廣度和深度上都有明顯的進展。事實證明，印度與戰後日本成為了亞洲憲政主義的要壘。韓國、中國台灣地區和印尼從混合式憲制過渡至憲政主義，三者的共同經驗有一定的典範意義。

事實證明，亞洲具有其獨特的憲制模式之說（雖在 20 世紀 70 年代有其可信性）經不起時間的考驗，也沒有證據顯示亞洲文化與價值觀特別難以與憲政主義相容。中國（分為大陸的中華人民共和國及台灣地區的 "中華民國"）與朝鮮半島（分為朝鮮及韓國）的個案的令人深省之處，在於她們顯示同一民族和文化可能因戰爭、外國干預或其他偶然性多於必然性的歷史事件，分裂為實行截然不同的憲制模式的政體所管治的地區。至於中國大陸與朝鮮的憲政前景如何，我們拭目以待。人類乃萬物之靈，我們的肉體生活於現實，精神卻能寄託於理想，因此，人的歷史是不會終結的。

註釋

1　一如 Nino 所指 "憲政主義" 一詞 "意義範圍不一，可有不同程度的概念深度"：Carlos Santiago Nino, *The Constitution of Deliberative Democracy 3*（Yale University Press，1996）。他認為，憲政主義的元素包括：（一）法治（即政府依法治國）；（二）憲法高於其他法律；（三）法律具普遍性、明確性、公開性、不溯既往、執行時不偏不倚；（四）權力分立與司法獨立；（五）保障個人權利；（六）司法審查制度及（七）民主。

2　Edwin O. Reischauer, *Japan: The Story of a Nation*（Tuttle, 3rd ed., 1981）, ch 8.

3　Edward O. Reischauer, *The Japanese* 80（Harvard University Press, 1977）.

4　Reischauer，同註 3，頁 238。

5　Reischauer，同註 3，頁 80。

6　Reischauer，同註 3，頁 88。

7　Reischauer，同註 3，頁 84-85。

8　Hiroshi Oda, *Japanese Law*（Butterworths, 1992）, ch2.

9　Oda，同註 8，頁 25；Noriho Urabe, "Rule of Law and Due Process: A Comparative View of the United States and Japan", in Percy R. Luney, Jr. and Kazuyuki Takahashi (eds.), *Japanese Constitutinoal Law*（Japan: University of Tokyo Press, 1993）, pp173-186。

10　Reischauer，同註 3，頁 83、88。

11　Reischauer，同註 3，頁 87-88；Oda，同註 8，頁 27。

12　Oda，同註 8，頁 28。

13　Oda，同註 8，頁 28；Reichauer，同註 3，頁 88。

14　Oda，同註 8，頁 28。

15　《明治憲法》第 3 條。此憲法中譯本可參見 "百度百科" 的 "明治憲法" 篇，http://baike.baidu.com/view/968815.htm （最後瀏覽於 2012 年 6 月 20 日）；憲法英譯本可參見 Meryll Dean, *Japanese Legal System: Text and Materials*（Cavendish, 1997）, pp609-616。

16　《明治憲法》第 4 條，同註 15。

17　Reischauer，同註 3，頁 89；Oda，同註 8，頁 30。

18　Reischauer，同註 3，頁 93。

19　Reischauer，同註 3，頁 89。

20　Reischauer，同註 3，頁 93；Dean，同註 15，頁 502。

21　Oda，同註 8，頁 29。

22　Reischauer，同註 3，頁 97。

23　Reischauer，同註 3，第 9 章；Oda，同註 8，頁 31-32。

24　Lawrence W. Beer, "Introduction: Japan's Constitutional Law, 1945-1990", in Lawrence W. Beer & Hiroshi Itoh（eds.）, *The Constitutional Case Law of Japan*, *1970 Through 1990*, 3-65（University of Washington Press, 1996）, p7.

25　Beer，同註 24，頁 13。

26 《日本國憲法》第1條。此部憲法的中譯本可參見中國人民大學法律系國家法教研室（編）：《中外憲法選編》（人民出版社，1982），頁 173-187；英譯本可參見 Dean，同註 15，頁 617-627。

27 《日本國憲法》第 3 條。

28 Beer，同註 24，頁 12-18；Hiroshi Oda, *Japanese Law* 29, 31（3rd ed. 2009）; Reischauer，同註 2，頁 264-265。

29 正如Beer指出："部分調查數據顯示，憲法是日本的國家架構中最受尊重及信任的一部分。"（同註 24，頁 12）。

30 Beer，同註 24，頁 9。

31 Oda，同註 8，頁 43；Oda，同註 28，頁 33-35；Lawrence W. Beer, "Japan's Constitutional System and Its Judicial Interpretation", in John O. Haley (ed.), *Law and Society in Contempoary Japan*（Kendall/Hunt 1988）。p7-35。相對來說，近年來日本最高法院似乎更加積極於違憲審查。可參見如 Masaki Ina, "The Recent Ambivalent Case Law Trends of Japanese Supreme Court"，此文發表於 2009 年 9 月 25 至 26 日由台灣大學法學院主辦的第三屆亞洲憲法學論壇（主題為 Asian Constitutionalism at Crossroads: New Challenges and Opportunities）。

32 Gobind Das, "The Supreme Court: An Overview", in B.N. Kirpal et al. (eds.), *Supreme but Not Infallible: Essays in Honour of the Supreme Court of India* 16-47（Oxford University Press, 2000），p16.

33 可參見如 Barbara D. Metcalf & Thomas R. Metcalf, *A Concise History of Modern India*（Cambridge University Press, 2nd ed. 2006）。

34 Durga Das Basu, *Introduction to the Constitution of India* 5（Prentice-Hall of India, 6th ed. 1976）.

35 自憲法初頒佈以來，它已經歷超過一百次修訂；目前憲法文本已增至超過 440 條條文及 12 個附表。

36 Upendra Baxi et al. eds., *Reconstructing the Republic* 14（Haar-Anand 1999）。

37 Durga Das Basu, *Introduction to the Constitution of India* 63（Wadhwa, 18th ed. 1997）；Mahendra P. Singh and Surya Deva, "The Constitution of India: Symbol of Unity in Diversity", 53 *Jahrbuch Des Offentlichen Rechts Der Gegenwart*（Yearbook of Public Law, Germany）649，（2005）pp677-680.

38 Basu，同註 34，頁 29。

39 《印度共和國憲法》第 38 條。

40 《印度共和國憲法》第 39(b) 條。

41 《印度共和國憲法》第 39(c) 條。

42 《印度共和國憲法》第 39(a) 條。

43 《印度共和國憲法》第 41 條。

44 《印度共和國憲法》第 43 條。

45　《印度共和國憲法》第 46 條。

46　《印度共和國憲法》第 330、332 及 334 條；另可參見第 335 條。

47　《印度共和國憲法》第 17 條。

48　可參見如 Rajeev Dhavan, "The Constitution as the Situs of Struggle: India's Constitution Forty Years On", in Lawrence W. Beer (ed.), *Constitutional Systems in Late Twentieth Century Asia* 373-461（University of Washington Press, 1992）pp397-398。

49　Das，同註 32，頁 29、33。

50　《印度共和國憲法》第 16(1)、(4) 及 14 條。

51　AIR 1993 SC 477。

52　Das，同註 32，頁 33-34；M.P. Jain, "The Supreme Court and Fundamental Rights", in S.K. Verma and Kusum (eds.), *Fifty Years of the Supreme Court of India: Its Grasp and Reach* 1-100（Oxford University Press, 2000），pp52-57。

53　Singh and Deva，同註 37，頁 682-684；Surya Deva, "Does the Right to Property Create a Constitutional Tension in Socialist Constitutions: An Analysis with Reference to India and China", 1 N.U.J.S. L.REV. 583（2008）；B.M. Gandhi, *V.D. Kulshreshtha's Landmarks in Indian Legal and Constitutional History*（Eastern Book, 8th ed. 2005），ch 18。

54　Granville Austin, "The Supreme Court and the Struggle for Custody of the Constitution", Kirpal et al., 同註 32，頁 1-15。

55　Sudhir Krishnaswamy, *Democracy and Constitutionalism in India*（Oxford University Press, 2009）.

56　Metcalf and Metcalf，同註 33；Baxi et al.，同註 36。

57　《印度共和國憲法》第 356 條。

58　Singh and Deva，同註 37，頁 31。在 1967~1977 年期間，聯邦政府對其他政黨把持的邦政府運用第 356 條，顯得特別頻繁而 "無情"：Dhavan，同註 48，頁 410。

59　（1994）3 SCC 1。

60　Dhavan，同註 48，頁 381；Austin，同註 54，頁 7。

61　Das，同註 32，頁 22；Dhavan，同註 48，頁 381。

62　Austin，同註 54，頁 9。

63　Metcalf and Metcalf，同註 33，頁 257。

64　Kulshreshtha，同註 53，頁 370-371。

65　A.D.M. Jabalpur v. Shiv Kant Shukla, AIR 1976 SC 1027。Khanna 法官在本案中的異議判決甚為有力。

66　（1978）2 SCR 621。

67　"自此（1978 年），第 21 條猶如龐然寬偉的榕樹，護蔭着大片大片的領域。"：Jain，同註 52，頁 98。

68　《印度共和國憲法》第 21 條列明："非依法定程序，不得剝奪任何人之生命或人身自由。"

69　Jain，同註 52，頁 98-99；Singh and Deva，同註 37，頁 612-613。

70 AIR 1980 SC 1789：(1981) 1 SCR 206。

71 Krishnaswamy，同註 55；Basu，同註 37，頁 48；Singh and Deva，同註 37，頁 682-684。

72 可參見如 P.N. Bhagwati, "Judicial Activism and Public Interest Litigation", 23 *Columbia J. Transnational L*. 561（1985）；Surya Deva, "Public Interest Litigation in India: A Critical Review", 28 *Civil Justice Quarterly* 19（2009）。

73 Singh and Deva，同註 37，頁 676。

74 Das，同註 32，頁 38-44。

75 Singh and Deva，同註 37，頁 672。

76 Pratap Bhanu Mehta, "Aspects of Democratic Accountability in India", in Manmohan Malhoutra（ed.）, *India: the Next Decade*（Routledge, 2007）, p40.

77 參照 http://news.bbc.co.uk/2/hi/in_depth/south_asia/2009/india_election/default.stm（最後瀏覽於 2010 年 5 月 1 日）。

78 Jean Gelman Taylor, *Indonesia: Peoples and Histories*（Yale University Press, 2003）.

79 印尼人口的 88% 是回教徒：Anthony L. Smith, "Indonesia: Transforming the Leviathan"，in John Funston(ed.), *Government and Politics in Southeast Asia* 74-119,（Institute of Southeast Asian Studies, 2001）, p83。

80 Smith，同註 79，頁 75。

81 Smith，同註 79，頁 92。

82 Smith，同註 79，頁 75。

83 David Chandler et al., in Norman G. Owen (ed.), *The Emergence of Modern Southeast Asia: A New History* 298（Norman G. Owen ed., Singapore University Press, 2005); "同一語言" 指馬來語，也被稱為 "印尼語"。

84 D.R. SarDesai, *Southeast Asia: Past & Present* 172-173（Westview, 5th ed. 2003）.

85 Denny Indrayana, "Indonesia: In Search for a Democratic Constitution（1945-2008）", in Clauspeter Hill and Jorg Menzel（eds.）, *Constitutionalism in Southeast Asia*, vol. 2, 91-117（Konrad-Adenauer-Stiftung, 2008）, p91.

86 Indrayana，同註 85，頁 92。

87 Sebastian Benesch, "The Indonesian Constitution: Historical Developments and an Evaluation of Recent Constitutional Amendments"，in Bob S. Hadiwinata and Christoph Schuck（eds.）, *Democracy in Indonesia: The Challenge of Consolidation* 177-199(Nomos, 2007）, p180.

88 Andrew Ellis, "Indonesia's Constitutional Change Reviewed", in Ross H. McLeod and Andrew MacIntyre（eds.）, *Indonesia: Democracy and The Promise of Good Governance* 21-41（Institute of Southeast Asian Studies, 2007）, p22；Tim Lindsey, "Indonesia: Devaluing Asian Values, Rewriting Rule of Law", in Randall Peerenboom（ed.）, *Asian Discourses of Rule of Law* 286-323(Routledge, 2004）, pp290-293.

89　Lindsey，同註 88，頁 292。

90　Padmo Wahjono, "Democracy in Indonesia: Pancasila Democracy"，同 註 48，頁 462-506，尤其頁 463。

91　Wahjono，同註 90，頁 463、468 及 493；Smith，同註 79，頁 83。

92　Benesch，同註 87，頁 179。

93　《四五憲法》之英譯本可見於 Constitutions of the Countries of the World，印度尼西亞一章，（Albert P. Blaustein and Gisbert H. Franz eds., 1973 年 5 月版 , loose-leaf）。

94　Smith，同註 79，頁 107；Wahjono，同註 90，頁 464。

95　Wahjono，同註 90，頁 493（該頁註 6）；Lindsey，同註 88，頁 319（該頁註 57）。此闡釋的原文見於 McBeath，同註 93，頁 15-22。

96　憲章原文可參見 McBeath，同註 93，頁 14。

97　憲法摒除此句，意味着印度尼西亞共和國乃宗教多元的世俗國家，而非伊斯蘭國。正如 Ellis 指出："這語句原應存於《四五憲法》，直至末兩份草案才被刪除。在 1950 年代的憲制辯論中，此議題一直造成深層分化。"

98　《四五憲法》第 2(1) 條。

99　《四五憲法》第 19(1) 條。

100《四五憲法》第 27、28 條。

101《四五憲法》第 10 章。

102《四五憲法》第 32(1) 條。

103《四五憲法》第 13 章。

104《四五憲法》第 14 章。

105 Smith，同註 79，頁 76。

106 Bensech，同註 97，頁 180-181。

107 Smith，同註 79，頁 87；Ellis，同註 88，頁 23。

108 Benesch，同註 87，頁 181；Indrayana，同註 85，頁 93-94。

109 Benesch，同註 87，頁 181。

110 蘇加諾為首任印度尼西亞共和國總統。他由 1945 至 1967 年在任。參見 Wahjono，同註 90，頁 497。

111 Democracy in Indonesia: 1950s and 1990s（David Bourchier and John Legge eds., Monash University 1994）。

112 Smith，同註 79，頁 103。

113 Smith，同註 79，頁 76。

114 Bensech，同註 87，頁 181。

115 Wahjono，同註 90，頁 141；Indrayana，同註 85，頁 95。

116 Smith，同註 79，頁 76-77；Chandler et al.，同註 83，頁 309-310、432-433。

117 Smith，同註 79，頁 77。

118 Chandler et al.，同註 83，頁 434-435；SarDesai，同註 84，頁 277-278。

119 Smith，同註 79，頁 77。

120 Chandler et al.，同註 83，頁 436-438。

121 Wahjono，同註 90，頁 479。

122 Smith，同註 79，頁 91。

123 Smith，同註 79，頁 98。

124 Stewart Fenwick, "Administrative Law and Judicial Review in Indonesia: The Search for Accountability", in Tom Ginsburg and Albert H.Y. Chen（eds.）, *Administrative Law and Governance in Asia: Comparative Perspectives*（Routledge, 2009）, pp329-358,esp. pp331-333。亦可參見 Sebastiaan Pompe, *The Indonesian Supreme Court: A Study of Institutional Collapse*（Cornell University, 2005）。

125 Smith，同註 79，頁 108。

126 Chandler et al.，同註 83，頁 437；SarDesai，同註 84，頁 281-282；Lindsey，同註 88，頁 297。

127 Smith，同註 79，頁 79。

128 SarDesai，同註 84，頁 282-283；Chandler et al.，同註 83，頁 439。

129 可參見如 Donald L. Horowitz, "Indonesia's Distinctive Path to Constitutional Democracy"，發表於芝加哥法律學院在 2009 年 10 月 16-17 日舉行之 "比較憲制設計高峰會"；Donald L. Horowitz, *Constitutional Change and Democracy in Indonesia*（New York: Cambridge University Press, 2013）。

131 Indrayana，同註 85，頁 96。

132 Smith，同註 79，頁 98-100。

133 Indrayana，同註 85，頁 96。

134 正如 Lindsey 指出，雖然"在印尼，長期存在正式意識形態上對西方法治與人權理念的敵意"（同註 88，頁 290），而 "亞洲價值論曾是‘新秩序’的有用工具"（頁 290），但是，"‘亞洲價值論’看來不外是蘇哈托下台時攜帶的隨身行李。在今日印尼，不論在立法機關，還是在傳播媒介，皆聽不到維護‘曼谷宣言’、‘亞洲價值’或‘新秩序’模式的聲音。誠然，‘人權’已經成為印尼公眾生活中的話語。"（頁 297），"印尼已依據自由民主原則，重建了自己的法治國。"（頁 286）。

135 Indrayana，同註 85，頁 96-97。

136 Indrayana，同註 85，頁 107-108。

137 Indrayana，同註 85，頁 113。

138 Ellis，同註 88，頁 37；Susi Dwi Harijanti and Tim Lindsey, "Indonesia: General Elections Test the Amended Constitution and the New Constitutional Court", *4 INT' L J. CON. LAW 138*（2006）；Simon Butt, "The Constitutional Court's Decision in the Dispute Between the Supreme Court and the Judicial Commission: Banishing Judicial Accountability?"，同註 88，頁 177-179；Simon Butt, "Conditional Constitutionality, Pragmatism and the Rule of Law", Sydney Law School Research Paper No. 09/28，載於 http://ssrn.com/abstract=1400413

（最後瀏覽於 2010 年 5 月 1 日）；Simon Butt and Tim Lindsey, "Economic Reform When the Constitution Matters: Indonesia's Constitutional Court and Article 33 of the Constitution", 44（2）*Bulletin of Indonesian Economic Studies* 239，載於 http://ssrn.com/abstract=1400505 （最後瀏覽於 2010 年 5 月 1 日）。

139 Benesch，同註 87，頁 190-191；Ellis，同註 88，頁 27。

140 在 2009 年 7 月，現任總統尤多約諾贏得連任。

141 Kyong Whan Ahn, "The Influence of American Constitutionalism on South Korea", 22 S. ILL. U.L.J. 71（1997-98）；Tscholsu Kim and Sang Don Lee, "The Influence of U.S. Constitutional Law Doctrines in Korea", 同註 48，頁 303-330。

142 *Constitutions of the Countries of the World*, 有 關 韓 國 的 一 章（Gisbert H. Flanz ed., Oceana, looseleaf）。

143 Andrew C. Nahm, *Korea: Tradition and Transformation* 363（Hollym International, 2nd ed. 1996）.

144 Juergen Kleiner, *Korea: A Century of Change*（World Scientific, 2001）pp110-111；Bruce Cumings, *Korea's Place in the Sun: A Modern History*（W.W. Norton 1997）p342；Dae-Kyu Yoon, *Law and Politicial Authority in South Korea*（Westview 1990）p98.

145 Yoon，同註 144，頁 99；Kleiner，同註 144，頁 111；Cumings，同註 144，頁 342-343。

146 Cumings，同註 144，頁 344；Kleiner，同註 144，頁 126；Nahm，同註 143，頁 406。

147 Nahm，同註 143，頁 406。

148 《1960 年大韓民國憲法》起草時主要受到 1949 年訂立的《德意志聯邦共和國憲法》影響：參見 Flanz ed.，同註 142。

149 憲法第 73~75 條闡明緊急權力。例如第 75(5) 條規定，總統應國會要求，須撤銷已宣佈之戒嚴狀態：參見 Flanz ed., 同註 142，頁 7-8。

150 Yoon，同註 144，頁 102-103；Kim and Lee，同註 141，頁 312-313。

151 Young C. Kim, "Politics of Emergency Powers: The Case of Korea", in Shao-chuan Leng （ed.）, *Coping with Crises: How Governments Deal With Emergencies*,（University Press of America, 1990）pp129-172, esp. p155.

152 Nahm，同註 143，頁 425-426。

153 Flanz ed.，同註 142。

154 Yoon，同註 144，頁 103。

155 Kim，同註 151，頁 156-157；Flanz ed.，同註 142。

156 Kleiner，同註 144，頁 154；Kim，同註 151，頁 139；兩作者同樣指 1972 年 10 月 17 日的措施為 "憲法外的緊急措施"。

157 韓語 Yushin 一詞等同日語 Issin，是為 1868 年明治維新的口號：Cumings，同註 144，頁 358；Kim and Lee，同註 141，頁 317。

158 Kim，同註 151，頁 157；Yoon，同註 144，頁 104；Cumings，同註 144，頁 359；Kleiner，同註 144，頁 156。

159 Kleiner，同註 144，頁 156。

160 Kim and Lee，同註 141，頁 318。

161 《1972 年憲法》第 53 條有關緊急措施；第 54 條有關戒嚴令：參照 Flanz ed.，同註 142。

162 Nahm，同註 143，頁 431。

163 Cumings，同註 144，頁 177。

164 Cumings，同註 144，頁 338。

165 新憲削減了《維新憲法》賦予總統的緊急權力。參見 Nahm，同註 143，頁 437。新憲也限制總統只能享有一屆任期。

166 Kim and Lee，同註 141，頁 324。新憲再削減總統宣布緊急狀態的權力。參見 Nahm，同註 143，頁 443。

167 《1987 年大韓民國憲法》英譯本可見於 ChongKo Choi, *Law and Justice in Korea: South and North*（Seoul National University Press, 2005）pp439-468.

168 Sangmook Lee, "Democractic Transition and the Consolidation of Democracy in South Korea", 3 *Taiwan Journal of Democracy* 99（2007）。

169 *Asian New Democracies: The Philippines, South Korea and Taiwan Compared*（Hsin-Huang Michael Hsiao ed., Taiwan Foundation for Democracy, 2006）.

170 Jeong-Ho Roh, "Crafting and Consolidating Constitutional Democracy"，in Samuel S. Kim（ed.), *Korea's Democratization*（Cambridge University Press, 2003), pp181-200；*Consolidating Democracy in South Korea*（Larry Diamond and Byung-Kook Kim eds., Lynne Rienner, 2000).

171 Byung-Kook Kim, "Korea's Crisis of Success", in Larry Diamond and Marc F. Plattner（eds.), *Democracy in East Asia*（Johns Hopkins University Press, 1998), pp113-132.

172 可參見如 Hahm Chaihark, "Rule of Law in South Korea: Rhetoric and Implementation"，同註 88，頁 385-416，尤其頁 393、399-403；Hahm Chaihark, "Human Rights in Korea"，in Randall Peerenboom et al.（eds.), *Human Rights in Asia*,pp 265-297, esp. pp270-271（Routledge 2006）。

173 Dae-Kyu Yoon, "The Constitutional Court System of Korea: The New Road for Constitutional Adjudication", *1(2) Journal of Korean Law 1*（2001）；Lim Jibong, "The Korean Constitutional Court, Judicial Activism, and Social Change", in Tom Ginsburg（ed.), *Legal Reform in Korea* 19-35（2004); Tom Ginsburg, "The Constitutional Court and the Judicialization of Korean Politics", in Andrew Harding and Penelope Nicholson（eds.), *New Courts in Asia*（2009), ch7.

174 Youngjae Lee, "Law, Politics, and Impeachment: The Impeachment of Roh Moo-hyun from a Comparative Constitutional Perspective", *53 AM. J. COMP. L. 403*（2005).

175 Hahm, "Rule of Law in South Korea"，同註 172，頁 392。

176 Cumings，同註 144，頁 339。

177 *Constitutions of the Countries of the World*，有關朝鮮民主主義人民共和國的一章，引言作

者為 Rainer Grote，(Rüdiger Wolfrum and Rainer Grote eds., Oceana, looseleaf)，頁 9。

178 Grote，同註 177，頁 5。

179 Grote，同註 177，頁 4。

180 Sung Yoon Cho, "The Constitution of the Democratic People's Republic of Korea"，同註 48，270-302，頁 283；亦可參見 Grote，同註 177，頁 5。

181 Grote，同註 177，頁 5-6。

182 *Constitutions of the Countries of the World*，同註 177，"歷史憲法"(historic constitutions) 卷，有關朝鮮民主主義人民共和國的一章。

183 Cho，同註 180，頁 171。

184 *Constitutions of the Countries of the World*，同註 182，頁 4。

185 《1972 年憲法》第 4 條。

186 Cho，同註 180，頁 273。

187 Cho，同註 180，頁 273-276。

188 Cho，同註 180，頁 274-276。

189 《1972 年憲法》第 49 條。Grote，同註 177，頁 6；Cho，同註 180，頁 292。

190 Grote，同註 177，頁 7。

191 Grote，同註 177，頁 7-8。

192 參見前引文章內的討論，同註 177，頁 8-14。

193 《1998 年憲法》第 11 條。

194 Grote，同註 177，頁 12。

195 可參見如 "North Korea Modifies its Constitution to Reflect Kim Jong-il System"，載於 http://english.hani.co.kr/arti/english_edition/e_northkorea/379266.html (最後瀏覽於 2010 年 5 月 2 日)；Choe Sang-Hun, "New North Korean Constitution Bolsters Kim's Power", *New York Times*, 29 Sept. 2009，載於 http://www.nytimes.com/2009/09/29/world/asia/29korea.html (最後瀏覽於 2010 年 5 月 2 日)；Jon Herskovitz, "Q & A: Why Did North Korea Change its Constitution?"，http://www.reuters.com/article/idUSSEO325226 (最後瀏覽於 2010 年 5 月 2 日)；Jill McGivering, "N. Korea Constitution Bolsters Kim", http://news.bbc.co.uk/2/hi/8279830.stm (最後瀏覽於 2010 年 5 月 2 日)。

196 意思是 "軍隊保衛國家，又建設其經濟"：Herskovitz，同註 195。

197 可參見如 Xiaohong Xiao-Planes, "Of Constitutions and Constitutionalism: Trying to Build a New Political Order in China, 1908-1949", in Stéphanie Balme and Michael W. Dowdle (eds.), *Building Constitutionalism in China* (Palgrave Macmillan, 2009) pp37-58.

198 有關當代中國史，可參見如 John K. Fairbank, *The Great Chinese Revolution 1800-1985* (Harper & Row, 1987)；Immanuel C.Y. Hsu, *The Rise of Modern China* (Oxford University Press, 2000)。

199 Andrew J. Nathan, *Peking Politics, 1918-1923: Factionalism and the Failure of Constitutionalism* (University of California Press, 1976).

200 E.C.Y. Tseng, "Democratic and Authoritarian Elements in Twentieth-Century Chinese Political Thought"（unpublished Ph.D. thesis, New York University 1968）；C. C. Tan, *Chinese Political Thought in the Twentieth Century*（David & Charles 1972）；並可參見本書中〈憲政、憲政資源與憲政時刻〉一文，頁 170。

201 Pan Wei-Tung, *The Chinese Constitution: A Study of Forty Years of Constitution-Making in China*（Hyperion, 1983）。

202 Ch'ien Tuan-Sheng, *The Government and Politics of China 1912-1949*（Harvard University Press, 1950）。

203 孫中山先生倡議五權憲法，有別於西方的三權分立：Ch'ien，同註 202，頁 152。

204 參見註 200 所列文獻，及 Hsu，同註 198，頁 459。

205 Hungdah Chiu, "Constitutional Development in the Republic of China in Taiwan"，in Steve Tsang（ed.）, *In the Shadow of China: Political Developments in Taiwan Since 1949*（Hong Kong University Press, 1993）ch1；Chi-tung Lin and Herbert H.P. Ma, "The Constitution and Government of the Republic of China"，同註 48，頁 88-127。

206 有關台灣地區的歷史，可參見 John F. Copper, *Taiwan: Nation-State or Province?*（Westview Press, 3rd ed. 1999）；Denny Roy, *Taiwan: A Political History*（Cornell University Press, 2003）。

207 參見註 206 所列文獻；及 Linda Chao & Ramon H. Myers, *The First Chinese Democracy: Political Life in the Republic of China on Taiwan*（Johns Hopkins University Press, 1998）。

208 Jiunn-rong Yeh, "Constitutional Reform and Democratization in Taiwan, 1945-2000"，*Taiwan's Modernization in Global Perspective*（Peter C.Y. Chow ed., Praeger 2002）pp47-77；Albert H.Y. Chen, "A Tale of Two Islands: Comparative Reflections on Constitutionalism in Hong Kong and Taiwan"，*37 HONG KONG L.J. 647*（2007）.

209 司法院釋字第 499 號解釋（2000 年）。司法院大法官會議的解釋（連同英譯）載於 http://www.judicial.gov.tw/constitutionalcourt。在釋字第 499 號解釋中，1999 年的憲法修訂遭宣布無效，其因在於該修訂在制定程序上存在瑕疵，亦在於部分修訂條文有違自由民主的憲政秩序的基本原則。

210 參見註 207。

211 Chang Wen-Chen, "Transition to Democracy, Constitutionalism and Judicial Activism: Taiwan in Comparative Constitutional Persepective"（unpublished SJD dissertation, Yale University 2001）。

212 Chen，同註 208，頁 676。

213 可參見如 Jau-yuan Hwang and Jiunn-rong Yeh, "Taiwan"，in Cheryl Saunders and Graham Hassall（eds.）, *Asia-Pacific Constitutional Yearbook 1995*（University of Melbourne, 1997）, p279, 282-286.

214 Lawrence Shao-liang Liu, "Judicial Review and Emerging Constitutionalism: The Uneasy Case for the Republic of China on Taiwan", *39 AM. J. COMP. L. 509*（1991）.

215 台灣地區主要的 "中央民意機構" 包括 "國民大會" 與 "立法院"。根據 2005 年的憲法修訂，
　　國民大會遭廢除。

216 有關司法院大法官會議的憲法解釋，可參見註 209 所列網站。

217 Jiunn-rong Yeh, "Constitutional Changes, Constitutionalism and Rule of Law in Taiwan:
　　The Role of Council of Grand Justices", in Bonn Office (ed.), *Conference Prague 1999:
　　Transitional Societies in Comparison-East Central Europe Vs. Taiwan* 75-88 (National Sci-
　　ence Council, Taipei, Peter Lang, 2000)；Thomas Weishing Huang, "Judicial Activism
　　in the Transitional Polity: The Council of Grand Justices in Taiwan", *19 TEMPLE INT' L &
　　COMP. L.J. 1* (2005)；Wen-chen Chang, "The Role of Judicial Review in Consolidating
　　Democracies: The Case of Taiwan", 2(2) *ASIA LAW REVIEW 73* (2005)；Tom Ginsburg,
　　Judicial Review in New Democracies: Constitutional Courts in Asian Cases (Cambridge
　　University Press, 2003), ch5.

218 有關中華人民共和國的歷史，可參見註 198 所列文獻。

219 Glenn D. Tiffert, "Epistrophy: Chinese Constitutionalism and the 1950s"，同註 197，頁 59-
　　76。

220 Albert H.Y. Chen, "Socialist Law, Civil Law, Common Law, and the Classification of Con-
　　temporary Chinese Law", in J.M. Otto et al. (eds.), *Law-Making in the People's Republic
　　of China* (Kluwer, 2000), pp55-74, esp. p57.

221 蔡定劍：《憲法精解》(北京：法律出版社，2006 年第二版)，頁 73，81，84，99。

222 蔡定劍，同註 221，頁 73。

223 可參見如 Albert H.Y. Chen, *An Introduction to the Legal System of the People's Republic
　　of China* (LexisNexis, 4th ed. 2011), pp56-58。

224 《中華人民共和國憲法》序言第 7 段。

225 Chen，同註 223，頁 55-57。

226 可參見如 Randall Peerenboom, *China's Long Match toward Rule of Law* (Cambridge Uni-
　　versity Press, 2002)。

227 另一觀點見於 Yasheng Huang, *Capitalism with Chinese Characteristics: Entrepreneurship
　　and the State* (Cambridge University Press, 2008)。

228 1982 年《中華人民共和國憲法》第 57 條。

229 Jiang Jinsong, *The National People's Congress of China* (Foreign Languages Press,
　　2003), ch7.

230 Qianfan Zhang, "From Administrative Rule of Law to Constitutionalism? The Changing Per-
　　spectives of the Chinese Public Law", 3(1) *Asia Law Review 47* (2006)；Qianfan Zhang,
　　"Chinese Legal Reforms in the Aftermath of the Sun Zhigang Incident", 4(1) *Asia Law
　　Review 1* (2007).

231 可 參 見 如 Bin Liang, *The Changing Chinese Legal System, 1978-Present* (Routledge,
　　2008)，ch3；朱景文 (編)：《中國法律發展報告》(北京：中國人民大學出版社，2007)，第

1、4 章。

232 可 參 見 如 Hualing Fu, "Putting China's Judiciary into Perspective: Is It Independent, Competent, and Fair?", in Erik G. Jensen and Thomas C. Heller（eds.）, *Beyond Common Knowledge: Empirical Approaches to the Rule of Law*（Standford University Press, 2003）, ch6；Benjamin L. Liebman, "China's Courts: Restricted Reform", *191 CHINA QUARTERLY 620*（2007）；Xin He, "The Recent Decline in Economic Caseloads in Chinese Courts: Exploration of a Surprising Puzzle", *190 CHINA QUARTERLY 352*（2007）。

233 1982 年《中華人民共和國憲法》第 126 條。

234 胡錦光、韓大元：《中國憲法》（北京：法律出版社，2007 年第二版），頁 162-166。但是，根據 1989 年制定的《行政訴訟法》，法院可審查行政行為是否違法。

235 Kui Shen, "Is It the Beginning of the Era of the Rule of the Constitution? Reinterpreting China's 'First Constitutional Case'", 12 *Pacific Rim Law & Policy Journal 199*（2003）；Zhang, "From Administrative Rule of Law to Constitutionalism?", 同註 230，頁 70-73。

236 Thomas E. Kellogg, "The Death of Constitutional Litigation in China?", *9(7) China Brief*（2009）（Jamestown Foundation）http://www.jamestown.org/programs/chinabrief/single/?tx_ttnews%5Btt_news%5D=34791&tx_ttnews%5BbackPid%5D=414&no_cache=1（最後瀏覽於 2009 年 7 月 8 日）。

237 "混合式憲制實踐" 的概念與 "混合式政權" 相類似；關於後者，可參見 Larry Diamond, "Thinking about Hybrid Regimes", *13(2) Journal of Democracy 21*（2002）。

238 Lawrence W. Beer, *Human Rights Constitutionalism in Japan and Asia*（Global Oriental, 2009), p168.

239 關於 "有缺陷的民主" 的概念，可參見 Wolfgang Merkel, "Embedded and Defective Democracies", *11(5) Democratization 33*（2004）；Wolfgang Merkel and Aurel Croissant, "Conclusion: Good and Defective Democracies", *11(5) DEMOCRATIZATION 199*（2004）。

240 Aurel Croissant, "From Transition to Defective Democracy: Mapping Asian Democratization", *11(5) Democratization156*（2004）.

🔒 憲政、憲政資源與憲政時刻

一、現代中國的憲政追求

正如現代漢語中很多政治和法律概念一樣，"憲政" 一詞，並不存在於古代漢語中，而是現代的創作。19 世紀中葉以來，日本人開始全面和深入地研究西方文明，在日語（尤其是日文裏所用的漢字）中出現了不少用以翻譯西方的思想概念的詞語，"憲政"（kensei）[1] 便是其中之一。[2] 在 19 世紀末，梁啟超撰《各國憲法異同》一文，多次用到 "憲政" 一詞，並指出 "憲政（立憲君主國政體之省稱）之始祖者，英國是也。"[3] 1906 年 9 月 1 日（光緒 32 年 7 月 13 日），清廷頒佈預備立憲詔書，提到 "時處今日，惟有及時詳晰甄核，仿行憲政"。[4] 於是 "憲政" 一詞，開始進入中國的官方正式文獻。

"憲政" 這個用語和概念是孫中山先生革命建國理論的關鍵環節和核心概念。早在辛亥革命之前，革命建國的 "三序方略"[5] 已經孕育在孫中山的思想之中，即是把革命的進程分為三個時期："軍法之治"、"約法之治" 和 "憲法之治"。[6] 1914 年，在中華革命黨總章中，這個三序方略首次改稱為 "軍政"、"訓政" 和 "憲政"。[7] 1924 年，中國國民黨第一次全國代表大會召開，制定建國大綱，主張三民主義和五權憲法，並將革命建設的程序分為軍政、訓政和憲政三個時期。[8] 孫中山在 1923 年發表《中國革命史》一文，其中對於此三階段論有所闡釋。他指出，從軍政一躍而進憲政，忽略訓政的階段，是難以成功的："由軍政時期一蹴而至憲政時期，絕不予革命政府以訓練人民之時間，又絕不予人民以養成自治能力之時間"，[9] 這是不可行的。訓政的目的，在於訓練人民在地方（縣、市）[10] 的層次行使民權、實施自治，有了這樣的經驗，他們便有足夠的準備、有足夠的條件在國家（中央政府機構）的層次行使民權，實現民主。用孫自己的話說：

"軍政時期及訓政時期，所最先着重者，在以縣為自治單位，蓋必如是，然後民權有所托始，主權在民之規定，使不至成為空文也……事之最切於人民者，莫如一縣以內之事，縣自治尚未經訓練，對於中央及省，何怪其茫昧不知津涯……訓政時期，先縣自治之成立，而後國家機關之成立……在 [訓政] 時期內，施行約法（非現行者），建設地方自治，促進民權發達，以一縣為自治單位……由人民選舉其縣官……而成完全之自治團體。革命政府之對於此自治團體，只能照約法所規定，而行其訓政之權。俟全國平定之後六年，各縣已達完全自治者，皆得選代表一人，組織國民大會，以制定五權憲法 [11]……憲法制定之後，由各縣人民投票選舉總統，以組織行政院，選舉代議士，以組織立法院……憲法既定，總統、議員舉出後，革命政府當歸政於民選之總統，而訓政時期於以告終…… [在] 建設完成時期……施以憲政，此時一縣之自治團體，當實行直接民權。人民對於本縣之政治，當有普通選舉之權、創制之權、複決之權、罷官之權。而對於一國政治，除選舉權之外，其餘之同等權則付託於國民大會之代表以行之。此憲政時期，即建設告竣之時，而革命收功之日也。"[12]

國民黨在南京建立政權後，便按照孫中山的革命建國三序方略，實施訓政，以黨治國。1928 年，國民黨頒佈《訓政綱領》，[13] 宣佈"在訓政時期訓練國民使用政權，至憲政開始弼成全民政治"，並規定於訓政期間，由國民黨"代表國民大會領導國民行使政權"。1931 年，國民會議在南京通過《中華民國訓政時期約法》，[14] 其序言說，"既由軍政時期入於訓政時期，允宜公佈約法，共同遵守，以期促成憲政，授政於民選之政府。"正如《訓政綱領》一樣，此《約法》訂明在訓政時期由國民黨"代表國民大會行使中央統治權"。對於孫中山先生重視的作為憲政的準備和基礎的地方自治，《約法》規定，"地方自治，依建國大綱及地方自治開始實行法之規定推行之。""選舉、罷免、創制、複決，四種政權之行使由國民政府訓導之。"

民間憲政運動

在國民黨政權的"訓政"時期，包括在抗戰時期，民間一再興起憲政運動，要求政府兌現其關於憲政的承諾，結束訓政，由人民選出代表去制定正式的、真正的、符合民主憲政理念的憲法，從而實施憲政。憲政運動的推動者主要是"第三方面"的中間黨派（即既非國民黨，亦非共產黨）和無黨派人士，中國共產黨也曾支持這個運動。"在 1939 年憲政運動剛剛起步時，毛澤東就對之加以關注。1939 年 10 月 10 日……毛澤東在其為中共中央起草的《目前形勢和黨的任務》一文中，第一次明確主張'結束國民黨一黨專政，召集真正代表民意的有權力的國民大會，制定憲法，實行憲政'。"[15]1940 年 2 月 20 日，毛澤東在延安各界憲政促進會成立大會上發表關於"新民主主義的憲政"的演說，[16] 談到"憲政是甚麼呢？就是民主的政治……我們現在要的民主政治，是甚麼民主政治呢？是新民主主義的政治，是新民主主義的憲政。"[17] "1944 年 3 月 5 日，周恩來在中共中央政治局會議上專題介紹憲政運動，並回顧了中共對憲政運動的態度"，[18] 其中提到："這個運動先開端於中間黨派，後來有地方實力派參加，如黃炎培很積極……國民黨現又提出憲政運動……我們的態度是堅持新民主主義原則，參加憲政運動，表示我們要從政治上解決問題，另一方面也影響中間黨派。在大後方，要利用舊民主，要強調國會制度，強調分權，主張民權自由、開放黨禁和人民自治。"[19]

中共對於憲政運動的認同，可能主要是基於策略性的考慮，而最終來說，中共並沒有參加 1946 年底制憲的國民大會。中華人民共和國成立後，《中華人民政治協商會議共同綱領》發揮了臨時憲法的作用，到了 1954 年，第一屆全國人民代表大會第一次會議通過第一部《中華人民共和國憲法》。劉少奇在會上宣讀了《關於中華人民共和國憲法草案的報告》，[20] 其中提到："幾十年來，在中國雖然有過不少的人為實現資產階級的憲政做過各種各樣的努力，但是一點成就也沒有。在中國出現的真正的憲法，畢竟只能是人民民主主義和社會主義的憲法……" [21] "我們提出的憲法草案，是中國人民一百多年以來英勇鬥爭的歷史經驗的總結，也是中國近代關於憲法問題和憲政運動的歷史經驗的總結。"[22]

憲政的基本原則

1954 年以來，"憲政"的話語再沒有在中國的官方文獻或講話中佔一席位，而在 1950 年代後期以至"文革"的年代，憲法的權威，每況愈下，幾乎成了廢紙一張。到了"改革開放"的時代，在憲法領域，正如在其他領域，撥亂反正，1982 年的新憲法的制定，標誌着一個新的憲政時代的來臨 —— 雖然沒有用到"憲政"的話語。八二憲法在第五條規定"國家維護社會主義法制的統一和尊嚴。一切法律……都不得同憲法相抵觸。一切國家機關和武裝力量、各政黨……都必須遵守憲法和法律。一切違反憲法和法律的行為，必須予以追究。任何組織或者個人都不得有超越憲法和法律的特權。"此條清楚確立了憲法作為國家根本大法的至上性，體現了憲政的基本原理。八二憲法又把規定"公民的基本權利和義務"的一章從原來第三章的位置提前到第二章，[23]以突顯民權的重要性。作為現代制度文明的重大成果之一的憲政的一些其他要素，也相繼寫進了這部憲法。例如，1999年的修憲，把"依法治國，建設社會主義法治國家"原則寫進憲法；2004年的修憲，又把"國家尊重和保障人權"和保護"公民的私有財產權"等原則寫進憲法。"法治"、"人權"、"私有財產權"的憲法性保障，都是現代憲政的核心內容。

現代憲政還有另一個核心理念，便是憲法不單確立國家的所有政治權力的來源（正如中國憲法第二條指出，"中華人民共和國的一切權力屬於人民"），而且應設計一種政治體制，對政治權力的行使進行有效的監督和制約，以確保政治權力不被濫用，確保人權不被侵犯，確保當權者向人民問責。正如1789年法國大革命時通過的《人和公民的權利宣言》第16條所言："凡權利無保障和分權未確立的社會，就沒有憲法。"[24]這裏說的分權是指分權制衡，亦即對權力的監督和制約的機制。2006年，全國人大常委會通過《各級人民代表大會常務委員會監督法》，旨在加強人大監督憲法和法律的實施和監督"一府兩院"工作的功能。2007年，在中共十七大的報告中，總書記胡錦濤在"堅定不移發展社會主義民主政治"的部分，提到要"完善制約和監督機制，保證人民賦予的權力始終用來為人民謀利益"。[25]如果通過憲法層次的制度設計來確立這種"制約和監督機制"和保證其有效運作，這便是憲政的其中一個關鍵環節的體現。

由此可見，**改革開放至今，中國已經逐步突破1954年憲法從前蘇聯繼承的憲法模式，逐漸融入現代人類憲政文明的主流，接受憲法至上、法治、人權、產權，以至權力的監督和制約等原則。如果我們把"憲政"理解為這些概念及其相關制度和實踐的綜合體，那麼中國執政**

黨和政府其實沒有理由不公開承認，正如法治和人權一樣，憲政也是值得我們國家和國人追求的理想和目標，雖然正如我們目前在實施法治和保障人權方面，有不少不足之處，尚待改善，我們目前在實施憲法、實施憲政方面也有不少不足之處，仍須繼續努力。

二、從中國憲政史中學習

以上是我在本文中希望指出的第一點。本文要談的第二點是，在建設中國未來的憲政時，我們其實可以從中國 20 世紀上半期的憲政史中，找到一些珍貴的資源。換句話說，建設中國憲政的資源不但可來自西方或其他外國（包括亞洲國家），也可來自中國自己的思想、經驗和實踐。從清末開始，以至民國時代，中國不少志士仁人曾前赴後繼地為中國的憲政建設盡了很大的努力，無論在思想理論建設方面、在憲法條文起草方面、在制度設計方面、在政治實踐方面都如是。應當指出，他們很多不是共產黨人，有些是國民黨人（如孫中山先生），有些是曾經積極參與憲政運動的"第三方面"人士（如張君勱先生）。我們不應因他們不是共產黨人，或者替他們扣上"資產階級"人士的帽子，從而抹殺他們的貢獻或拒絕採用與他們有關的資源。毋庸諱言，共產黨人的思想資源主要是馬列主義、蘇共和毛澤東思想，這些思想資源中甚少涉及憲政建設。劉少奇在 1954 年全國人大通過中華人民共和國首部憲法時作出的報告中指出："憲法起草委員會在從事起草工作的時候，參考了蘇聯的先後幾個憲法和各人民民主國家的憲法。顯然，以蘇聯為首的社會主義先進國家的經驗，對我們有很大的幫助……是的，我們所走的道路就是蘇聯走過的道路，這在我們是一點疑問也沒有的。蘇聯的道路是按照歷史發展規律為人類社會必然要走的道路。要想避開這條路不走，是不可能的。我們一向認為馬克思列寧主義是普遍的真理。"[26] 可是，時移世易，60 年後的今天，我們已經可以清楚看到，至少**在憲政建設的課題上，無論是馬列主義或蘇聯都沒有為我們提供絕對的真理，我們仍須上下而求索，並以實踐為檢驗真理的唯一標準。**

今天，我們應放下有色眼鏡，客觀研究和重新認識 20 世紀上半期中國的憲政史，包括其中的思想、理論、實踐和制度試驗，從而總結經驗，吸收教訓，並以史鑒今。舉例來說，時至今日，孫中山先生的關於以訓政作為憲政預備的理論仍有它的啟發性。孫先生對於憲政作為實現他提倡的三民主義理想的政治實踐的認識是透徹的，他對於革命後一蹴而就地嘗試進入憲政的保留也是務實和有洞察力的；他認為，在訓政階段，民智未開，人民行使其政治權利的能力尚待培養，須通過地方自治予以訓練，所以革命黨可以和應該代表人民行使政權，但訓政只是一個"過渡時期"。[27]

1923 年的中華民國憲法

就民國時期的憲政史來說，另一值得重新認識的個案是 1923 年在北京由當時的國會通過的《中華民國憲法》。[28] 這部憲法常被稱為"曹錕憲法"，因而聲名狼藉，因為眾所周知，曹錕是靠賄選才當上總統的。但是，正如一些較近期的研究所指出，這部憲法是國會議員的討論和集體創作的成果，與曹錕個人的關係不大，它總結了民國 1911 年成立以來起草多部憲法所累積的經驗，在憲政思想和起草技術方面都比較成熟。一位香港論者認為，這部憲法的"民主自由思想、三權分立制度，則如今天西方先進國家。立法技術也很全面……就是今天海峽兩岸的憲法也未能超越。最值得稱道的，是允許地方有較大的自由。"[29] 中國學者卞修全也指出，這部憲法"是民國制憲史上的里程碑。它的頒佈……具有積極意義……雖然 1923 年《中華民國憲法》是在曹錕賄選的背景下公佈的，但它的內容卻與軍閥集團的獨裁集權政治並不完全一致，而是繼承並發展了從《中華民國臨時約法》到《天壇憲草》所確立的制度和原則，體現了西方資產階級的憲政精神。"[30]

平心而論，用"西方資產階級的憲政精神"來概括 1923 年《中華民國憲法》的進步意義，可能有點以偏概全，因為它所體現的不少憲政原則是有普世或普適意義的，與"資產階級"沒有必然的聯繫。以下讓我從這部憲法的條文中舉一些例子，說明這部憲法的進步性和憲政意義。（由於篇幅所限，不能在此全面介紹這部憲法的內容，讀者只需把它的全文找出來讀一篇，再把它與中國現行憲法全文比較一下，必有所得，甚至恍然大悟。）這部憲法共有 13 章，分為 141 條。第一章為"國體"："中華民國永遠為統一民主國"。[31] 第二章為"主權"："中華民國主權，屬國民全體"。第三章為"國土"。第四章（即第 4~21 條）為"國民"，對人民的基本權利有相當規模的規定，例如人民"於法律上無種族、階級、宗教之別，均為平等"；人民"非依法律，不受逮捕、監禁、審問或處罰。人民被羈押時，得以法律，以保護狀請求法院提至法庭審查其理由"；[32] "人民之居所，非依法律，不受侵入或搜索"；"人民通信之秘密，非依法律，不受侵犯"。

此外，還規定言論、著作、刊行、集會、結社等自由，選擇住居及職業的自由，"尊崇孔子及信仰宗教之自由"、"訴訟於法院之權"、"請願及陳訴之權"、"選舉權及被選舉權"、"從事公職之權"、"納租稅之義務"、"服兵役之義務"、"受初等教育之義務"、"人民之財產所有權，不受侵犯；但公益上必要之處分，依法律之所定"；"人民之自由權，除本章規定外，凡無背於憲政原則者，皆承認之"。

第五章（第 22~38 條）的題目是"國權"，規定了中央國家機關和地方政府機關在立法和執法方面的權力劃分，列舉了 15 項"由國家立法並執行之"的"國家事項",13 項"由國家立法並執行,或令地方執行之"的事項(就這些事項,"省於不抵觸國家法律範圍內,得制定單行法";就其中 5 項,"在國家未立法以前,省得行使其立法權"),11 項"由省立法並執行,或令縣執行之"的"地方事項"(和民國時期多部憲法文件一樣,這部憲法沒有區分市和縣,市屬於縣級)。關於某些未列舉的事項是否屬於國家事項或地方事項,"遇有爭議,由最高法院裁決之"。"省法律與國家法律抵觸者無效",如有爭議,"由最高法院解釋之"。就"各省課稅之種類及其徵收方法",國家為了避免五種(列於第27 條的)流弊"或因維持公共利益之必要時,得依法律限制之"。

第六至九章(第 39~102 條)規定的是國家層次的政治體制,包括國會、大總統、國務院和法院。國會由參議院和眾議院組成,行使立法權。參議院由"法定最高級地方議會及其他選舉團體選出之議員"組成,眾議院則"以各選舉區比例人口選出之議員組織之"。"兩院之議事,公開之。但得依政府之請求或院議,秘密之。"[33]"參議院對國務員得為不信任之決議。"國會又有權彈劾大總統和國務員。"兩院各得受理國民之請願";"兩院議員得提出質問書於國務員,或請求其到院質問之。"

至於國家的行政權,"由大總統以國務員之贊襄行之"。"大總統由國會議員組織總統選舉會選舉之"。國務院由國務員組成,國務員包括國務總理及各部總長,均為大總統任命,但國務總理的任命須經眾議院同意。"國務員贊襄大總統,對於眾議院負責任。大總統所發命令……非經國務員之副署,不生效力"。"大總統於國務員受不信任之決議時,非免國務員之職,即解散眾議院,但解散眾議院,須經參議院之同意。原國務員在職中或同一會期,不得為第二次之解散。大總統解散眾議院時,應即令行選舉"。

根據這部憲法，司法權由法院行使。"最高法院院長之任命，須經參議院之同意。""法院之審判，公開之。但認為妨害公安或有關風化者，得秘密之。""法官獨立審判，無論何人，不得干涉之。""法官在任中，非依法律，不得減俸、停職或轉職。法官在任中，非受刑法宣告或懲戒處分，不得免職。"[34]

之後的兩章（第十、十一章，第 103-123 條）處理的是"法律"和"會計"兩個課題。以下的條文可反映這些章節的水準。"國會議定之法律案，大總統如有異議時，得於公佈期內，聲明理由，請求國會覆議。如兩院仍執前議時，應即公佈之。""法律非以法律，不得變更或廢止之。""法律與憲法抵觸者無效。""新課租稅及變更稅率，以法律定之。""募集國債及締結增加國庫負擔之契約，須經國會議定。""凡直接有關國民負擔之財政案，眾議院有先議權。""國家歲出之支付命令，須先經審計院之核准。""國家歲出歲入之決算案，每年經審計院審定，由政府報告於國會。眾議院對於決算案追認案否認時，國務員應負其責。""審計員在任中，非依法律，不得減俸、停職或轉職。""審計院之院長，由參議院選舉之。""國會議定之預算及追認案，大總統應於送達後公佈之。"

第十二章（第 124-135 條）的題目是"地方制度"，規定了中央政府機構以下的地方政府架構。"地方劃分為省、縣兩級。"各省"得自制定省自治法"。省設省議會和省務院，省議會"議員依直接選舉方法選出之"，省務院"執行省自治行政，以省民直接選舉之省務員五人至九人組織之，任期四年。""省務院設院長一人，由省務員互選之。""住居省內一年以上之中華民國人民，於省之法律上一律平等，完全享有公民權利。""縣設縣議會，於縣以內之自治事項，有立法權。""縣設縣長，由縣民直接選舉之""省稅與縣稅之劃分，由省議會議決之。""省不得對於一縣或數縣施行特別法律，但關係一省共同利害者，不在此限。""縣之自治事項，有完全執行權，除省法律規定懲戒處分外，省不得干涉之。"

這部憲法的最後一章是第十三章（第 136-141 條），題目是"憲法之修正解釋及其效力"。"由國會議員組織"的憲法會議，有權修正憲法和解釋憲法。"國體不得為修正之議題。"[35] "憲法非依本章所規定之修正程序，無論經何種事變，永不失其效力。"

總括來說，這部 1923 年的《中華民國憲法》的條文反映出這樣一個事實，就是從清末到中華民國成立後的十多年內，中國已經培育出一些議員、政治家、參政者和制憲者，他們充分了解現代憲政的原理，並有能力起草出一部達到國際先進水準的憲法，通過憲政制度的設計來保障人權，分配權力於中央和地方政府之間，以容許地方自治，又分配權力於立法、行政、司法等機關之間，以收互相監察和制約之效；同時在國家層次和地方層次設立定期的民主選舉，包括直接選舉，從而保證執政者向人民負責。在這部憲法中，憲政理念的主要元素，如法治、司法獨立、人權保障、對權力的監督和制約、民主選舉、中央和地方的權力的合理劃分、政府向人民問責等，都表露無遺。這部憲法沒有機會付諸實踐，是歷史的遺憾，但這部憲法的內容和它所體現的民主憲政精神，在今天還是值得重溫的，發人深省的，它的有名或無名的起草者還是值得我們致敬的。

三、憲政時刻

最後，我想談談"憲法時刻"、"立憲時刻"或"憲政時刻"。[36] "憲法時刻"這個詞語源自台灣地區有名憲法學者葉俊榮的一篇論文，[37] 該論文引用了美國耶魯大學著名憲法學者阿克曼（Bruce Ackerman）的"二元民主觀"（dualist democracy），[38] 阿克曼用這套理論來研究美國憲政史中的大型憲法性變遷，並同時處理法院對立法的違憲審查，是否有違民主原則的理論難題。阿氏的"二元民主觀"對日常政治（或稱"常態政治"）（normal politics）和憲法性政治（constitutional politics）、一般立法活動（normal lawmaking）和更高層次（即憲法性層次）的立法活動（higher lawmaking）作出區分。

憲法時刻是一個國家的憲政史中的一個或某些時刻，在這個時刻，出現了與一般日常政治生活不同的憲法性政治，亦即全民自發地動員或被動員起來，積極關注和參與某些重大憲法性問題的討論，並就關於這些問題的憲法性規範形成了共識或主流意見，於是有關的憲法性規範被納入憲政秩序之中，可能是通過修憲、制定新憲，或由國會立法並由最高法院作出相關的憲法解釋，或形成新的重要的憲法性慣例。阿克曼指出美國憲政史上有三個這樣的憲法時刻，就是建國時期、19世紀南北內戰後的重建時期、以及1929年經濟大蕭條後的"新政"（New Deal）時期。阿克曼認為，**在憲法時刻通過巨大的民意力量所凝聚而成的憲法性規範，是人民意願的至高表述，其權威性高於在日常政治的議會立法過程中產生的法例**，所以當法院為了執行和維護（在憲法時刻產生的）有關憲法性規範，而對民選的議會的立法進行違憲審查，甚至宣佈其為違憲和無效時，法院作為憲法的監護者的這種司法行為是有足夠的正當性的，並不違反民主原理。

除了葉俊榮等學者把憲法時刻的概念用於台灣地區的憲政發展外，最近，中國內地學者高全喜所著的《立憲時刻》一書，[39] 也引起國人對"立憲時刻"或"憲政時刻"的興趣。我認為我們可以借用"憲政時刻"的話語來研究不同國家的憲政發展，包括中國20世紀的憲政史，但適宜給這個概念一個更廣義的詮釋，即不把它限於全民幾乎"總動員"去關注憲法性問題的情況（因為在很多發展中國家，這種情況是甚為罕有的，制憲、修憲很多時只是政治精英分子才參與的事，人民不一定很積極參與），而應把憲政時刻理解為任何對於該國的憲政史有特別重大意義的關鍵性時刻，包括一個轉捩點、一個分水嶺、一個在歷史道路上的十字街頭。在一定意義上，高全喜教授在上述著作中也是這樣廣義地理解"立憲時刻"的含義的。[40]

我認為，"憲政時刻"的概念可與"虛擬歷史"的概念一起理解。在《虛擬歷史》（台灣譯作：《反事實的思考：虛擬歷史》（*Virtual History*）[41]一書中，當代有名歷史學家弗格森（Niall Ferguson）集合了一些歷史學者，就某些國家的歷史作出分析，去推想如果某一件歷史事件沒有發生（或以不同於它實際發生的具體形式和內容發生），該國或世界的歷史將如何改寫——這樣改寫的歷史便是所謂"虛擬歷史"，它展現的是歷史發展的可能的、但沒有實現的軌跡。這是具有高深理論意義的一種思想探討，它涉及到歷史發展的偶然性和必然性等歷史哲學課題。從"虛擬歷史"的角度看，某些時刻對某個社會、國家或文明的歷史軌跡或歷史發展具有特別關鍵的意義，在這個時刻，某個國家或民族就像走到一個十字路口，它（或它的某些領導人或關鍵人物）在這裏選擇的一條路便成了它實際的歷史，它沒有選擇的另一條路在事後便構成一部"虛擬史"。當有關的道路是憲政史時，這個關鍵時刻便是一個"憲政時刻"。

中國跟憲政如此靠近

從這個角度去看，現代中國憲政史中的憲政時刻還是有待我們進一步研究和發掘的，高全喜教授研究的清帝退位是其中之一，作為本文的最後部分，我希望與大家分享另一個憲政時刻，就是 1946 年 1 月在重慶發生的故事。

1945 年抗戰勝利後，國共兩方二分天下，中國是否會爆發內戰，還是會和平統一，前途未卜。8 月 28 日，毛澤東等人親往重慶，與蔣介石政府進行談判，談判從 8 月 29 日起到 10 月 10 日止，最終達成協議，是為 "雙十協定"，[42] 協議確立了和平建國的方針，雙方並 "一致認為應迅速結束訓政，實施憲政，並應先採必要步驟，由國民政府召開政治協商會議，邀集各黨派代表及社會賢達，協商國是，討論和平建國方案及召開國民大會各項問題"。[43] "雙十協定" 後，國共雙方有過軍事衝突，但雙方的接觸和談判沒有全面中斷。美國杜魯門總統（Harry S. Truman）派遣馬歇爾將軍（George Catlett Marshall）使華，調處國共衝突。12 月 27 日，國共雙方開始停戰談判，1946 年 1 月 5 日，雙方達成協議。[44]1946 年 1 月 10 日，國民政府在重慶召開 "雙十協定" 提到應召開的政治協商會議，參加各方包括國共雙方的代表和 "第三方面" 的民主人士。[45] 經過艱辛的談判過程，終於在 1 月 31 日經各方一致同意達成協議，該政協決議案由以下五案構成：[46]《政府組織案》[47]、《國民大會案》[48]、《和平建國綱領》[49]、《軍事問題案》[50] 和《憲法草案案》[51]。

國共同時主張民主政治

我們只需看看這個協議達成後各方的反應，便可明白 1946 年 1 月 31 日，應被確認為 20 世紀中國的其中一個 "憲政時刻"：

蔣介石在這次政協會議閉幕式的致詞中，認為諸位會員 "能開誠佈公，大家本着互尊互信互助合作的精神，實事求是的尋覓各種問題合理的解決，使本會始終在祥和協調空氣之中，獲得圓滿的成就，尤為本會議最可寶貴的收穫"；"此次政治協商會議，訂定了和平建國綱領及各種有關問題的方案，建國初基已具，憲政實施有限，今後各黨各派的中堅分子以及社會賢達，都參加政府共同負起對國家民族前途的大責，今後建國的重擔，既不是國民黨一黨的責任，更不是中正個人的責任，這一個重大的責任，要交托給各位同人和全國同胞來共同擔負。"[52]

周恩來在同一場合中說："由於全國人民的期望與督促，由於盟邦的期待，由於各黨派和社會賢達的共同努力，由於蔣主席的領導，終於使我們這些具有長期性的歷史性的許多問題，得到了政治解決。這些問題的解決，是為中國政治開闢了一條民主建設的康莊大道，而這種解決的方式，也是替民主政治樹立了楷模……雖然這些問題的協議和中共歷來的主張還有一些距離……但是我們願意承認：這些協議是好的，是由於各方面在互讓互諒的精神之下得到的一致結果。我們中國共產黨願意擁護這些協議，並保證為這些協定的全部實現，不分地區，不分黨派地努力奮鬥……這是中國走上和平團結民主統一的開始，值得我們慶幸……中共願意追隨各黨派和社會賢達之後，共同努力，長期合作，為獨立自由民主統一的中國奮鬥到底，三民主義新中國萬歲。"[53]

1946 年 2 月 1 日，中共中央對黨內發出《關於目前形勢與任務的指示》，其中提到："由於這些決議的成立及其實施，國民黨一黨獨裁制即將破壞，在全國範圍內開始了國家民主化，這就將鞏固國內和平，使我黨及我黨所創立之軍隊和解放區走向合法化，這是中國民主革命的一次偉大勝利。從此，中國即走上了和平民主建設的新階段。雖然一定還要經過許多曲折的道路，但是這一新階段是已經到來了……中國革命的主要鬥爭形式，目前已由武裝鬥爭轉到非武裝的羣眾的議會鬥爭，國內問題由政治方式解決，黨的全部工作必須適應這個新形勢。"[54] 中央指示又說："我們的軍隊即將整編為正式國軍……在整編後的軍隊中，政治委員、黨的支部、黨務委員會等即將取消，黨將停止對於軍隊的直接領導（在幾個月之後開始實行），不再向軍隊發出直接的指令"。[55]

　　同一天，劉少奇在延安作《時局問題的報告》，指出：“從此中國就走上和平民主建設的新階段，這個新階段已經開始了，不是將要開始，雖然我們經過了許多曲折道路，但我們應當認識和平民主的新階段已經開始了……中國徹底民主化和中國民主革命的徹底勝利是有希望的，前途是光明的，因為條件很好，和中國過去任何一次民主革命獲得勝利的情況不同，是歷史上從來未有的好條件，和好的環境，使中國民主化可以完成……所謂中國民主革命的基本勝利是通過一個憲法，而且根據這個憲法建立議會制度……從前我們很強調中國革命的形式是武裝鬥爭，這在今後就不太適應了，要轉變了。”政協會議之後，中國共產黨要“參加中央政府，參加國民政府委員會，參加行政院、立法院、監察院，省政府、縣政府也可能參加，從此我們就成為政府黨之一了，不是在野而是在朝了……將來全國出風頭的，當代表的，就是做這些鬥爭的人，而不是拿槍桿子的人……黨的新任務是進行非武裝的、和平的、合法的議會鬥爭，使全國民主化。要詳細解釋和平民主階段已經到來了，和平真的來了，內戰真的停止了。”[56]

　　在《中國的憲政選擇》一書中，劉山鷹教授對於 1946 年 1 月的政協協議有以下的評價，我認為是很中肯的：“政治協商會議的成功召開及其所取得的五項協議，是中國在國家民主化及軍隊國家化方面所取得的重大進展。停戰協定、政協決議以及其後達成的整軍方案，為中國描繪了一個建立民主憲政國家的光明前途。它是中國歷史上第一次包括全國範圍的多黨派和社會賢達的政治協商，它也是中華民國建立 30 多年以來的一個創舉，它的實現已經觸及到民主憲政的重要特徵：多元政治力量的存在，以及用和平方式在多元政治利益中謀求妥協和平衡。政協決議的達成離不開各方的互諒互讓，特別是國共兩黨能夠適應時代潮流和響應人民呼聲，擇善而從。因此，政協決議深得人心，在人們心中燃起了新的希望。許多人把政協決議當做中國和平、民主和建設的開始。"[57]

　　1946 年 1 月政協會議達成的五項協定中具有最重大憲政意義的便是《憲法草案案》，[58] 此案包含憲草修改原則共 12 條，[59] 反映了國、共和第三方面就怎樣修改國民黨政府原來提出的憲法草案所達成的共識，亦即是它們對於中華民國（從訓政進入憲政階段時）即將訂立的新憲法，應該建立怎樣的政治體制和民權保障制度的共識。[60] 這個大家一致同意要建立的體制有以下的特點（並在一些重要方面與國民黨政府原來的憲法草案 [即 1936 年的 "五五憲草"[61]] 所建議的體制有所不同）：[62]

　　（1）由全國選民行使 "四權"（即選舉、罷免、創制和複決這四種基本民權），實行總統普選制（即是不設立 "五五憲法" 所規定的國民大會)[63]；

　　（2）政府架構分為立法院、行政院、司法院、監察院、考試院[64]；

　　（3）立法院（國家最高立法機關）由選民直接選舉；

　　（4）行政院（國家最高行政機關）院長由總統提名，經立法院同意後任命；

　　（5）"行政院對立法院負責"；"如立法院對行政院全體不信任時，行政院院長或辭職，或提請總統解散立法院，但同一行政院長，不得再提請解散立法院"；

　　（6）各級法官和考試院委員均 "須超出於黨派以外"；

　　（7）關於 "地方制度"："確定省為地方自治之最高單位；省與中央權限之劃分，依照均權主義規定；省長民選；省得制定省憲，但不得與國憲抵觸"；

　　（8）"凡民主國家，人民應享之自由及權利，均應受憲法之保障，不受非法之侵犯；關於人民自由，如用法律規定，須出之於保障自由之精神，非以限制為目的"；"聚居於一定地方之少數民族，應保障其自治權”；

(9)“國民經濟，應以民生主義為基本原則，國家應保障耕者有其田，勞動者有職業，企業者有發展之機會，以謀國計民生之均足”。

政協《憲法草案案》的重大憲政意義，不單來自它的上述具體內容，更重要的是，它是有不同政見、利益和理念的各方（國、共和“第三方面”民主人士[65]）通過和平、理性的談判協商所達成的共識，這個共識乃關於中國未來的政治權力的產生和運作的遊戲規則，各方均一致同意接受這套遊戲規則，作為未來中國的政治體制的根本原則，也就是未來中國的憲法。**真正的憲法，不外是國家的人民和參政者所共同接受和願意遵守的關於政治和社會生活的遊戲規則；真正的憲政，不外是這些規則的有效運作、有效實施。**

正義原則

在這裏我們不妨借用羅爾斯（John Rawls）有名的正義論來加以說明。[66] 羅爾斯認為，甚麼才是關於政治和社會生活的正義原則，可通過一個虛擬的思想實驗來予以論證。在這個實驗中，我們假想一羣人處於“原初狀態”(即人們還未有成立社會契約以建構國家時的“自然狀態”)，並處於“無知之幕”的後面(即他們不知道自己的某些個人和社會特徵，例如自己的階級、地位、性別、種族、家庭背景、天賦能力［例如是否有高的智商］、宗教信仰、擁有多少財產等，因此他們沒有與這些特徵有關的利益取向或利害關係)，在這情況下，他們通過理性協商，將會一致同意哪些關於如何組織他們未來的政治和社會生活的原則？羅氏指出，他們在這實驗中將會一致同意接受的原則，就是正義原則，因為如果他們不認為這些原則是正義的，他們便不會同意接受它。羅氏這套正義論對我們的啟示是，雖然在達成政協《憲法草案案》的談判過程中，各方離羅氏所說的"原初狀態"甚遠，但至少國共雙方當時都不知道如果發生內戰，最終政權會鹿死誰手，而"第三方面"民主人士又沒有重大的既得利益需要保護，他們主要是在追求民主憲政的理想的實現，所以《憲法草案案》所體現的政治體制應該是比較公平合理的、符合憲政精神的，國共雙方當時都認為，在這個政治體制中，他們將可以和平共存，和平競爭，而"第三方面"也樂見其成。

1946 年 1 月國、共和第三方面在政協會議達成的協議最終沒有付諸實施，他們當時同意要共同努力去建設的政治體制，最終也沒有在神州大地出現。在 1946 年 1 月的憲政時刻出現的，是"敞開卻又迅速關閉的憲政之門"，[67] 國人過門而不入。[68] 由於種種原因，包括國民黨內強硬派認為國民黨在政協《憲法草案案》中的讓步過多，完全偏離了"五五憲草"中和國父遺教中的一些基本原則，也包括國共雙方因爭奪日軍撤出後的東北而發生激戰，中國共產黨終於沒有參加國民黨政府在 1946 年底召開的制憲國民大會，中國的全面內戰也終於爆發。我們只能像《虛擬歷史》（台灣譯作：《反事實的思考：虛擬歷史》）一書的作者一樣，運用豐富的想像力，像玩遊戲般建構一部從 1946 年 1 月 31 日那個"憲政時刻"出發的"虛擬歷史"。然而，前事不忘，後事之師，歷史作為人類經驗的累積，包括試錯經驗的累積，是不會白費的，先人和前輩的努力和奮鬥也是不會白費的。歷史是我們珍貴的資源，憲政史是我們珍貴的憲政資源，可用於未來的憲政建設，取之不盡，用之不竭；過去的憲政時刻，今天重溫，從中可以得到啟發和靈感，從中可以見到未來的光明與希望，永無窮盡，生生不息。

註釋

1　林來梵、褚宸舸：〈中國式'憲政'的概念發展史〉，載林峰（編）：《百年憲政與中國憲政的未來》，（香港：香港城市大學出版社，2011 年），頁 51，55。

2　同樣地，"漢語的'憲法'二字，是近代日本用來翻譯西方概念的一個語彙。而這個翻譯後又傳入中國為中國人所沿用。論者把它稱為'回歸的書寫形式外來詞'，即'源自古漢語的日本"漢字"詞語'。"見於王人博等著：《中國近代憲政史上的關鍵詞》，（北京：法律出版社，2009 年），頁 22-23。

3　林來梵等，同註 1，頁 55。並可參見荊知仁：《中國立憲史》，（台北：聯經出版，1984 年），頁 85。

4　轉引自林來梵等，同註 1，頁 57-58；韓大元：〈憲政概念的憲法學說史意義〉，《法學》，2008 年第 3 期，頁 7，8。

5　荊知仁，同註 3，頁 362。

6　荊知仁，同註 3，頁 361。

7　荊知仁，同註 3，頁 362。根據《中華革命黨總章》第 4 條，軍政期"以積極武力，掃除一切障礙，而奠定民國基礎"；訓政期"以文明治理，督率國民，建設地方自治"；憲政期"俟地方自治完備後，乃由國民選舉代表，組織憲法委員會，創制憲法；憲法頒佈之日，即為革命成功之時。"（轉引自王人博等著，同註 2，頁 200）。關於"訓政"這個語詞的來源和孫中山的"訓政"理念的探討，參見王人博等，同註 2，頁 164-213〈孫中山訓政思想淵源〉。關於"訓政"的具體實踐，參見郭寶平、朱國斌：《探尋憲政之路——從現代化的視角檢討中國 20 世紀上半葉的憲政試驗》，（濟南：山東人民出版社，2005 年）。

8　荊知仁，同註 3，頁 363。

9　孫中山：《中國革命史》（1923 年 1 月 29 日），收於《三民主義》，（北京：中國長安出版社，2011 年），頁 231，239。

10　在民國時期，省級以下便是縣級政府，"市"與縣同級。參見 1923 年的《中華民國憲法》、1946 年的《中華民國憲法》。

11　五權憲法設立的中央政府分為五院，即行政院、立法院、司法院、考試院和監察院。

12　孫中山：《中國革命史》，同註 9，頁 239-240，235-236。

13　陳荷夫編：《中國憲法類編》，（北京：中國社會科學出版社，1980 年），頁 447。

14　陳荷夫編，同註 13，頁 448。

15　劉山鷹：《中國的憲政選擇——1945 年前後》，（北京：北京大學出版社，2005 年），頁 8。

16　《毛澤東選集》第 2 卷（北京：人民出版社，1991 年），頁 731-736。

17　在同一篇講話中，毛澤東說："甚麼是新民主主義的憲政呢？就是幾個革命階級聯合起來對於漢奸反動派的專政。"關於毛澤東對"憲政"的看法，可參見林來梵等，同註 1，頁 54，60-66。1940 年 1 月 1 日，張友漁發表〈中國憲政運動之史的發展〉一文，其中提到："甚麼是憲政運動？簡單說，就是要求實現立憲政治的運動。而所謂立憲政治，實質上，就是民主政治；憲政運動，也就是民主運動……要求立憲政治的運動，也是反獨裁，反專制，反封建的民主政治運動。"見《張友漁文選》（上卷）（北京：法律出版社，1997 年），頁 123，轉引自林來梵等，同註 1，頁 63。

18　劉山鷹，同註 15，頁 9。

19　轉引自劉山鷹，同註 15，頁 9。"1944 年 3 月 1 日，毛澤東代表中央政治局在黨內通知《關
　　於憲政問題》一文中，再次表達了參加憲政運動的真實政治意圖：中央決定我黨參加此種
　　憲政運動，以期吸引一切可能的民主分子於自己周圍，達到戰勝日寇與建立民主國家之目
　　的。"見林來梵等，同註 1，頁 65。

20　陳荷夫，同註 13，頁 235-280。

21　陳荷夫，同註 13，頁 242-243。

22　陳荷夫，同註 13，頁 237-。

23　1954 年憲法確立的體例是第一章是"總綱"，第二章是"國家機關"，第三章是"公民的基本
　　權利和義務"，第四章是"國旗、國徽、首都"。

24　中國人民大學法律系國家法教研室編：《中外憲法選編》，（北京：人民出版社，1982 年），
　　頁 279-281。

25　《人民日報》（海外版），2007 年 10 月 25 日，頁 3。

26　陳荷夫，同註 13，頁 248，257。

27　孫中山，同註 9，頁 235。

28　陳荷夫，同註 13，頁 404；卞修全：《近代中國憲法文本的歷史解讀》（北京：知識產權出版
　　社，2006 年），頁 192。

29　容若：〈為中國第一部民主憲法平反〉，《明報月刊》（香港），2012 年 3 月號，頁 106，108。

30　卞修全，同註 28，頁 128-129。

31　與"國體"有關的還有第 37 條和第 138 條，後者規定這部憲法中關於國體的規定不得修改，
　　第 37 條則規定："國體發生變動，或憲法上根本組織被破壞時，省應聯合維持憲法上規定之
　　組織，至原狀回復為止。"這些條文的背景，估計應是袁世凱稱帝和張勳復辟等事件。

32　此"保護狀"相當於英美法中的"人身保護狀"（writ of habeas corpus），這是英美訴訟程序
　　法中重要的用以保障人身自由的司法補救。今天中國的法制中仍未有設立這種請求補救程序。

33　在今日中國，全國人大及其常委會會議中的討論，仍未能像外國的議會一樣，做到全面公
　　開，即歡迎公眾人士和記者隨時入座旁聽及由記者報道。

34　見於第 102 條。此條規定的法官職業保障是司法獨立的制度性保障，我國現行憲法雖然規定
　　"人民法院依照法律規定獨立行使審判權，不受行政機關、社會團體和個人的干涉"（第 126
　　條），但沒有設定類似於 1923 年《中華民國憲法》第 102 條所規定的制度性保障。關於法官
　　"不得減俸"的規定，源於美國憲法第三條第一款。

35　從比較憲法學的角度看，規定對憲法中某些屬於其核心價值理念的民主憲政原理不得修改，
　　是具有重大憲政意義和先進性的設計。在德國憲法史上，1949 年西德的《基本法》首次採
　　用此設計。印度的最高法院和台灣地區的司法院大法官會議分別於 1973 年（Kesavananda
　　Bharati 一案）和 2000 年（釋字第 499 號解釋），以憲法解釋的形式把這個原則引進印度憲
　　法和在台灣地區仍適用的"中華民國憲法"。

36　在本文中，此三詞的含義相同（相當於英語的 constitutional moment），可互相替代使用。

37　葉俊榮：〈消散中的'憲法時刻'〉，《現代國家與憲法》（李鴻禧教授六秩華誕祝賀論文集），
　　（台北，1997 年），頁 237。另一位台灣學者蘇永欽也用到"憲法時刻"此詞，見蘇永欽：〈中
　　國語境中的憲法時刻〉，同註 1，頁 1。

38　Bruce Ackerman, *We the People, Volume 1: Foundations*（1991），Volume 2: Transformations（1998）.

39　高全喜：《立憲時刻 —— 論〈清帝遜位詔書〉》（桂林：廣西師範大學出版社，2011 年）。

40　高教授在上述著作中主要討論的是 1912 年 2 月的"清帝遜位詔書"在現代中國憲政史上的意義。他在書中引用了卡爾・施米特（Carl Schmitt）和阿克曼（Bruce Ackerman）的學說來說明"立憲時刻"的概念（《立憲時刻》，頁 6-7）。像阿克曼一樣，他對"日常政治"和"非常政治"作出區分，在立憲時刻發生的是非常政治，關乎新國家的構建或施米特意義上的"根本政治決斷"。"任何一個現代國家的建國時期都有一個非常政治狀態，都有一個'立憲時刻'，這個時刻的政治問題關涉人民的政治價值決斷"（頁 14-15）。就 1912 年中華民國的建國來說，高教授認為在南京制定的《中華民國臨時約法》和在北京頒佈的《清帝遜位詔書》這"兩個憲法或憲法性法律文件……作為姊妹篇共同構成了中華民國'立憲時刻'之憲法，它們才是作為民國肇始之立國根基的根本法"（頁 10）。他指出（頁 97-98）："革命黨人所理解的革命建國是一種激進主義的、暴力的非和平方式的革命建國……而詔書所申明的革命建國，卻是和平方式的遜位，即將統治權移交、轉讓給南北兩方通過'議開國會、公決政體'所確定的'共和立憲國體'……這個和平方式的革命建國……彌補了辛亥革命建國的激進性和片面性，並通過這個雙方認同的具有憲法意義的遜位契約，把兩種革命建國的方式融彙在一起，從而深化和完成了中華民國革命建國之構建。經由這場起於暴力起義終結於和平遜位的'革命'，中國政治完成了一次歷史性的古今之變，從傳統帝制轉變為現代民國。"

41　Niall Ferguson（ed）, *Virtual History*（Penguin Books, 2011）, 1997 年為初版。中譯本為尼爾・弗格森（編著）、楊豫（譯）：《反事實的思考：虛擬歷史》（台北：知書房出版社，2005 年）。

42　劉山鷹，同註 15，第 2 章。雙方正式簽署的文件名稱是《國民政府與中共代表會談紀要》。

43　轉引自荊知仁，同註 3，頁 438。有論者指出，雙十協定中"達成一致意見的內容，全都是一些原則性方針"，並未解決具體問題（劉山鷹，同註 15，頁 77）。

44　劉山鷹，同註 15，第 3 章，頁 99。

45　參加政協會議的各方代表共 38 人，其中國民黨 8 人，共產黨 7 人，民主同盟 9 人，青年黨 5 人，無黨派社會賢達 9 人。參加者名單見於荊知仁，同註 3，頁 438；鄧野：《聯合政府與一黨訓政 —— 1944-1946 年間國共政爭》（北京：社會科學文獻出版社，2011 年修訂本），頁 295。

46　全文見於劉山鷹，同註 15，頁 200-210。

47　此案處理的是如何改組國民政府的問題，即在制憲國民大會制定新憲法並依照新憲法選出新政府之前，現有政府應予改組，結束國民黨一黨訓政。在這方面，此案規定改組後的國民政府委員會（即"政府之最高國務機關"）由 40 人組成，其中"半數由國民黨人員充任，其餘半數由其他各黨派及社會賢達充任"。（轉引自劉山鷹，同註 15，頁 124；並可參見鄧野，同註 45，頁 313-317。）

48　此案處理的是負責制憲的第一屆國民大會的組成方式和召開日期（訂為 1946 年 5 月 5 日）；參見劉山鷹，同註 15，頁 124；鄧野，同註 45，頁 321-324。

49　該綱領處理的是新憲法頒佈前的過渡時期政府施政的綱領。該綱領的第一部分（"總則"）有如下規定："（一）遵奉三民主義為建國之最高指導原則。（二）全國力量在蔣主席領導之下，團結一致，建設統一自由民主之新中國。（三）確認蔣主席所宣導之'政治民主化'、'國家軍隊化'及黨派平等合法，為達到和平建國必由之途徑。（四）用政治方法解決政治糾紛，以保持國家之和平發展。"此外，還有關於"人民權利"的第二部分，關於"政治"的第

　　三部分（此部分分為 8 條，其中包括"建設健全的文官制度，保障稱職人員，用人不分派別，以能力、資歷為標準"；"確保司法權之統一與獨立，不受政治干涉"；"厲行監察制度，惡懲貪污，便利人民自由告發"；"積極推行地方自治，實行由下而上之普選，迅速普遍成立省、縣（市）參議會，並實行縣長民選"等等）和其餘的六個部分和一個"附記"（劉山鷹，同註 15，頁 124-125，202-207；並可參見鄧野，同註 45，頁 317-319。）

50　此案處理的是"建軍原則"和"整軍原則"，包括軍隊國家化、軍黨分離、軍政分離等問題。見劉山鷹，同註 15，頁 125-126；鄧野，同註 45，頁 319-321。

51　見下文。

52　劉山鷹，同註 15，頁 127-128。

53　劉山鷹，同註 15，頁 128。

54　劉山鷹，同註 15，頁 132。

55　轉引自鄧野，同註 45，頁 338。"對此，中共中央解釋道：'全黨同志必須認識這種改變是完全必要的……黨內黨外均有許多人不相信內戰真能停止，和平真能實現……不相信和平民主新階段已經到來，因而採取懷疑態度。'為此，中共中央要求'很好的克服這些偏向'。(鄧野，同註 45，頁 338。)

56　劉山鷹，同註 15，頁 132-133。

57　劉山鷹，同註 15，頁 130。

58　全文見於劉山鷹，同註 15，頁 208-210。

59　此案同時規定了"憲草審議委員會"的成立。參見荊知仁，同註 3，頁 442。

60　參加這次政協會議的各方還作出了承諾，保證這個方案在即將召開的制憲的國民大會中通過：見劉山鷹，同註 15，頁 127。

61　"五五憲草"的正式名稱是《中華民國憲法草案》，在 1936 年 5 月 5 日公佈，故稱為"五五憲草"。全文見於陳荷夫，同註 13，頁 456；荊知仁，同註 3，頁 534。關於"五五憲草"的背景，可參見荊知仁，同註 3，頁 401-428。"五五憲草"的起草工作在 1933 年開始，1936 年 5 月 1 日在當時的立法院三讀通過。原來的計劃是在國民大會選舉產生後，在 1937 年 11 月召開國民大會制憲，後因"七七事變"而延遲。

62　由於篇幅所限，這裏只是選擇性地列出其中一些內容。

63　這即是說，由全國選民構成"無形"的國民大會，代替"五五憲草"規定的由全國選民選出的"有形"的國民大會。根據"五五憲草"，國民大會的職權包括選舉和罷免總統、創制法律、複決法律和修改憲法等。

64　這是孫中山先生倡議的"五權憲法"的五權體現。

65　這次政協會議通過決議的規則是，每一決議必須獲得五方（即國民黨、共產黨、民主同盟、青年黨和"無黨派社會賢達"）一致同意，才能通過。見劉山鷹，同註 15，頁 122。

66　約翰·羅爾斯：《正義論》，何懷宏等譯，（北京：中國社會科學出版社，1988 年）。

67　劉山鷹，同註 15，頁 131。

68　正如鄧野的《聯合政府與一黨訓政》一書（同註 45）銷售時用的包裝紙條上說："誰能相信，中國曾經離憲政如此接近！"

當代中國的政治憲法學話語

在當代西方世界的自由主義憲政語境下，學者們在區別政治憲政主義與法律憲政主義或司法憲政主義的不同時，一個顯著區分就是前者將其思考重點放在憲法和其相關的政治體制所依存的政治基礎及其實施的條件，而後者則關注憲法在司法層次上的解釋和適用，尤為關注法院對政府和立法機關的行為的合憲性的司法審查（違憲審查），以及憲法所規定的基本權利的解釋和實施。從比較憲法學的角度看，目前中國有關政治憲法學的討論是值得關注的，儘管這方面的討論的興起還僅僅是最近幾年的事。和西方政治憲政主義一樣，中國政治憲法學的特徵也可從它與司法憲政主義或規範憲法學的比較中呈現出來。

但與西方有所不同的是，西方政治憲政主義的學者的分析框架，是建立在一個西方式民主的政治體制之上，他們的研究主要是考慮在此基礎上，如何發展或進一步強化其原有的民主憲政制度，例如民主政治、民主選舉、議會運作、權力的分立、制約和平衡、政治問責性、公眾審議和協商等。而當代中國政治憲法學的討論的時代背景，則是中國共產黨領導下的政治體制、國家經濟的快速發展、社會結構的急劇改變或社會轉型，以至進行政治體制改革的呼聲。在這個語境下，對中國政治憲法學的研究，將有助我們理解正處於其現代化進程的一個十字路口的當代中國所面臨的困境。

本文將通過介紹和評論中國政治憲法學的主要倡議者高全喜教授的學術思想，來探討當代中國的政治憲政主義。本文分為兩部分，第一部分將介紹高全喜教授在政治憲法學研究方面的主要學術觀點。在第二部分，筆者將就高全喜教授的有關學術觀點進行討論和評估。

一、高全喜的政治憲法學

高全喜教授主要研究西方和中國哲學，尤以對現代西方政治思想的研究為長。近年來，他開拓了政治憲法學這個研究領域，成為當代中國政治憲法學研究的主要宣導者。本文的本部分嘗試對高氏的政治憲法學思想作一全景式描述，並且介紹其主要內容。

高全喜在其著作中表示，當代中國關於政治憲法學的討論，起源自北大法學院陳端洪教授在 2008 年發表的一篇文章，題為〈論憲法作為國家的根本法與高級法〉。[1] 在這篇文章中，陳表示他不同意那些主張 "憲法的司法化" 的學者觀點，後者認為中國法院應該在憲法解釋方面扮演積極的角色，並且發展以憲法權利保護為中心的憲法學。與此相反，陳認為中國 "在原則問題、價值問題、政治問題、意識形態問題上應走有中國特色的政治憲政主義道路"，雖然陳也支持 "訓練司法的專業能力" 和 "發展日常的具體的法治"。[2]

陳端洪關於政治憲政主義的觀點反映於他對 "制憲權"（constituent power）和 "立憲時刻"（constitutional moment）的強調。他又對 "資本主義憲法" 和 "社會主義憲法" 作出區分。就中華人民共和國憲法來說，陳強調在立憲時刻行使制憲權的 "主體" 就是 "中國共產黨領導下的中國人民"。在具體分析中國憲法的文本時，陳特別重視其序言部分，他提煉出了中國憲法的五個 "根本法"，並且依據其重要性排列了先後順序：(1) "中國人民在共產黨的領導下"；(2) 社會主義；(3) 民主集中制；(4) 社會主義現代化建設；(5) 基本權利和人權保障。

高全喜意識到陳端洪的文章在憲法學研究方面的重要性，即首次在中國提出政治憲政主義和司法憲政主義的區分。高表示他讚賞陳的問題意識和方法論，但是在諸多具體觀點和研究路徑上，他與陳存在分歧。[3] 尤其是，高批評陳傾向認同「一切存在的就是合理、正當的」，[4] 因而忽略了正當性和規範性的問題。[5] 高把陳視為當代中國政治憲法學研究的左派：「我們兩人分別代表着政治憲法學的『左』和『右』，我們之間的差別，從某種意義上遠遠大於我們與規範憲法學及憲法解釋學之間的差別」。[6]

建立憲政的關鍵

那麼，高氏是如何理解政治憲法學的呢？他認為政治憲法學研究的主要是建國、制憲、立憲時刻、憲法的政治基礎、憲法變遷、「憲法精神以及內在的動力機制」[7] 等課題。在借鑒卡爾・施米特（Carl Schmitt）和布魯斯・阿克曼（Bruce Ackerman）的憲法學思想的基礎上，[8] 高強調研究「立憲時刻」（即建國和制憲的時期）的重要性，並且對憲法的制定的「非常政治時期」[9]（立憲時刻）和「日常政治」（即憲法運作的「日常狀態」或「日常的法治時期」，[10] 包括其司法解釋）作出區分。對於高而言，憲政的關鍵在於從「非常政治」到「日常政治」的過渡，[11] 亦即從革命到憲政的過渡。[12]

高氏關於政治憲法學的論述中，最為重要的觀點之一就是，伴隨革命所建立起來的憲政應被理解為一種「革命的反革命」，[13] 它的性質是在鞏固革命成果的同時，建立起一個穩定的政治秩序，並以憲法規定的原則、制度和程序來約束和馴服那個由革命所產生的「利維坦」的政治權力。因此，高認為雖然政治憲政主義的目的在於建立有限政府，但同時指出要警惕不要靜態地把政治憲政主義等同於有限政府。他指出憲政必須在革命以至通常伴隨着革命的戰爭的語境中予以理解，在這種情況下，新的民族國家（即上述的「利維坦」）誕生，[14] 其人民取得新的公民身份，這個國家的人民作為主權者行使其制憲權，從而創造一個新的政府架構。對於高氏而言，憲政的秘密在於"利維坦時刻"（即民族國家的建立）[15] 和"洛克時刻"（即用以規範和馴服這個"利維坦"和它的政治權力的憲政秩序的建立）[16] 之間的關係，這便是政治憲政主義和政治憲法學所最關注的課題，而司法憲政主義則忽略此課題。高氏認為，當政治憲政主義完成其任務，國家從"非常政治"過渡至"日常政治"後，司法憲政主義才有其用武之地。

高氏比較了英國和法國在政治憲政主義方面的實踐經驗。[17] 在高看來，法國大革命是人民行使其制憲權建立現代國家的典型。但是，高認為法國大革命所釋放出來的能量，是政治激進主義而非憲政主義的。根據高的分析，惟有那種能夠限制那伴隨革命而來的絕對制憲權的保守主義，才能帶來真正的憲政。而法國的情況正是缺乏這種保守主義的力量，而導致不斷地革命、流血，以及持續的"利維坦時刻"，遲遲未能建立一個穩定的政治秩序。因此，法國大革命雖然產生了現代民族國家，但沒有成功建立憲政。

英國光榮革命的借鏡

在高氏看來，正是 17 世紀的英國，尤其是 1688 年的"光榮革命"，才為政治憲政主義提供了成功的範式。根據高的分析，光榮革命是一場融匯了保守主義、傳統主義以及漸進改良主義等元素的革命，[18] 因而造就了憲政。高寫道："我們理解政治憲政主義必須回到英國，回到英國的光榮革命。在英國光榮革命那裏，才有一種激進主義的現代革命政治與憲政主義的保守主義的結合。我認為，政治憲政主義最經典的文本是英國的光榮革命。光榮革命既不是霍布斯的政治，也不是普通法的憲政，而是一種新形態 —— 真正的政治憲政主義。"[19]

在高看來，光榮革命是體現“非常政治”的立憲時刻，一個現代國家由此誕生。但是，傳統勢力在其中也起到了限制專制王權的作用。保皇黨、輝格黨（Whigs）以及激進的共和主義者之間的鬥爭最終導致了一個政治妥協。[20] “利維坦時刻”得到了《權利法案》、《王位繼承法》和《寬容法》所代表的憲政措施的妥善安置。[21] 根據高的分析，這些憲法性文件“都具有這種政治憲政主義或保守主義的核心價值，它們有效地達成了利維坦時刻的憲政之反動，達成了革命與反革命（anti-revolution）的結合，實現了一種政治憲政主義的正義。”[22] “這種正義瓦解或消除了施米特所説的敵友政治，制止了決斷時刻的重複迴圈，塑造了一個‘不分敵友’的公民政治統一體。”[23]

在高氏看來，洛克的學説便是政治憲政主義和光榮革命的最佳理論表述。[24] 高強調洛克的《政府論》不應視為僅關於常態政治的理論，而應該置於那個建立新的主權國家的“利維坦時刻”的政治背景中去理解。[25] 高認為洛克所宣揚的法治、有限政府、分權架構以及自然權利，其目的都是為了“安頓和守護”這個新生現代國家。[26] 根據高的分析，洛克的理論充當了從“非常政治”向“日常政治”轉化的理論“中介”。[27] 因此，高強調雖然洛克的理論看來好像只是關於“日常政治”的基本原則，但是這套理論其實只有置於“非常政治”和國家建立的“利維坦時刻”的背景中才能充分得到理解。[28] 這套理論可以作為中介，對從非常政治走向常態政治的過渡起關鍵性的作用。

百年中國憲政史

現在讓我們考察高氏如何把他的政治憲政主義和政治憲法學應用於中國的情況。首先應當指出的是，高強調歷史意識在中國政治憲法學研究中的重要性。[29] 他認為，我們必須採用一個至少包涵一個世紀的中國現代憲政史的寬廣視角，然後對這段歷史中的不同時期作出劃分，同情地理解不同的歷史時期情況，以及從政治憲法學的角度，對每一時期予以分析和評價。[30]

高氏以"時代精神憲法化"為基準把中國的現代憲政史劃分為"三個時間層次"[31]：(1) 建立於 1912 年的中華民國及其憲政傳統（高稱之為"第一個現代中國"）；(2) 由中國國民黨在 1928 年建立的"黨制國家傳統"以及 1949 年由中國共產黨建立的"黨制國家傳統"（"第二個現代中國"）；以及 (3) 從 1978 年開始的"改革開放"時期的中國，包括 1982 年憲法的制定及其隨後的修改（"第三個現代中國"）。

從另一個角度來看現代中國的立憲史，高指出"至少從'中華民國'開始，憲法意義上的中國大致出現了三個半，或者說，我們的現代歷史中大致有三個半的現代中國以及'憲法中國'"[32]：(1) 建立於 1912 年的中華民國；(2) 國民黨及其"黨國體制"領導下的中華民國；(3) 在中國共產黨領導下的中華人民共和國；以及 (3 1/2) 至今還未統一的中國，但是這個中國有希望有一天"凝聚為一個自由、憲政、民主的新中國"。[33]

高氏認為，中國政治憲法學的研究應該同時兼顧描述性和規範性的研究；它應該揭示出中國的憲政或政治體制的真實情況，也要面對正當性、合憲性和正義等課題。[34] 高尤其着意於對隱藏於現代中國憲政史上那些事實、事件及文獻背後的憲政思考和政治形態的發現與挖掘。在《立憲時刻：論〈清帝遜位詔書〉》[35] 這部專著中，高示範了如何運用政治憲法學方法來研究問題。書中的研究對象是 1912 年的清帝遜位。

對 1911 年辛亥革命以及現代中國第一個共和國的誕生的憲法學研究，一般集中在 1912 年 3 月在南京通過的《中華民國臨時約法》。憲法學者很少關注當時的清帝遜位事件以及由皇太后代表清朝幼帝於 1912 年 2 月頒佈的遜位詔書上。高指出，從政治憲法學的角度來看，這一詔書是十分重要的，它在建構中華民國的憲政基礎及其正當性方面，具有相當大的理論和現實意義。

在 1912 年初，辛亥革命的成功仍沒有得到保證。雖然很多省份都宣佈脫離清帝的管轄，革命黨也在南京建立了共和國政府，但是清政府依然控制着北京和不少疆域，袁世凱依然掌握能夠對革命黨發動內戰的強大軍事力量。正是在這種情況之下，清廷被迫宣佈退位並把權力移交給袁。革命黨和袁達成交易，讓袁取代孫中山成為中華民國臨時大總統。

《清帝遜位詔書》不僅宣佈了清帝的退位，而且授權袁世凱與在南京的革命黨就建立共和政府和召開國會等事宜進行談判，以"構建'共和立憲國體'"。[36] 同時，《詔書》的作用還包括把清帝國治下的多民族的臣民原來對清廷的效忠，以及整個清帝國領土，都移轉給新的共和國，使"五族共和"成為可能，並確立了中華民國的領土疆域[37]——這是非常重要的，因為辛亥革命是由漢族領導並由反滿情緒所推動的。因此，高氏指出，新的共和國不僅僅是革命的產物，而且一定程度上是產生於權力從清廷向共和政府的自覺及和平的轉移。所以高論證說，舊政權的《清帝遜位詔書》和新共和國制定的《中華民國臨時約法》一起構成了共和國的憲法基礎；這兩份憲法性文本共同構建了新的共和國。[38]《清帝遜位詔書》所體現出的和平演變精神對於革命的暴力和激進主義有遏制或平衡的作用："這個和平方式的革命建國……彌補了辛亥革命建國的激進性和片面性"。[39] 因此，《清帝遜位詔書》代表了"真正的保守主義的憲法精神"，它成全了"中國版的光榮革命"。[40]

革命的反革命

雖然在 1912 年這個"相對來說比較好的政治時期或者立憲時刻"，[41] 革命的激進主義與和平的政權轉移得以成功地結合，但憲政卻始終未能

在中國實現。對高氏來說，**現代中國政治史上存在的主要問題是如何從
"革命"過渡到憲政民主的"日常政治"**："革命成功之後的常態化回
歸……成為中國憲政的'死結'"。[42] 在高看來，在現代中國史裏，革命
激進主義有餘，"保守改良主義"[43] 或"革命的反革命"[44] 則不足，而"革
命的反革命"卻是憲政的建立所十分需要的。比如，正如高氏指出的，
雖然 1949 年的《共同綱領》（作為中華人民共和國的臨時憲法）以及
1954 年頒佈的第一部憲法初看起來是意味着從"非常政治"向"日常政
治"的過渡，[45] 但是它們最終還是要讓路給毛澤東的"無產階級專政下
繼續革命"的激進主義。

高氏認為，即使是今日的中國，也未曾完成從"非常政治"向"日
常政治"的轉化。他指出，今日中國的情況既非"非常政治"，亦非"日
常政治"或"正常的憲政法治狀況"；[46] 它還處於自上個世紀 70 年代末
期開始"改革開放"以來的一個過渡時期。高指出，在憲法的層面上，
這個過渡反映於 1982 年制定的憲法以及其後的修正案。[47] 由於這個過
渡還在進行中並且尚未完成，所以可以說中國的立憲時刻尚未完結，[48]
又或者可以說它還未到來。高認為，在這個過渡未完成之前，在中國
實施司法憲政主義的條件並不存在，[49] 所以相對於研究司法憲政主義來
說，對政治憲政主義或政治憲法學的研究更為迫切。[50] 高又指出，對於
當今中國來說，西方在近代早期(也就是西方現代國家建立時期、從"非
常政治"向"日常政治"過渡的時期)的憲政經驗更有參考價值，[51] 而
不是西方今天所實行的司法憲政主義。

就中華人民共和國的憲政發展而言，高氏提出以下的三階段論：(1)
起初是"革命憲法"(例如作為"文化大革命"時代的產物的 1975 年憲法)，
然後是(2)"改革憲法"(由 1982 年憲法及其修正案所代表)，最終是(3)"憲
政憲法"。[52] 這令我們想起孫中山先生關於革命建國的"三序方略"，也就

是（1）"軍政"，接下來是（2）"訓政"，最後是（3）"憲政"。[53] 高指出，在他區分的三個階段的最後階段，"黨制國家"將轉化為"憲政國家"，[54] 這便是"從國家的黨國體制到民主憲政體制的轉型"。[55] 這也將標誌着中國立憲時刻的完成。

在高氏最近期的研究中，他討論到 1982 年憲法及其四個修正案，並從中國憲政的長遠發展的角度去思考其意義。他認為 1982 年憲法是一部"改革憲法"（有別於先前的"革命憲法"），[56] 整體而言，這部憲法以及其修正案反映出一種"新的憲法精神或憲法設計"。[57] 基於 1982 年憲法及其四個修正案，他對中國終將演化到"憲政憲法"的階段持謹慎樂觀的態度。[58]

憲法出場，革命退場

高氏運用政治憲法學的方法研究了 1982 年憲法及其修正案。他指出，[59]1982 年憲法的主要目標或隱含於其中的主調，便是結束"文化大革命"時代的激進的意識形態和實踐——包括階級鬥爭和"在無產階級專政下繼續革命"論。在肯定由中國共產黨領導的中國革命的歷史邏輯及其成就的同時，1982 年憲法把"革命"終結：它追求建立一個穩定的社會和政治秩序、有效的法制，並且恢復了在"文化大革命"期間一度停止運作的國家機構（如人大），又重新肯定憲法的最高權威。因此，高氏在這部憲法（及隨後的修正案）裏發現了"革命與去革命化的雙重內涵"。[60] 他認為這部憲法標誌着中華人民共和國從"非常政治"向"日常政治"過渡的開端；[61] 它代表了"憲法出場，革命退場"[62] 的邏輯——高認為這一邏輯對於所有由革命誕生的現代國家是普遍適用的，亦即是說，以憲法作為根本法去限制和終結革命。高認為在後革命時代的這個過渡過程中，憲法的政治性（如施米特所強調的）應該逐漸讓位於憲法的規範性和法律性。[63]

　　高氏同時也分析了 1982 年憲法所體現出來的政治結構或 "政治憲法"，在這方面，他主要援引了田飛龍博士 —— 一位年輕的政治憲法學學者 —— 的概念框架。[64] 根據田氏的研究，[65] 中華人民共和國的 "政治憲法結構" 中最根本的原則或憲法之 "道" 就是人民主權，它在 1982 年的憲法中具體體現為三個 "肉身"：(1) 基於真理的共產黨的領導代表制；(2) 基於程序的人民代表大會制；以及 (3) "非代表制的參與民主制"。高氏分析了這三個體系以及它們各自的問題。

　　第一，關於黨的領導代表制，高認為中國最為重要的憲法問題就是 "如何處理黨與國家的關係"，[66] 也就是共產黨的領導、憲法的至上性和人民主權之間的關係問題。他指出，1982 年憲法已經顯示出政治體制從黨的領袖的個人統治向更為民主的黨的領導的過渡，並要求黨在憲法和法律的範圍內活動 —— 也就是在中國的政治憲法中引進一個重要的規範性元素。[67] 高又認為，"三個代表" 思想是關於共產黨領導和代表性的理論的重大發展。但是，最終的問題仍待解決，就是 "黨的領導原則最終要規範於憲法的人民主權原則、人民民主原則和憲法法治原則"。[68]

　　第二，關於人民代表大會制度，高氏指出這制度的確是人民主權的最直接的體現。但是，他認識到除非共產黨的領導真正的（而非只是象徵性的）被置於憲法的制約之下，否則人民代表大會制度的功能以及司法獨立的原則是難以完全實現的。[69]

　　第三，就人民代表大會制度以外的民主參與制度來說，高強調中國人民政治協商會議的重要性，他指出這個制度可追溯到國民黨執政時期，並在共產黨執政下有了新的發展。高認為這個制度未來將如何演變，以及它與人民代表大會和國家主權的關係如何，對於中國的政治憲法學研究來說是非常重要的課題。[70]

八二憲法的漸進改革

對於 1982 年憲法的四個修正案，高氏作出了高度的評價，認為它們"蘊含……重大的憲法性意義"，"形成了一種不同於五四憲法乃至最初的八二憲法的新的憲法精神或憲法設計"。[71] 高氏指出，總體來説，這些修正案有三個主要特徵。首先，它們"對'人民共和國'……重新理解和定位"；第二，它們"將社會從國家中釋放出來，實現國家與社會的初步分離"；第三"是依法治國、私產保護和人權條款入憲，確立了新憲政設計的指導原則和精神基礎"。[72] 高氏指出，1982 年憲法在經過四次修訂後，"形成了多元複合的憲法體系"，"構成了一部新的憲政設計。這個新的憲政設計寄生在舊的憲政結構中，在受到舊的憲政秩序擠壓的同時，又從中汲取生命的動力。"[73] 雖然"新的憲政設計今天仍是一種寄生性的存在，但悖論的是，這反而是其生命力之所在……唯有寄生，才能存活並成長。"[74] 這便是"漸進式改革"的邏輯，也就是介乎"非常政治與日常政治之間"的"轉型憲政"。[75]

最後，高氏指出，1982 年憲法制定以來的修憲活動，反映出這樣的一個趨勢，就是"現代憲政的基本價值"和原則已經逐漸被納入中國憲法。[76] 從這個角度看，1982 年憲法（及其修正案）不僅僅是對"文化大革命"的極左思想的摒棄和對原有的 1954 年的社會主義憲法的"簡單回歸"，它已經"超脱了單純的社會主義憲法的教義性設定，而有着回歸百年中國共和憲政主脈的強烈價值指向與制度協同。"[77] 高氏所說的百年中國憲政傳統，就是本文前面介紹的開端於 1911 年辛亥革命、清帝遜位和 1912 年中華民國的建立這段歷史的憲政傳統。高氏的"大回歸論"[78] 的理論視野還涵蓋"一國兩制"在港澳的實踐和"海峽兩岸的最終和平統一"；有了這個視野，"以中國大陸為主體的現代中國憲政轉型才能夠具有真正明確的價值基礎和制度取向。"[79]

二、反思和評論

中國是世界上人口最多的國家，實行社會主義政治體制。從比較憲法學的角度看，現代中國所走過的憲政道路以及其未來的發展路向，是一個在理論和實踐上都十分重要的課題。在這方面，高全喜的政治憲法學為我們對現代中國的憲政實踐和其未來發展的可能性的研究，提供了一個十分有用的概念框架。

在當代西方國家，由於法院已經在涉及憲法性權利和其他憲法解釋及適用的問題的案件中，建立了大量重要判例和憲法學原則，所以憲法學學者的研究主要集中在法律憲政主義和司法憲政主義，而非政治憲政主義，這完全是可以理解的。正如上文指出，中國的情況與西方不同，在中國大陸，法院無權對憲法作出解釋或在案件的訴訟中對人大制定的法律和政府的行為進行違憲審查。雖然如此，但是，在西方學術思潮影響之下，近年來在中國憲法學領域，對憲法條文的解釋和對憲法性權利的內容的規範性研究，逐漸興起並成為學術主流，這便是高全喜所謂的規範憲法學和憲法解釋學。高氏的政治憲法學研究的主要學術貢獻之一，便是提醒我們，規範憲法學和憲法解釋學的研究並沒有處理當今中國的憲法、政治和法律體系所面臨的最核心、最關鍵的問題。相對於規範憲法學和憲法解釋學，政治憲法學似乎更有能力去揭示和理解這些問題，並為其解決提供有力的學術資源。

高氏正確地指出，當今中國憲法的最根本問題是政治憲政主義或政治憲法學的問題，除非和直至這些問題得以解決，否則司法憲政主義或法律憲政主義（及以它們為基礎的規範憲法學和憲法解釋學）只能流於學術空談，並無現實意義。因此，高氏批評那些專注於規範憲法學和憲法解釋學的學者，認為他們忽視了中國憲法體制的真實狀況和具體問題。但是，我認為這些憲法學學者不直接面對和處理這些問題，也是可以理解的，因為在當下的情境下，在中國大陸，這些問題的討論很容易進入"政治敏感"地帶或研究"禁區"。學者也需要遵守中國法律，包括《中華人民共和國刑法》第 105 條，不可"以造謠、誹謗或者其他方式煽動顛覆國家政權、推翻社會主義制度"。由於中國法律和政治環境的限制，學者對某些政治憲法學基本問題的研究空間是有限的。

可能正是考慮到這些限制，高全喜在他的中國政治憲法學研究中沒有對黨政關係進行深入的考察、論證或批評。他也沒有提出關於中國在未來如何進行政治體制改革或實施憲政的具體方案。我認為高氏在政治憲法學上的學術工作，主要是在理論、哲學和宏觀歷史的這些層次。在本文這個結論部分，讓我們回顧他在這些領域的學術貢獻。

革命和憲政化

可能是由於在 20 世紀，革命對於中國人來説是最深刻的經驗，革命塑造了中國的現代史，所以高全喜的政治憲法學強調的是"革命"和"憲政化"兩者之間的關係、張力和互動。這裏説的"憲政化"，是指一個現代憲政國家的建立，即國家權力受到憲法的有效規範和約束。很多現代國家 —— 包括中華人民共和國在內 —— 誕生於革命之中，但是，革命並不必然導致憲政化，中國的個案便是一個例證。高全喜的洞見之一，便是指出了"革命"和"憲政化"兩者之間確實存在着張力和矛盾。革命通常是以激進的方式去打破一個現存的政治和社會秩序，很多時候是通過暴力的、流血的行動的。而憲政化或憲政的制度化，則要求建立一個穩定的政治和社會秩序，並對革命力量作出限制和規範。革命涉及的是敵我的區分；憲政化則意味着這種區分的取消。[80]

由於革命和憲政化之間存在着矛盾，所以高全喜提出一個有創意的理論觀點，就是需要某種"革命的反革命"，才能成就憲政化。"革命的反革命"是一種具有保守主義色彩的力量，它的取向是和平的、改革的，而非暴力的或革命的。在一場革命期間或者在革命之後，這樣的保守力量是否存在以及是否起作用，一定程度上決定了憲政化能否實現。因此高氏把 17 世紀英國的"光榮革命"視為憲政化的典型，並把洛克的政治哲學視為憲政化的經典文本。**在現代中國，憲政化之所以未能成功，似乎主要是由於激進的革命力量過於強大，以及支持憲政化的保守力量的虛弱**。所以高氏回到中國的現代憲政史中，去尋找一種傾向於和平改革的保守主義力量，並終於在 1912 年的《清帝遜位詔書》裏找到它的典範和體現。此外，他又從 1982 年的憲法及其修正案中，找到漸進改革力量的作用。

至於當前中國憲政的狀況，高全喜的"診斷"結果是，今日中國既非處於正在建立新憲的"非常政治"狀態，亦非到了司法憲政主義可以或者應該取代政治憲政主義的"日常政治"狀態，而是處於一個過渡階段。這個過渡時期的挑戰包括若干政治憲政主義的根本問題的解決，比如黨與國家（包括人民代表大會制度）的關係問題，以及人民主權和憲法至上與共產黨的領導的關係問題。

就中國未來的憲政發展來說，雖然高氏未有提出具體的政治體制改革方案，但我認為，他提出的關於憲法發展的"三段論"和"大回歸論"對我們有很大的啟發，是他的政治憲法學的最重要貢獻。"三段論"區分了"革命憲法"、"改革憲法"和"憲政憲法"，並指出"憲政憲法"便是當代中國憲法體制向前邁進的目標和理想。"大回歸論"則提醒我們，在經歷了四次修訂的 1982 年憲法，已經不能純粹被理解為對 1954 年的社會主義憲法的回歸，它已經有所超越，甚至可理解為向一個世紀以來中國憲政主義大傳統的"共和憲政主脈"[81]的回歸。高氏未有細述這個"共和憲政主脈"以至上述"憲政憲法"的具體內容,他把豐富的想像空間留給了我們 —— 我們可以重新審視百年中國的憲法史和政治史,從而發掘可用於建設未來的憲政中國的資源。

(本文原文為英文,作者感謝北京大學法學院博士生楊尚東和北京大學哲學系博士生鄔蕾把文章翻譯成中文。)

註釋

1　《中外法學》，2008 年第 4 期，頁 485。

2　《中外法學》，同註 1，頁 486。

3　高全喜：〈政治憲法學的興起與嬗變〉，《交大法學》，2012 年第 1 期（創刊號），頁 22。

4　高全喜：《從非常政治到日常政治》（北京：中國法制出版社，2009 年），頁 50。

5　高全喜，同註 3，頁 32。

6　高全喜，同註 3，頁 25。

7　高全喜，同註 3，頁 24。

8　高全喜：《立憲時刻：論〈清帝遜位詔書〉》（桂林：廣西師範大學出版社，2011 年），頁 6-7; 高全喜，同註 4，頁 25。

9　高全喜，同註 3，頁 31。

10　高全喜，同註 3，頁 31。

11　高全喜，同註 3，頁 24-25；高全喜：《從非常政治到日常政治》，同註 4。

12　高全喜，同註 3，頁 26。

13　高全喜，同註 3，頁 27；高全喜：《立憲時刻》，同註 8，頁 21；高全喜：《從非常政治到日常政治》，同註 4，頁 29。

14　高全喜：《從非常政治到日常政治》，同註 4，頁 18。

15　高全喜：《從非常政治到日常政治》，同註 4，頁 18。

16　高全喜，同註 4，頁 30-37。

17　高全喜，同註 4，頁 22-39。

18　高全喜，同註 4，頁 27。

19　高全喜，同註 4，頁 24。

20　高全喜，同註 4，頁 27。

21　高全喜，同註 4，頁 28。

22　高全喜，同註 4，頁 28-29。

23　高全喜，同註 4，頁 29。

24　高全喜，同註 4，頁 26。

25　高全喜，同註 4，頁 32。

26　高全喜，同註 4，頁 34。

27　高全喜，同註 4，頁 34-35。

28　高全喜，同註 4，頁 36。

29　高全喜，同註 3，頁 27-28。

30　高全喜，同註 3，頁 27-28，36-37。

31　高全喜，同註 3，頁 27。

32　高全喜，同註 3，頁 42。

33　高全喜，同註 3，頁 42。

34　高全喜，同註 3，頁 32-36。

35　高全喜：同註 8 。

36　高全喜，同註 8 ，頁 106。

37　高全喜，同註 8 ，頁 134-139。

38　高全喜，同註 8 ，頁 10, 111。

39　高全喜，同註 8 ，頁 97。

40　高全喜，同註 8 ，頁 111。

41　馬國川（訪談）：《沒有皇帝的中國：辛亥百年訪談錄》（香港：牛津大學出版社，2011 年），頁 208（〈高全喜：憲法出場，革命退場〉）。

42　高全喜、田飛龍：〈政治憲法學的問題、定位與方法〉，《蘇州大學學報》，2011 年第 3 期，頁 72，74。

43　高全喜，同註 3 ，頁 25。

44　高全喜，同註 3 ，頁 36。

45　高全喜，同註 3 ，頁 36。

46　高全喜，同註 3 ，頁 42。

47　高全喜，同註 3 ，頁 36-37，42。

48　高全喜，同註 3 ，頁 41；高全喜：《立憲時刻》，同註 8 ，頁 4；高全喜：《從非常政治到日常政治》，同註 4，頁 40，42。

49　高全喜，同註 3 ，頁 29。

50　高全喜，同註 4 ，頁 43-46。

51　高全喜，同註 3 ，頁 41；高全喜，同註 4 ，頁 9，16，40。

52　高全喜，同註 3 ，頁 38。

53　高全喜，同註 3 ，頁 40；王人博等著：《中國近代憲政史上的關鍵字》（北京：法律出版社，2009 年），頁 164-213；郭寶平、朱國斌：《探尋憲政之路 —— 從現代化的視角檢討中國 20 世紀上半葉的憲政試驗》，（濟南：山東人民出版社，2005 年）。

54　高全喜，同註 3 ，頁 40。

55　高全喜，同註 3 ，頁 41。

56　高全喜，同註 3 ，頁 28；高全喜：〈革命、改革與憲制："八二憲法"及其演進邏輯〉，《中外法學》，2012 年第 5 期，頁 907。

57　高全喜：〈革命、改革與憲制〉，同註 56，頁 923。

58　高全喜，同註 57，頁 926。

59　高全喜，同註 57，頁 911。

60　高全喜，同註 57，頁 909。

61　高全喜，同註 57，頁 912。

62　高全喜，同註 57，頁 913。

63　高全喜，同註 57，頁 916。

64　高全喜，同註 3 ，頁 39；高全喜，同註 57，頁 916。

65　田飛龍：《政治憲政主義 —— 中國憲政轉型的另一種進路》，北京大學法學院 2012 屆博士學位論文。

66　高全喜，同註 57，頁 917。
67　高全喜，同註 57，頁 917-918。
68　高全喜，同註 57，頁 918。
69　高全喜，同註 57，頁 920。
70　高全喜，同註 57，頁 921-922。
71　高全喜，同註 57，頁 923。
72　高全喜，同註 57，頁 924。
73　高全喜，同註 57，頁 924。
74　高全喜，同註 57，頁 925。
75　高全喜，同註 57，頁 925。
76　高全喜，同註 57，頁 925-926。
77　高全喜，同註 57，頁 925。
78　高全喜，同註 57，頁 925-926。
79　高全喜，同註 57，頁 925。
80　參見高全喜對施米特關於"政治是區分敵友"的思想的討論和批評：高全喜，同註 4，頁 25-26。
81　參考前註 77。

對中國行政法的反思：一個香港的視角

　　1997 年，香港回歸中華人民共和國以後，"一國兩制" 的憲政框架付諸實施，[1] 此後，香港特別行政區的法律體系與中國大陸的法律體系以 "兩制" 的形式各自運作。[2] 香港特別行政區保留了 1997 年以前普通法系法制的幾乎所有特徵。[3] 在公法領域，香港特別行政區的法律發展史曾見證了一些備受矚目的公法案件以及行政法案例。[4] 政權交接後，香港的司法審查案件數量有增無減。[5] 由此，在 "後 1997" 時代，香港的行政法不僅富有活力，繁榮發展，而且昭示出前所未有的旺盛生命力。

　　與此同時，在深港邊境的另一邊，行政法在中國大陸也興盛起來。[6] 1999 年 3 月，全國人民代表大會通過的憲法修正案明確規定了 "依法治國" 和 "建設社會主義法治國家" 的基本方略。[7] 隨後，同一年，國務院發佈了《關於全面推進依法行政的決定》。[8] 2004 年，國務院又頒佈了詳盡完備的《全面推進依法行政實施綱要》。[9] 近十年以來，中國行政法領域的一系列主要法律法規相繼制定和實施，包括全國人民代表大會常務委員會制定的三個主要法規——2003 年的《中華人民共和國行政許可法》、2005 年的《中華人民共和國公務員法》、2005 年的《中華人民共和國治安管理處罰法》，以及最高人民法院頒佈的兩個主要規範性文件——2000 年的《關於執行〈中華人民共和國行政訴訟法〉若干問題的解釋》、2002 年的《關於行政訴訟證據若干問題的規定》。此外，1989 年行政訴訟法修正案的起草工作也開始籌備。在本文中，筆者擬從作為一位香港法律學者的視角出發，就中國行政法的某些方面進行思考及討論，並且將中國大陸和香港特別行政區的行政法進行粗略的比較。本文首先回顧中國行政法的發展歷程，然後在主要的行政法教材的相關論述的基礎上，分析當代中國行政法和行政訴訟法的結構，並將之與香港行政法的結構進行比較。最後，本文對中國行政法與行政訴訟法的一些特點進行評價，尤其是行政行為的司法審查的範圍和依據問題。

一、歷史

中英行政法的歷史形成了鮮明的對比。英國行政法，圍繞着行政行為的司法審查，有着引以為傲的綿延多世紀的歷史。相比較而言，中國現代行政法則以徹底地打破中國古代法律傳統為標誌。中國古代王朝一向習慣運用完備的法典對高度發達的官僚制度運行進行管理，[10] 然而，隨着辛亥革命導致的帝國統治的終結，中國法律開始步入對自己的過去存疑和不安的時代，開始了西方化、現代化和制度重建的嘗試，於是，先從歐洲大陸和日本汲取靈感，繼而又學習蘇聯。[11] 在行政法領域，1932 年《行政訴訟法》的頒佈是中華民國政府的一個重要成就。該法所創建的行政法院制度，如今在台灣地區仍然實施。[12]

然而，1949 年中華人民共和國成立之後，中國共產黨決定徹底廢除該法及國民黨執政時期的法律制度。在 20 世紀 50 年代中期，新中國曾短暫地嘗試仿效蘇聯建立社會主義制度，但隨後中國的法制卻進入到停滯不前以至被蓄意破壞的 20 年，包括無法無天的 “文化大革命” 時代（當時甚至被認為是一件好事）。[13]1978 年，中國人民迎來了 “改革開放” 的新時期。此後的 30 年，中國不僅經濟迅速發展，在法律制度的重建上也取得了令人矚目的成就。[14] 在行政法領域，最具里程碑意義的事件，乃是 1989 年《中華人民共和國行政訴訟法》（以下簡稱《行政訴訟法》）的頒佈，這是中華人民共和國法制史上第一次系統地規定公民有權起訴政府，而且法院也有權撤銷或糾正行政機關的違法行為。[15] 此外，行政法領域其他主要的法律是在 20 世紀 90 年代制定的，比如，1994 年頒佈的《中華人民共和國國家賠償法》，1996 年頒佈的《中華人民共和國行政處罰法》和 1999 年頒佈的《中華人民共和國行政覆議法》（以下簡稱《行政覆議法》）。

在比較和評價中國大陸和香港特別行政區的行政法時，尤為需重要考慮香港的行政法律是植根並依託於歷史悠久的英國普通法此傳統，反之，中國的行政法正處於發展之初級階段，還相對年輕，而且很不成熟。自 1989 年頒佈《行政訴訟法》以來，從法律條文到制度層面的落實執行、從規範的制定到與法治的強化都取得了很大進步，比如在法院建設和法律職業方面。然而，從法制發展的"大歷史"的角度看，20 多年的時間不算長，所可能取得的成就畢竟有限，過高的預期則可能帶來失望。中國現有的法律規則和司法、執法制度的問題和不足之處是眾所周知的，例如，目前的制度的運作情況同 2004 年[16] 國務院頒佈的《全面推進依法行政實施綱要》提出的 10 年實現法治政府的目標還相距甚遠。

二、結構

現在筆者將着重談論通用的行政法教材中呈現的中國行政法（包括行政訴訟法）的結構。[17] 它同英國行政法教材中英國行政法的結構是截然不同的，[18] 可能是中國所借鑒的歐洲大陸法系行政法傳統使然，後者的概念化和理論化程度要高於英國的行政法，而英國行政法則被認為是更務實，實踐性導向也更強。英國行政法教材的核心內容通常是關於對行政行為的司法審查，尤其是審查理由、審查程序和補救措施。其他部分可能會涉及司法審查的憲政基礎、政府機構、以政府為被告的民事訴訟、行政審裁判庭、行政調查、行政申訴專員和其他申訴救濟手段等。

相比之下，中國大陸的行政法教材顯然重理論而輕實踐，涵蓋的範圍也明顯寬泛得多（特別是在理論和概念分析上），但是，關於行政行為的司法審查的篇幅相對較少，關於司法審查的標準則更少。這些教材的內容主要包括行政法的基本原則（儘管就這些原則的範圍和內容尚未達成學術共識）、行政行為（德語稱作 Verwaltungsakt[19]）、行政法律關係、行政主體、行政立法、行政行為的具體類型（如行政處罰、行政許可、行政強制、行政裁決、行政合同等）、行政程序、行政責任、行政審查（或覆議）、行政賠償和行政訴訟等。

行政訴訟

下面我們將視角轉換至中國的行政訴訟。目前，中國的行政訴訟主要依照 1989 年頒佈的《行政訴訟法》、2000 年最高人民法院發佈的《關於執行〈中華人民共和國行政訴訟法〉若干問題的解釋》以及 2002 年最高人民法院制定的《關於行政訴訟證據若干問題的規定》。不同於台灣地區和德國，中國（大陸）沒有專門的行政法院系統，對行政行為的司法審查的權力被賦予各級普通法院。在本文此部分，筆者將集中討論司法審查的兩方面：法院可審查的行政行為範圍和法院對原告所要求法院撤銷的行政行為的司法審查標準。

司法審查的範圍

根據行政法的原理，行政行為可受司法審查。在香港實行的普通法制度中，對受司法審查的行政行為的範圍的限制不多。[20] 這些限制包括：國家行為原則、某些特定行政行為的非訴性（比如英國的 CCSU 案[21]）、有關某些特定行政行為不受司法審查的立法條款（法院會儘量給予此等條款狹義的解釋，以限制其適用範圍）。中國法律中也存在上述類型的局限。此外，還有一些其他的重要限制，這就意味着在中國大陸，可受司法審查的行政行為的範圍要小於香港。

中國法律規定的一個重要限制是抽象行政行為不受司法審查。[22] 像台灣地區和德國一樣，中國行政法將具體行政行為和抽象行政行為予以了區分。具體行政行為乃針對特定情況下的特定個體；抽象行政行為卻包含普遍適用的規則。因此，行政機關制定規則的行為都屬於抽象行政行為。《行政訴訟法》明確規定，只有具體行政行為屬司法審查的範圍，[23] 並把一些情況排除於司法審查之外：行政法規（由國務院制定的）、規章（由國務院有關部門或地方政府制定的）、行政機構發佈的具有規範性文件效力的決定或命令。[24] 所以，即使法院在一件案件中發現任何一項以上規範與更高位階的法律規範有所衝突，法院也是無權宣佈其無效的。[25]

其次，審查範圍的另一局限性體現在內部行政行為不受司法審查的原則。[26] 內部行政行為乃指行政機關在其內部行政管理過程中，對其工作人員作出的行為，譬如，公務員的獎懲或被任免行為。[27] 在這方面，中國大陸和香港特別行政區的行政法形成了鮮明的對比：在香港，一些重要的針對行政行為的司法審查訴訟，往往是公務員針對政府提出的。[28]

第三個局限性體現在《行政訴訟法》只授權以下類型的具體行政行為案件可受司法審查：（1）行政訴訟法第十一條明文規定的七種行政行為；（2）所有侵犯公民人身權或財產權的行政行為；[29]（3）其他相關法律法規規定的其他可進行司法審查的情況。[30] 而如今解讀這項條文應該參照 2000 年最高人民法院發佈的《關於執行〈中華人民共和國行政訴訟法〉若干問題的解釋》，該解釋實際上廢除了把司法審查限制於人身權或財產權受行政行為侵犯的情況的規定。[31] 因此，根據 2000 年的解釋，所有侵犯公民權益的具體行政行為都可受司法審查，除非屬於該解釋中明文規定的例外情況之外。[32]

司法審查的理由

　　最後，我們來分析中國行政訴訟法語境下的司法審查標準。有趣的是，相比較而言，儘管審查理由或標準的討論通常是英國行政法教材的核心內容，然而中國的行政法教材通常沒有關於審查理由或標準的專章。這些教材中用到"審查標準"這一詞語，[33] 但是，"審查理由"或"審查理由"的概念在此類教材中似乎沒有深入討論。在主要的教材中，關於審查理由或標準的討論，通常見於關於行政訴訟的司法判決的章節，尤其是關於在何種情況或條件下法院會撤銷有關行政行為。[34]《行政訴訟法》第 54 條第 2 款規定了這些情況（反之，英國和香港的法律並未對此方面作出成文法的規定），一般中國行政訴訟法的教材雖然對此有所說明，卻並未對此投入多大的篇幅（相較於英國行政法的教材而言）。《行政訴訟法》第 54 條第 2 款規定了五種情況：(a) 具體行政行為主要證據不足；(b) 適用法律、法規錯誤；(c) 違反法定程序（或正當程序、公正程序）[35]；(d) 超越職權；(e) 濫用職權（根據教科書的說明，這包括行政主體行使其裁量權時動機或目的不當，或是考慮了不相關的因素，又或是沒考慮相關的因素）。[36]

　　如果將中國大陸和香港法律中的司法審查理由或標準互作比較，可以發現，香港行政法中審查理由可歸納為違法（包括狹義的越權或超越管轄權、法律判斷的錯誤，以至事實判斷的錯誤）、廣義的越權和濫用裁量權（濫用裁量權包括行政主體行為動機或目的不當、考慮了不相關的因素或沒考慮相關的因素，和裁量權被不當規限等）、不合理（Wednesbury 案意義上的不合理 [37] 和某些情況下的違反相稱性或比例原則）及程序不當（包括違反自然公正）。[38] 中國法律所規定的審查標準相當於英國和香港行政法中的違法（見上段五種情況的 (d)，(b) 及 (e)）

和程序不當（見上段（c））。英國和香港行政法中行政行為的“不合理”原則，中國行政訴訟法裏除了《行政訴訟法》第 54 條第 4 款外沒有相應的規定；[39] 第 54 條第 4 款規定人民法院對行政處罰顯失公正的，可以判決變更。

由此可見，**中國法律規定的對行政行為的審查理由或標準，要比英國或香港較為有限。但就另一方面而言，中國法律提供的審查空間和力度似乎比英國或香港更為寬泛，這便是對行政行為的事實依據的審查。** 如上所述，中國大陸的司法審查標準中的情況（a）涉及到用來證明行政行為合法的證據是否充足。詮釋該情況應參照《行政訴訟法》的第 32 條，即被告對作出的具體行政行為負舉證責任，其應當提供作出該具體行政行為的證據和所依據的規範性文件。此外，法院有權自行調查案件的事實和收集證據。[40] 因此，中國大陸的法律對行政行為的司法審查，相當於對行政機關認為能夠證明其行政行為正當的事實的重新調查，舉證責任需要行政機關承擔，這與英國和香港特別行政區的法律的相關規定形成鮮明的對比。[41] 因為，在英國和香港地區，舉證責任可能會由原告或由被告承擔，視乎情況而定，而進行司法審查時一般不會就事實問題進行審理。而且，有些時候，會存在這樣一種假設，即行政當局的行政行為是合法的，原告須就行政機關的行為違法提供證據。

三、結論

最終來説，將中國大陸和香港的行政法進行比較，並不容易。究其緣由，二者處於不同的發展階段，況且還是不同法律傳統的產物。**中華人民共和國行政法和行政訴訟法仍處在發展之初期，香港行政法卻屬有着多世紀以來一直延續的英國法傳統。因此，相較於中國大陸的行政法而言，香港的行政法則更趨成熟和完善。** 由此説來，中國大陸的立法者、法官和律師可以借鑒香港特別行政區的行政法律制度。儘管如此，香港的法學工作者和法律執業者仍不應否定大陸行政法的研究價值。畢竟，中國的這個法律部門發展至今，曾廣泛借鑒了歐洲大陸法系的法律制度，特別是德國行政法傳統。此傳統發育完備，長於廣博而深入的概念分析，思維精密，在某些方面，對於英國普通法傳統的行政法來說，提供了有用的視角，其中，大量有價值的觀點，對於普通法傳統下的香港行政法而言，是可供借鑒的。

（本文原文為英文，由潘佳先生翻譯成中文，謹此致謝。）

註釋

1　Yash Ghai, *Hong Kong's New Constitutional Order*（Hong Kong University Press, 2nd ed., 1999）; Albert H.Y. Chen, "The Theory, Constitution and Practice of Autonomy: The Case of Hong Kong", in Jorge Oliveira and Paulo Cardinal（eds.）, *One Country, Two Systems, Three Legal Orders-Perspectives of Evolution 751-767*（Springer Verlag, 2009）.

2　Albert H.Y. Chen, "'One Country, Two Systems' from a Legal Perspective", in Yue-man Yeung（ed.）, *The First Decade: The Hong Kong SAR in Retrospective and Introspective Perspectives*（The Chinese University Press, 2007）ch8, pp161-188.

3　See generally Peter Wesley-Smith, *An Introduction to the Hong Kong Legal System*（Oxford University Press, 1998）.

4　Albert H.Y. Chen, "Constitutional Adjudication in Post-1997 Hong Kong", *15 Pacific Rim Law and Policy Journal 627*（2006）; Johannes Chan, "Administrative Law, Politics and Governance: The Hong Kong Experience", in Tom Ginsburg and Albert H.Y. Chen（eds.）, *Administrative Law and Governance in Asia*（Routledge, 2009）ch8, pp143-174.

5　Chan，同註 4。

6　關於中華人民共和國行政法的發展歷程，參見何海波：《法治的腳步聲：中國行政法大事記（1978-2004）》（北京：中國政法大學出版社，2005 年）。

7　Albert H.Y. Chen, "Toward a Legal Enlightenment: Discussions in Contemporary China on the Rule of Law", *17 UCLA Pacific Basin Law Journal 125（1999）*; Albert H.Y. Chen, *An Introduction to the Legal System of the People's Republic of China*（LexisNexis, 4ᵗʰ ed. 2011）pp56-57.

8　羅豪才、宋功德：〈連結法治政府〉，《行政法論叢》第 9 卷，頁 441-459（北京：法律出版社，2006）。

9　見於 www.gov.cn/zfjs/2005-08/12/content_22212.htm（最近一次瀏覽時間：2009 年 1 月 28 日）。

10　Derk Bodde & Clarence Morris, *Law in Imperial China*（Cambridge, Mass.：Harvard University Press, 1967）; William C. Jones, *The Great Qing Code*（Clarendon Press, 1994）.

11　*See e.g.*, Chen, Introduction, *supra note 7*, ch3.

12　關於台灣行政法，可參見《行政法》（翁岳生編，法制出版社，1998 年）（兩卷）。

13　*See e.g.*, Wu Jianfan, "Building New China's Legal System", *22 Columbia Journal of Transnational Law 1（1983）*；陳景良編：《當代中國法律思想史》（開封：河南大學出版社，1999）。

14　Randall Peerenboom, *China's Long March Toward Rule of Law*（Cambridge University Press, 2002）.

15　*See e.g.*, Pitman B. Potter, "The Administrative Litigation Law of the PRC: Judicial Review and Bureaucratic Reform", in Pitman B. Potter（ed.）, *Domestic Law Reforms in Post-Mao China 270 ff.*（M.E. Sharpe, 1994）.

16　同註 9。

17　胡錦光、羅傑：《行政法與行政訴訟法》（北京：中國人民大學出版社，2007 年第二版）；《行政法與行政訴訟法學》（北京：法律出版社，應松年編，2005 年版）；《行政法與行政訴訟法》（北京：北京大學出版社，姜明安編，2007 年第三版）；《行政法與行政訴訟法》（北京：中國人民大學出版社，葉必豐編，2007 年版）；Lin Feng, *Administrative Law Procedures and Remedies in China*（Sweet & Maxwell, 1996）。

18　*See e.g.*, William Wade & Christopher Forsyth, *Administrative Law*（Oxford University Press, 9th ed.2004）; Peter Cane, *Administrative Law*（Prentice Hall, 4th ed. 2004）; Paul Craig, *Administrative Law*（Sweet & Maxwell, 6th ed. 2008）; Ian Loveland, *Constitutional Law, Administrative Law, and Human Rights*（Oxford University Press, 4th ed. 2006）; John Alder, *Constitutional and Administrative Law*（Palgrave Macmillan , 5th ed. 2005）.

19　關於德國行政法，可參見 Nigel Foster, *German Law and Legal System*（Wm Gaunt & Sons, 1993）ch6, pp103-165; *Introduction to German Law*, in Mathias Reimann and Joachim Zekoll eds.（2nd ed. 2005, ch3）, pp 87-120.

20　See the works cited in supra note 18; David Clark & Gerard McCoy, *Hong Kong Administrative Law*（LexisNexis, 2nd ed. 1993）.

21　Council of Civil Service Unions v Minister for the Civil Service [1985] AC 374.

22　胡錦光、羅傑，同註 17，頁 66-67，289-291，298。

23　《行政訴訟法》第 2 條，第 5 條。

24　《行政訴訟法》第 12 條，第 2 款。

25　但是，如果有關抽象行政行為是以規章或者效力更低的規範性文件的形式作出的，當該抽象行為與較高位階的規範（如法律、行政法規或地方性法規）衝突時，法院應可以拒絕適用該抽象行為作為依據。參見《行政訴訟法》第 52 條，第 53 條。

26　胡錦光、羅傑，同註 17，頁 293，298。

27　《行政訴訟法》第 12 條第 3 款。

28　*See* e.g., Lam Yuk-ming v Attorney-General [1980] HKLR 815; Association of Expatriate Civil Servants of Hong Kong v Chief Executive of HKSAR [1998] 1 HKLRD 615. See also Peter Wesley-Smith, *Constitutional and Administrative Law in Hong Kong*（Longman Asia, 1995）pp37-38, 294-296.

29　《行政訴訟法》第 11 條第 8 款。

30　《行政訴訟法》第 11 條，最後一款。

31　見《解釋》的第 1 條，其作用是把法院的司法審查範圍擴展至所有具體行政行為，條款中特定的一些類別除外。另見王亞琴：〈入世與我國司法審查制度的發展與完善〉，《憲政與行政法治研究》（中國人民大學憲政與行政法治研究中心編，2003 年），頁 524-535。

32　比如，如果行政機構不遵守 2007 年國務院通過的《政府資訊公開條例》的規定，公民可將行政機構起訴到法院。

33　劉東亮：〈我國行政行為司法審查標準之理性選擇〉，《法商研究》，2006 年第 2 期，頁 42。

34 胡錦光、羅傑，同註 17，頁 382-385；應松年：《行政法與行政訴訟法》，同註 17，頁 513-520；姜明安，同註 17，頁 588-598。

35 關於有關的發展和案例，請看 He Haibo, "The Dawn of the Due Process Principle in China", *22 COLUMBIA JOURNAL OF ASIAN LAW 57*（2008）.

36 胡錦光、羅傑，同註 17，頁 383；《中國行政訴訟制度的完善》，（北京：法律出版社，江必新編，2005 年），頁 280-281。

37 這一概念來自英國判例 Associated Provincial Picture Houses Ltd v Wedresbury Corporation [1948] I KB 223。

38 同註 18。

39 胡錦光、羅傑，同註 17，頁 284，286，292；陳新民：《中國行政法學原理》（北京：中國政法大學出版社，2002 年），頁 314-316；王書成：〈中國行政法合理性原則質疑〉，《行政法學研究》，2006 年第 2 期，頁 106。應當指出的是，一項行政行為或作出行政行為時權力的行使是否合法、公正和合理，可根據 1999 年的《行政覆議法》由上級行政機關進行覆議（即審查範圍不單限於其合法性）。根據該法第 28 條規定，行政行為可被撤銷或變更的理由是該行為"明顯不當"。根據該法第 7 條，行政覆議亦可用於挑戰作為有關具體行政行為的依據的某些"抽象行政行為"（包括規則）：see generally Chen, Introduction, *supra note 7*, pp298-299.

40 徐繼敏：〈我國行政證據規則的形成、現狀及發展〉，《中國行政法之回顧與展望》，（中國法學會行政法學研究會編，2006 年），頁 855-861。

41 Michael Fordham, *Judicial Review Handbook*（Chancery Law Publishing, 3rd ed., 2001），pp282-308; Wade and Forsyth, *supra note 18*, pp291-294.

理性法、經濟發展與中國之實例

　　馬克斯‧韋伯（Max Weber）在試圖解釋現代資本主義市場經濟為何在西歐而非在任何別的偉大文明中崛起時，提出了兩個重要命題。一個是關於新教世界觀和倫理觀與企業動機和資本主義之間的關係，[1] 這已久為社會學家們所知曉。另一命題則是，西方經濟發展是在其他偉大文明裏絕無僅有的一種獨特類型的法制之中發生的，這就是韋伯所稱的一種"形式化、邏輯化和理性的法制"。韋伯認為，它是作為在資本主義的運行中，一種同樣"理性"的經濟制度的一個近乎必要條件。[2] 這是現代法社會學和法律與社會理論中最有影響的一種學説，然而這一命題在多大程度上是有效的，尚未有很好地研究。

　　本文旨在以當代中國的實例來驗證韋伯此命題的應用性，提出這個關於"理性法"與經濟發展之間關聯的命題（以下簡稱"韋伯命題"）的一些反思。論文由三個主要部分組成。第一部分綜述韋伯命題及後來由羅伯托‧昂格爾（Roberto M. Unger）所作的闡述，並指出此命題的全球化意藴。第二部分列舉了一個實例，即由計劃經濟向市場經濟轉型、並自 1978 年改革以來取得了全球最高的國民生產總值平均增長的當代中國。韋伯命題在甚麼程度上可應用於中國的實例？第三部分根據中國的實例對韋伯命題進行反思，並吸收"新制度經濟學"和經濟發展的文化基礎的理論的睿見，旨在修正韋伯命題。我嘗試構建法律與經濟發展之間關係的一種更有力的理論，並對經濟增長的法律、文化、制度和其他有關因素達成一種更廣泛的認識。

一、韋伯命題

在對不同文明和歷史時期的法制進行比較研究的基礎上，韋伯建構了一套法制類型學，現代西方法制被歸類於其中一種理想類型，以"形式化、邏輯化和理性"而彰著。[3] 韋伯在此使用的"理性"、"形式化"、"邏輯化"等詞語，其意義與它們通常使用中的語義是有相當區別的。

（1）"理性"在韋伯意為其普遍地及平等地適用於許多可歸於同一概念範疇的事實狀況。一種法制之所以是理性的，因其應用了普遍性規則和抽象的概念，它們都適用於許多特定和具體的情形。與其相反，一種法制不"理性"，指它在每一個別情況下，不考慮和引用普遍性的規則，而以隨便和任意的方式去處理這種情況。因此，那種憑其智慧美德認為不必要恪守法治的柏拉圖式哲學王的裁決制度，在韋伯眼裏一定是"不理性的"。

（2）韋伯所稱之"形式化"，意指法律作為一套規則的自主性，有別於和獨立於諸如道德戒律、宗教信條和政治原則等規則制度。"形式化"還有第二個層面意義，它指法制由擁有專業法律知識而非行政、政治或道德等知識技能的專業人才來進行獨立的操作。將這一"形式化"標準用於傳統的中國法律，韋伯發現後者並不能滿足這一標準（傳統中國法律被描述為一種"實質化的"而非"形式化的"制度），因為法律已為儒家倫理所滲透，並由具有通識化教育背景（指在儒教經典教育下）的學者型官僚，而非職業化和專業化的法官和律師來實行操作。[4]

（3）韋伯的"邏輯化"指法律的規則是由理性思維有意識地建構而成的。因此，某些制度無法滿足這一標準，即這些制度的法律純粹由遠古留傳下來的風俗習慣規範構成，並被人們視為一種神聖的、傳統的而非人為的創造。

根據韋伯的意思，一種形式化、邏輯化和理性的法制與西歐資本主義的崛起之間的關聯如下。市場資本主義的運作有賴於參與經濟活動的動機或激勵機制，而對來自這類活動的經濟利益的期望的保證，則是這一激勵的重要因素。這種保證，只有經由國家公權力可預測地應用形式化、邏輯化和理性的法律，才能得到。通過形式化、邏輯化和理性的法制所能提供的可預測程度或可計算程度（就經濟行動的後果來說），要比別的法制所能提供的為高。因此，這種類型的法制構成了對市場資本主義更為有利或近乎必要的條件。

隨後，韋伯形式化、邏輯化和理性的理想類型的法制又由羅伯托‧昂格爾在他頗具影響力的《現代社會中的法律》一書中加以闡述。[5] 昂格爾的"法律作為法律秩序"的概念（與"法律作為慣例"和"法律作為官僚規章"不同）幾乎完全與韋伯的形式化、邏輯化和理性的法制相一致。根據昂格爾的看法，"法律作為法律秩序"是普遍適用的、自主的、公共的(即由政府而非由私人團體實施)和實證的(意思是成文的、明確的)。昂格爾的主要貢獻在於詮釋了一種與法制相關的"自主性"概念。在他的理論裏，這種自主性有以下四個方面。

（1）**實體自主性**。就其實體內容而言，法律作為一種規範制度顯然與非法律性的規範（如政治和宗教規範）不同。

（2）**制度自主性**。應用法律（司法裁決）的功能是由專業機構（法院和法官）來執行的，它們不同於國家和社會裏的別的機構。

（3）**方法自主性**。法制中採用的推理和辯論方法是獨特的，不同於在別的學科、專業或話語中的方法。

（4）**職業自主性**。法制的操作人員組成了一種獨立的、與眾不同的職業——法律職業。

倘若韋伯的命題是對的，那麼面對 20 世紀後期以來的世界的全球化現象，這一命題將變得愈加適用於非西方的國家，尤其是那些經濟發展迅速的地區，它們都經歷着現代化、工業化、市場化、發展外貿、吸收外資、世界範圍通訊網絡的影響，以及西方經濟和法律文化向全球的擴展。因此，當代中國的狀況就為韋伯命題提供了一個寶貴的試驗場地。

二、當代中國的實例

1949 年中華人民共和國成立後，一種蘇聯模式的計劃經濟被引入。在鄧小平領導下，1978 年開始進行了重大經濟改革。農業生產在農民家庭聯產承包責任制下，達到了相當程度的"私有化"。與此同時，允許在非農業領域出現一種非國營的經濟成分，與城市工業國營企業一併生存。這一非國營部分包括小型私營企業、中外合資、合作，還有外資企業及鄉鎮企業，後者主要歸屬於黃宗智教授所描述的中國社會的"第三領域"[6]（一種有別於國家和完全私人或"市民社會"的領域，例如，企業在這一領域裏經常是由低級幹部作為經理或企業家來管理，或附屬於國家單位）。在整體的國家經濟中，市場化和商品化取得了巨大進展，而由國家計劃經濟管轄的經濟部分卻萎縮變小。1978 年與 1996 年間，中國國民生產總值增長率達到了每年 9.8% 的平均值，使其成為這一時期世界中最快速發展的經濟。與此同時，中國還是世界引進外資最多的國家。

與鄧小平時代的中國經濟改革同時進行的是一個積極的法制建設事業。50 年代裏，中國曾試圖模仿蘇聯模式的"社會主義法制"，但這一短暫的法制建設和社會主義憲政制度在 1957 年反右運動中猝然結束了。在這場運動中本來已為數不多的中國法學家、法官和律師中，有很高比例的人都成了犧牲者。在 1966 年開始的"文化大革命"時代，無法無天被歡呼稱為是好事、革命和進步的，反而恪守法律規範和程序則被譴責為是罪惡、反革命和反動的作為。於是，法制機構在"文化大革命"時期成了攻擊的對象。

根本性的法制改革

在 1978 年，中國共產黨決定實施政治、經濟以及法律政策方面一系列具有決定意義的根本性改革。就法律改革而言，新目標是建立一個具有穩定性、權威性並獲得人民信任的嶄新法制。在中共十一屆三中全會發表的著名的公報裏，有這樣一段話：[7]

"為了保障人民民主，必須加強社會主義法制，使民主制度化、法律化，使這種制度和法律具有穩定性、連續性和極大的權威，做到有法可依，有法必依，執法必嚴，違法必究。從現在起，應當把立法工作擺到全國人民代表大會及其常務委員會的重要議程上來。檢察機構和司法機關要保持應有的獨立性；要忠實於法律和制度，忠實於人民利益，忠實於事實真相；要保證人民在自己的法律面前人人平等，不允許任何人超於法律之上的特權。"

自 1979 年以來，中國政府在反右運動和文化大革命的灰燼之上，逐步從零建立了一個新的法制。它具有法典、行政法規、法定程序、漸具規模的法院和檢察院、仲裁和調解制度，一個日漸壯大的法律專業隊伍；大學裏正規的法學教育（這已成為高中畢業生最熱衷的選擇之一）；與法律相關的書籍、雜誌和報紙如雨後春筍；作為解決爭議和監督官員權力運用的手段的訴訟愈趨重要；在廣大人民羣眾中由政府官員專門負責推行的法制宣傳教育漸有成效。中國法制建設迄今所取得的成就，贏得了國外學者的好評（雖然他們也對 1989 年"六四"事件感到悲傷）。舉例來說，傑洛梅・科恩（Jerome Cohen）在其 1989 年的文章中將 1979~1989 年的 10 年描述為 "一個朝向創造可靠的法治，取得重大進展的了不起的 10 年"：

"整體方向是積極的。從法律改革的整體上看，它在以下方面起了重要作用：調控政治權力、便利經濟活動、促進中國與外國的商業合作，以及推動社會進步，從而恢復人民對政權的支持。"[8]

斯坦利・盧曼（Stanley Lubman）在 1995 年《中國季刊》，關於中國法制改革專刊的序文中認為：[9] "回顧法制改革開始時的 1979 年中國法制的狀態，我們便明白法律改革近年的成就是相當可觀的。"

雖然有了這一巨大的進步，但是正如唐納爾德・C・克拉克（Donald C. Clarke）的文章所指出："法制改革並未能追上經濟改革的步伐"，[10] 這是中國公民和外國投資者都不得不每天生活在其中的不如人意的現實。我在別的地方也寫有如下的文字：

"一個法制，尤其是那些作為法律有效運行的必要條件的法律文化和基礎設施的要素，並非是在一個 10 年，或者甚至是在一代人的時間裏便能建立並予以完善的東西。在這方面，中國前面的是一條漫長的、向上攀登的旅途。現今，中華人民共和國的法制苦於受到一些重大問題和限制的困擾，諸如缺乏訓練有素的法律人才，較淺短的現代法制建設史，並因而缺乏經驗和傳統，執法官員未養成依法辦事的習慣，黨組織的權力凌駕於國家機關，以及黨不願將自身置於法律的最高權威和自主性面前。"[11]

有些作者指出，中國大陸近年出現的法制仍舊是一種 "以法統治"（或昂格爾所稱的 "法律作為官僚規章"），[12] 而不是 "法治"（即昂格爾

意義上的 "法律作為法律秩序")。[13] 這是指法律被當局作為工具來使用，為的是更有效地統治，增強其合法性，贏得投資者的信任，但是法律卻未能有效地約束國家和黨的機構及官員，執法和司法機構也未具有足夠的自主性去應用法律，藉以對公權力及黨與國家組織的權力濫用進行監督、限制和調控。刊登在上述《中國季刊》專刊上的一組由著名西方學者所作的論文，[14] 基本上仍未過時，它們提供了論據來揭示當代中國法制遠遠未能滿足韋伯所說的 "形式化、邏輯化和理性" 的法制的要求。譬如：

（1）唐納爾德・C・克拉克的研究[15] 表明，除了眾所周知的部分法官訓練不足和受賄等問題外，在民事和經濟案件判案後強制執行法院的判決也會遇到巨大的困難。這方面的一個重要原因是 "地方保護主義" ── 地方政府想保護當地企業，而因為前者控制當地法院的經費及人事任免，當地法院很難站出來對抗它們。克拉克的結論是，中國法制運行中的可預測性（對韋伯命題是尤為重要的）很低，因而有迫切的需要創建並執行有 "普通適用性" 的規範。[16]

（2）安東尼・迪克（Anthony Dicks）的研究[17] 揭示出，中國大陸的法院與西方法院在功能上是否能等同，令人懷疑。問題不僅在於它們是否享有相對於黨或政府機關的獨立性，還在於實際司法審判中法院對法律所能作出權威性解釋的範圍極為有限。**在中華人民共和國的法制裏，解釋法律、法規和規章的權力分散在許多政府部門，而不像西方的由法院這一個部門獨享。因此，法院不能建立一個基於統一方法的、廣泛完善的法律規範解釋體系**。此外，在現存的權力多元格局的解釋制度裏，會產生管轄權的衝突，以至實體法解釋的衝突等問題，但現存的法制並未提供任何正式的機制來解決諸如此類的衝突。正如我在別處指出，[18] 在中國現有法制中，不同國家機關的立法權力並無清晰的劃分，也沒有有效的途徑去解決由不同機關設定的法律規範的衝突而引發的混亂。因此，很難説當代中國法律構成了一種韋伯意義上的完整無缺而又內部協調的規範體系。

（3）威廉姆·阿爾福德（William Alford）關於中國法律職業的文章[19]亦揭示了一系列問題，包括許多律師的訓練不足和不稱職、向法官和執法官員行賄的行為、缺乏職業道德以及不正當的競爭行為。他進而質疑中國的法律專業，是否能應付發展中的經濟對於這個行業那愈來愈高的要求。

（4）彼特曼·波特（Pitman Potter）關於中國涉外法律體系的文章[20]將這一領域形容為中華人民共和國法制較為進步的一部分。但他指出，它仍然未能滿足法制運作的確定性、普遍性、透明性和可預測性的要求。相反，他在其中發現了高度的"政策不確定性"和"非一致的管制行為"。他還指出，相對於地方和省級當局，中央政府的權威正在衰落，因此，作為中央政府貫徹實施其政策的工具的法制，亦呈現出其脆弱性。

有些學者反思這些中國法制的缺陷是否真的會妨礙經濟活動，並尋求法律和經濟發展之間關係的真正本質。舉例，克拉克在他的論文結束部分寫道[21]：

"到目前為止的證據表明，中國的經濟發展未有因某些情況下缺乏有效實行權利的機制而受到嚴重妨礙……大量的商業交易可以在得到信任的中間人和對長久合作關係的期望的基礎上達成。在此情況下，由法律強制保障權利便不太重要了。另一方面，陌生人之間一次性的交易則最需由法院強制執行的權利，但這類交易對一個經濟體系而言又有多重要呢？"

　　盧曼以與此相類似的觀點指出，為中國大陸提供了最大部分外資的海外華人（包括來自香港、台灣、東南亞及世界各地的華人），在投資中國時顯然未因缺乏一種令人滿意的法制框架而受困擾，而且他們也不太依賴律師和仔細的合同。[22] 盧曼的觀點是，海外華人的"文化價值"觀念，尤其是他們對"法律規則和正式安排"的態度，"並不有利於法律意識在中國的提高"。[23]

中國的關係之道

　　迄今，對缺乏一種韋伯式的形式化理性法律制度下，中國經濟發展這個矛盾現象的最佳理論性闡述，可見於卡羅爾・鍾斯（Carol Jones）以〈資本主義、全球化與法治：中國法制變化的另一種軌跡〉為題的論文。[24] 鍾斯的論文指出，商業活動在中國依賴"關係"（人與人之間的聯繫或交情）而非法律和法制機構，作為其經濟利益期望的安全保證的基礎；中國經濟取決於"關係之道"而非法治。這兩種概念之間的對比在於，法律是普遍性的、非人格化的和形式化的，而關係則是特殊性的、人格化的及非正式的。

　　那麼，究竟甚麼是關係，而它又是怎樣奏效的呢？鍾斯指出，中國文化重視家庭中、人際間的聯繫和人際關係網絡，而這一切在商業活動中發揮着至關重要的作用。[25] 一宗商業交易的各方當事人原有的關係，提供了信任的基礎，並因而在商業世界成為一種穩定性、確定性、可預測性和減少風險的泉源。[26] 它從而可以用來代替法律和法制措施。[27] **關係作為一種文化現象，能夠產生出對商業交易尤為重要的信任感和減少風險的作用，它因而成為在經濟發展中起着積極作用的"社會資本"的寶貴部分。**[28]

　　關係在傳統和現代中國社會的重要性，已成為現代中國社會學中一個經常討論的題目。梁漱溟是比較中西方傳統文化和哲學的先驅者，他描述中國社會為"倫理本位"或"關係本位"，而不是西方的"團體本位"或"個人本位"。[29] 費孝通是現代中國社會學的奠基者，他將傳統中國農村的社會秩序和組織形容為，由輻射自每一個個人的多個同心圓的結構組成的"差序格局"——位於不同的同心圓上的人，對同心圓中心那一個人有着不同程度的親密性。兩個個人之間社會關係的倫理本質由他們處於這一立體秩序裏各自的位置所決定。這類社會聯繫便重疊構成錯綜複雜的關係網絡，而社會和經濟生活便進行在其中。[30]

正如一位研究當代中國社會的社會學者金耀基指出，[31] 人際關係網絡的建構是在所有文化中可覓見的一種現象，而關係建構則是中國式的網絡建構。中國人在每天生活中都在磨煉他們的關係建設技能，利用同鄉、同宗族、同姓、同事、同學或師生關係等共同特徵來建構關係。一個人關係愈多，他在充滿競爭的世界中調動各種資源達到自己的目標的能力就愈強。

金氏指出，運用關係不但是中國前現代文化的一部分，而且"沒有跡象顯示，作為一種制度化的行為模式，關係的建構在像香港台灣那樣的現代化的中國人社會正在逐漸消失"。[32] 他還提及社會調查表明，關係的運用在中國大陸十分盛行，運用關係作為手段來"辦成一件事"在今日中國已"成為社會流行病"。這一現象生動地被中國俗語"走後門"捕捉下來。[33] 然而，金氏引用另一位學者的話提醒道："一方面每個人都在玩這齣遊戲，另一方面卻又有許多人在哀歎它。"[34]

傅高義（Ezra F. Vogel）在 1965 年發表了一篇題為〈從友誼到同志〉的重要論文，[35] 描述社會主義中國試圖用一套普遍的社會主義的"同志"道德來取代在胞族親情、出生地和其他非普遍性因素的基礎上建立的傳統人際社會關係和規範，藉此改革社會。現在看來，這一嘗試並不成

功。事實上，社會主義計劃經濟和幾乎統攝了全部生活領域的社會主義
體制的動力，產生了剛好相反的方向。正如王豐在一篇頗具洞察力的文
章裏指出，[36] 國家社會主義產生了"社會主義特有"類型的關係運作，
這可被理解為社會主義的政治和經濟制度的獨特產品。這些關係運作與
源於傳統中國文化的關係現象互相重疊和結合起來。比如，由於計劃經
濟的效率低、物質短缺和採用配給供給制，所以金錢不再是人們取得所
需東西和服務的有效交換媒介。因此便出現這樣的例子：一位醫生和一
個商店職員形成一種"關係"，從而醫生在醫院裏會給予商店職員或其
家人特別的關照，而商店職員亦會在商店裏保留東西賣給醫生。王氏強
調這種類型的關係與傳統文化中的關係不一樣，是建立在純粹功利考慮
的基礎上的，而且很多人在培養關係的同時又對它有討厭的感覺。此
外，社會主義的組織社會方法是把公民編入單位，而對這類單位的當權
者缺乏有效的監督和制衡，這意味着下級人員為其事業升遷或純粹為了
在頻繁不斷的政治運動中保護自己，必須與他們的上級和同僚們發展一
種良好的關係。

　　關係在計劃經濟下有着特別重要功能的觀點，並非表示自 1978 年開
始經濟改革以來它的重要性就消減了。相反，在新時代的經濟環境裏，
關係的運用也是十分有用的，儘管是由於不同的原因。正如金耀基[37]
和傅高義[38] 都指出的，在一個市場機制還未成熟的過渡型經濟裏，關
係在促進企業家的活動中發揮着重大作用。卡羅爾・鍾斯也指出，關
係在當代中國填補了因法制未臻完善而留下的缺口。[39]

三、韋伯命題的修正版本

　　本論文第二部分討論過的中國實例顯示，韋伯意義上的形式化、邏
輯化和理性的法制可能未必是市場化的經濟發展的一個必要的條件，這

便構成一種對在本文第一部分討論的韋伯命題的挑戰。在這第三部分，我們將嘗試吸收兩種學說，從而建立發展韋伯命題的一個修正版本。這可理解為法律與經濟發展之間的關係的一個更加完善和全面的理論（而原本的韋伯命題則可理解為這一更具普遍性的理論的一種特殊應用）。它也可為鍾斯上述論文討論過的有關當代中國法律與經濟發展問題的論點，提供一個更為清晰的理論基礎。

第一個值得研究的層面是關於文化、社會、道德與經濟行為的關係理論。在這方面有影響力的兩位思想家是馬克‧格拉諾維特（Mark Granovetter）和法蘭西斯‧福山（Francis Fukuyama）。格拉諾維特指出，[40]儘管現代經濟制度與傳統社會的經濟不同，而自社會生活的其他領域分化出來，但事實是大多數經濟交易仍舊深深"植根"於人際和社會關係網絡裏。這種關係對產生出信任尤為重要，這種信任在商業交易中是不可或缺的。

信任與社會資本

福山在他的名著《信任》中指出，[41]除了經濟學者經常研究的政策和制度因素外，像"信任"和"社會資本"這樣的文化和社會因素也與各國的經濟成就有密切的關係。"信任是共同體成員對其他成員的一種期望，它產生於一個由慣常的、誠實的、合作性的行為構成的共同體裏，它乃基於大家共同分享的規範準則。"[42]"社會資本是一種能力，產生於一個充滿信任的社會裏……社會資本通常是通過像宗教、傳統或歷史習慣等文化機制而產生和傳送的，所以它與人類資本的其他形式有所不同。"[43]如果一個社會裏在經濟行動者之間很容易就建立起信任，這個社會便能大量節省交易成本：[44]

"彼此互不信任的人們要想達成合作，只有借助於有正式規則和規章的制度，這就有待於談判、協議、訴訟或甚至強制執行。這一作為信任的替代物的法制機器的開支，屬經濟學家所稱的'交易成本'。換句話說，一個人們互不信任的社會，就等於是對各種經濟活動都要課以某種稅，而這稅種在高信任度的社會則是不用支付的。"[45]

香港著名社會學者黃紹倫在 1990 年的講座教授就職演講的題目是〈中國企業家與商業信任〉。[46] 他指出，"信任的倫理對香港和海外華人企業家的商業成功至為重要"。[47] 他在闡述他的關於信任和華人商業生活的理論時，汲取了韋伯和當代德國社會理論大師盧曼（Niklas Luhmann）的概念框架。韋伯[48] 將信任區分為特殊性基礎上（如家庭和個人聯繫）的信任和普遍性基礎上（如在同一新教宗教團體成員間）的信任，而華人商人所倚賴的信任顯然歸屬於前一範疇。盧曼[49] 則在"個人信任"（基於個人之間的熟悉關係基礎上建立並因而範圍有限）與"制度信任"（在非人格化和一般化媒介諸如金錢、權力或法律之上運作）之間劃分了界線。黃紹倫在強調香港華人"商業生活中個人信任因素的活力"[50] 的同時，還認為由香港殖民地政府建立的法治制度及社會政治和經濟組織所產生的"制度信任"，是對"個人信任"的一種重要補充，同樣有利於香港經濟上的成功。因此：

"個人信任和制度信任、普遍性主義與特殊性主義、傳統與現代都並非是二分性的概念。在傳統的中國……儒教的一個中心信條就是中庸之道，它所追求的理想就是達致平衡。用社會學語言來表述，就是達成動態的均衡狀態。未經刻意設計，幾乎純屬偶然，在香港形成了個人信任與制度信任之間，以及中國傳統與西方現代之間的動態均衡狀態。結果是企業精神得以發揚光大。"[51]

從經濟角度考量法治的重要

第二個關於韋伯命題修正版本的值得研究的學說，便是 "新制度經濟學"。這一學派試圖考慮理性的、自利的並謀求獲取最大利益的行動者，在充滿制度性約束的環境下，會作出怎樣的計算和選擇，從而解釋經濟的，甚至是社會性和政治的行為。在這方面，1993 年獲取諾貝爾經濟學獎的道格拉斯・諾斯（Douglass North）創建的理論尤其值得我們參考。

諾斯研究經濟行為的理論框架中的基本概念可以概括如下。[52] 經濟行為者之間的互動受到各種行為性約束的影響（包括以行為習慣和慣例形式出現的非正式約束，以及以由國家強制執行的法規形式出現的正式約束），這些約束大多數由社會中的制度產生（包括政治的、法律的和經濟的制度）。促使個人在特定情形下作出對社會經濟增長有貢獻的經濟行動的激勵機制，是由上述的制度和約束所決定的。推動經濟增長的重要力量，是由市場所協調的合作性行為的發展，這包括勞動分工、專業化、交換，從而獲致規模經濟的效益和貿易的得益（如同古典經濟學所理論化的）。

貿易或經濟交換的增長，一定程度上取決於交換中的 "交易成本" 的降低。"交易成本" 概念的使用是與直接的 "生產成本" 相對應的。交易成本包括獲取與交易有關的資訊的成本、談判合同的成本、界定按合同所交換之物的法律性質的成本、執行合同以及保護當事人的財產所有權的成本等等。

諾斯尤其強調為了促進經濟發展，必須對財產權利明確劃分和有效保護（包括保護它們免遭統治者任意運用權力施行掠奪），減少經濟交換中的不確定性，以及建立執行合同的有效機制。這類機制包括 "自我

執行＂與＂第三者執行＂，而後者包括私人機構（如商會）的執行和國家
對強制性法律的執行。按博弈理論分析，某些情況下合同可以自我執
行，條件是參加博弈的人數很少，他們彼此了解對方過去的表現，而且
他們期望未來還會重複玩這種遊戲（即與目前這個合同的當事人在未來
再進行類似的交易）。別的＂人格化的合同＂也可自我執行，因為它們
是建立在個人之間或共同體之中的聯繫之上的。另一方面，非人格化合
同較大程度上依賴於第三者執行，尤其是國家按照法律的執行。

法治不足，有礙經濟

　　諾斯相信，隨着貿易額的擴大、交易複雜程度的增加和大量技術的
採用，非人格化交換（與人格化交換相對而言）的增加將成為一個國家
經濟增長的關鍵所在。因而，他強調法治（尤其是指財產權利的安全保
證和合同的有效執行）的重要性，它是＂長期經濟增長＂[53]的一個必要
條件。他認為，法治的不足構成了對第三世界的不發達的部分解釋原
因：

　　＂我們只需將第三世界與發達工業國家的生產組織結構加以比較，
就會深深地感受到對財產權利缺乏明確的劃分，或缺乏有效的保護而帶
來的嚴重後果。在這種情況下，不僅制度的運作會產生較高的交易成
本，而且財產權利的缺乏保障會導致人們在生產技術上投入較少固定資
本和不作出較長遠的安排。一般的企業是小型的（除那些由政府操作並
受政府保護的企業之外）……由於缺少對財產權利的正式保障，經濟活
動便僅局限於由能自我執行的合同所構成的人格化交換制度之中。＂[54]

　　考慮到上述關於文化、信任和經濟活動的關係的見解以及新制度經
濟學的理論，韋伯命題也許可以重新建構如下：以市場為基礎的經濟發

展固然取決於對參與經濟活動而獲得收益的期望的保證；因而產生了對交易後果的可預測性和可計算性的需要，包括需要預測違約行為的可能性，並在這類可能性不幸實現時，保證個人權利確能得到保護。然而，雖然形式化、邏輯化和理性的法制一般來說是有用和重要的，但它並非在所有情況下都是針對上述需要的必須或足夠的反應。

在涉及"人格化合同"（諾斯意義上的）或合同傾向於自我執行的那些情形下，韋伯式法制的存在並非一種必不可少的或十分重要的要求。在這種情形中，當事人會感到進行交易是安全的，而不問法制環境是否理想。另一種情況是，"第三者執行"是由私人團體（非國家的）設立的解決爭議的機制所提供，這時即使不存在政府執行的法治制度，也並非是致命的。

另一方面，形式化、邏輯化和理性的法制也未必是針對所有情況中經濟交易安全保證的要求的圓滿回應。交易成本的概念表明，必須認真考慮合同談判和起草過程中依賴律師的費用，以及通過法院體制來執行合同的成本。這些成本均為交易成本的一部分，而交易成本過高是不利於經濟增長的。因此，問題的關鍵不在於一般意義上的保護財產權利和執行合同，而在於它們能否在相對低的成本上得到實現。這就意味着，在使用正式法制時要支付很高成本的地方，保護財產權利和確保合同履行的別的制度（即非正式和非官方手段）可能比依賴形式化、邏輯化和理性的法制更有利於經濟發展。

中國的經濟與法治實況

最後，讓我們回到當代中國的狀況實例，並根據上述韋伯命題的修正版重新解釋中國的經濟和法制發展。自 1978 年經濟改革開始以來，以市場為基礎的經濟增長產生了一種與日俱增的對正式和非正式約束

（諾斯意義上的）需要，即需要這些約束來規範交易的進行，並為參與交易者提供激勵和降低交易成本。正式法制的發展也許可解釋為針對這一需要的回應。但由於中國的法制有上述的各種缺陷和限制，這一需要還未能完全由法制來滿足。幸運的是，這一需要也可部分由運用"關係"得以滿足，"關係"的文化是中國傳統文化遺留給社會主義中國，以至海外華人世界的一種極有價值的資源。關係是一種特殊類型的社會聯繫，而正如格拉諾維特所指出，經濟行動是植根於社會聯繫的。關係是信任的泉源，而正如福山和黃紹倫指出，信任是商業生活中重要的因素。它是一種對經濟發展來說極有價值的社會資本。

但是，卡羅爾・鍾斯所說的"關係之道"[55] 在中國能否長期繼續作為法治的有效替代品，而使中國與西方相比不那麼需要發展韋伯意義上的形式化、邏輯化和理性的法制？如果諾斯是對的，那麼答案便一定是否定的。因為諾斯相信經濟進步是從人格化交換邁向非人格化交換的歷程，從而導致市場的擴展、更大的經濟規模、更高度的專業化和複雜化。非人格化交換不像人格化交換，前者尤其要依賴於法治。

在這方面，汪丁丁教授的觀點值得留意。[56] 汪氏是一位有影響力的當代中國經濟思想家，他嘗試把海耶克和諾斯的思想融合，從而發展一套適合中國未來的經濟和社會哲學。從海耶克的思想出發，汪氏認為資本主義是一種自發產生並且不斷擴展的人類合作的秩序，其中涉及不斷增加的勞動分工程度和市場交換容量。因此，資本主義的發展可因日益盛行的非人格化交換而得以增強實力，這種交換則有賴於一種普遍性的道德倫理規範和法治的建立。另一方面，汪氏認為中國文化是在特殊性和人格化的社會關係的基礎上構建的。這些關係對產生商業交易中必要的信任是有用的，並因而成為了中國市場經濟發展的早期階段（即現在這一階段）的積極性資源。然而，中國缺少一種普遍性的道德倫理和有效的法治制度，這便構成了對"市場半徑"[57]的無限伸展的障礙，並進而構成了對海耶克意義上的資本主義或市場秩序的障礙。

我基本同意汪氏這個觀點。但是，我可能比汪氏更為樂觀，我相信中國未來會出現一種更具普遍性的道德倫理和一個更為有效的法治制度的前景。正如金耀基教授所說："生活在社會主義中國的中國人，正如港台的中國人一樣，也感到正處於萌芽階段的市場和市民社會需要一種普遍的合理性。"[58]另一位社會學家指出："雖然社會上到處都存在'拉關係'的情形，但中國人普遍都有這樣一種願望，就是希望依法治國，因為他們相信法律能給社會帶來正義。"[59]王豐在他上述的論文中討論"關係"時，預測隨着中國大陸經濟和政治體制改革的深化，關係的作用將日漸淡化（或至少由傳統社會主義制度產生的關係將會如此）。[60]我對當代中國法律思想和實踐的研究[61]使我相信，當前朝向法治和朝向一種形式化、邏輯化和理性法制的發展趨勢是堅定不移和不可逆轉的。現在，中國正處於其社會的、文化的、經濟的、政治的和法制的轉型的關鍵階段。**在 21 世紀的中國，最終得以凝固的經濟和法律制度將絕不會是西方的翻版，但我相信它將會歸屬於在普遍性的法治基礎上建立的自由市場秩序的範疇。**為了建立這個新天地而付出的努力，將是中華文明追求其在現代世界之林中應有地位之艱苦而漫漫的探索的重要部分。

（本文原文為英文，由陳魯寧先生翻譯為中文，謹此致謝。）

註釋

1　M‧韋伯：《新教倫理與資本主義精神》，（香港：三聯書店，1987 年）。

2　王晨光：〈韋伯的法律社會學思想〉，《中外法學》1992 年第 3 期；蘇力：〈市場經濟需要甚麼樣的法律？〉，《法治及其本土資源》（北京：中國政法大學出版社，1996 年）。

3　王晨光，同註 2。

4　公丕祥：〈傳統中國社會與法律：韋伯的理論分析〉，載公丕祥主編：《法制現代化研究》（第二卷），（南京：南京師範大學出版社，1996 年）。

5　羅伯托‧昂格爾：《現代社會中的法律》（北京：中國政法大學出版社，1994 年），第二章。

6　Philip C.C. Huang, "'Public Sphere' / 'Civil Society' in China? The Third Realm between State and Society," *Modern China*, Vol. 19 No. 2（1993），pp216-240.

7　中共中央文獻研究室編：《十一屆三中全會以來重要文獻選讀》（上冊）（北京：人民出版社，1987 年），頁 11。

8　Jerome A. Cohen, "Tiananmen and the Rule of Law," in George Hicks(ed.), *The Broken Mirror: China After Tiananmen*（Harlow, Essex: Longman, 1990），p323, at pp323-324.

9　Stanle Lubman, "Introduction: The Future of Chinese Law," *The China Quarterly*, No. 141（1995），p1, at p2.

10　Donald C. Clarke, "The Execution of Civil Judgments in China," *The China Quarterly*, No. 141（1995），p65, at p79.

11　Albert H.Y. Chen, *An Introduction to the Legal System of the People's Republic of China*（Singapore: Butterworths Asia, 1992），p37.

12　昂格爾：同註 5。

13　Richard Baum, "Modernization and Legal Reform in Post Mao China: The Rebirth of Socialist Legality", *Studies in Comparative Communism*, Vol. XIX No. 2（1986），pp69-103; William P. Alford, "Seek Truth From Facts-Especially When They Are Unpleasant: America's Understanding of China's Efforts at Law Reform", *Pacific Basin Law Journal*, Vol.8（1990），pp177-196; Carol A.G. Jones, "Capitalism, Globalization and Rule of Law: An Alternative Trajectory of Legal Change in China", *Social and Legal Studies*, Vol.3（1994），pp195-221.

14　Lubman，同註 9。

15　Clarke，同註 10。

16　Clarke，同註 10，頁 66。

17　Anthony R. Dicks, "Compartmentalized Law and Judicial Restraint: An Inductive View of Some Jurisdictional Barriers to Reform", *The China Quarterly,* No. 141（1995），pp82-109.

18　Chen，同註 11，頁 91-92。

19　William P. Alford, "Tasselled Loafers for Barefoot Lawyers: Transformation and Tension in the World of Chinese Legal Workers", *The China Quarterly,* No. 141（1995），pp22-38.

20　Pitman B. Potter, "Foreign Investment Law in the People's Republic of China: Dilemmas of State Control", *The China Quarterly*, No. 141（1995），pp155-185.

21 Clarke，同註 10，頁 80。

22 Lubman，同註 9，頁 18-19。

23 Lubman，同註 9，頁 19。

24 Jones，同註 13。

25 Jones，同註 13，頁 196-197, 212。

26 Jones，同註 13，頁 200, 205, 212。

27 Jones，同註 13，頁 213。

28 Jones，同註 13，頁 205。

29 梁漱溟：《中國文化要義》，（台北：正中書局，1975 年第 8 版），第 5 章。

30 費孝通：〈差序格局〉,《鄉土中國》，（香港：三聯書店，1991 年）。

31 金耀基：〈關係和網絡的建構〉,《中國社會與文化》，（香港：牛津大學出版社，1992 年）。

32 金耀基，同註 31，頁 82。

33 金耀基，同註 31，頁 71-72，82。

34 金耀基，同註 31，頁 80。

35 Ezra F.Vogel,"From Friendship to Comradeship," *The China Quarterly*, No. 21（1965），pp46-60.

36 王豐：〈中國的社會主義實踐與社會關係網的演變〉，載周雪光主編：《當代中國的國家與社會關係》，（台北：桂冠圖書股份有限公司，1992 年）。

37 金耀基，同註 31。

38 傅高義（Ezra F.Vogel）：《廣東改革 —— 中國大陸跨出的第一步》，（台北：天下文化出版股份有限公司，1989 年），第 12 章。

39 Jones，同註 13，頁 213。

40 Mark Granovetter, "Economic Action and Social Structure: The Problem of Embeddedness", in Mark Granovetter and Richard Swedberg(eds.), *The Sociology of Economic Life* （Boulder: Westview Press, 1992）, ch2.

41 Francis Fukuyama, *Trust: The Social Virtues and the Greation of Prosperity* （London: Hamish Hamilton, 1995）.

42 Fukuyama，同註 41，頁 26。

43 Fukuyama，同註 41，頁 26。

44 Fukuyama，同註 41，頁 335、352。

45 Fukuyama，同註 41，頁 27-28。

46 Wong Siu Lun, "Chinese Entrepreneurs and Business Trust", in Gary Hamilton(ed.), *Business Networks and Economic Development in East and Southeast Asia* （Hong Kong: Centre of Asian Studies, University of Hong Kong, 1991）, ch2.

47 Wong Siu Lun，同註 46，頁 13。

48 Wong Siu Lun，同註 46，頁 15，黃教授援引了 Max Weber, *The Religion of China*（New York: The Fress Press, 1951）, p237 及 Max Weber, *The Sociology of Religion* （London: Social Science Paperbacks, 1966） p235.

49 Wong Siu Lun，同註 46，頁 14，黃教授援引了 Niklas Luhmann, *Trust and Power* (Chichester: John Wiley & Sons, 1979), pp50-58.

50 Wong Siu Lun，同註 46，頁 19。

51 Wong Siu Lun，同註 46，頁 26-27。

52 Douglass C. North, *Institutions, Institutional Change and Economic Performance* (Cambridge: Cambridge University Press, 1990); Douglass C. North, "Institutions", *Journal of Economic Perspectives*, Vol. 5, No.1 (1991), pp97-112; Douglass C. North, "Economic Performance Through Time," *American Economic Review*, Vol. 84, No.3 (1994), pp359-368; 道·諾斯：〈制度變遷理論綱要〉,《中國社會科學季刊》(香港)1995 年總第 11 期，頁 183-186。

53 North, "Economic Performance Through Time," 同註 52，頁 367。

54 North, *Institutions, Institutional Change and Economic Performance*，同註 52，頁 75, 67。

55 Jones，同註 13，頁 196。

56 汪丁丁：《經濟發展與制度創新》(上海：上海人民出版社，1995 年)；汪丁丁：〈談談"能用數目字管理的"資本主義〉,《讀書》，1993 年第 6 期。

57 汪丁丁，同註 56，頁 134。

58 金耀基，同註 31，頁 81。

59 Godwin Chu and Ju Yanan, *The Great Wall in Ruins: Cultural Change in China* (East West Center, 1990), pp37,67, 引自金耀基，同註 31，頁 81。

60 王豐，同註 36，頁 256。

61 Chen，同註 11；Albert H.Y. Chen, "Developing Theories of Rights and Human Rights in China", in Raymond Wacks (ed.), *Hong Kong, China and 1997: Essays in Legal Theory* (Hong Kong: Hong Kong University Press, 1993), ch5; Albert H.Y. Chen, "The Developing Theory of Law and Market Economy in Contemporary China", in Wang Guiguo and Wei Zhenying (eds.), *Legal Developments in China: Market Economy and Law* (Hong Kong: Sweet and Maxwell, 1996), ch1; 陳弘毅：〈中國法律的發展與民法傳統〉，載汪丁丁編：《中國評論一九九六》，(香港：香港中文大學出版社，1996 年)。

第三章
市民社會與中國的現代化

黑格爾的法哲學與市民社會

　　我們現在常用的市民社會（civil society）概念——即在社會內而在政府控制範圍以外的民間組織和活動空間，始創於黑格爾的《法哲學原理》。市民社會概念的提出，正如布丹的"主權"或盧梭的"公意"（general will）等重要概念的創建，是近代西方政治思想史上的里程碑。《法哲學原理》一書，在西洋哲學史上的地位，也可媲美柏拉圖的《理想國》、亞里士多德的《政治學》、霍布斯的《利維坦》，或盧梭的《社會契約論》。本文嘗試剖析黑格爾《法哲學原理》中"市民社會"概念的性質和內容，並從黑氏身處的時代背景去了解其思想架構。從黑氏的時代到現在，歷史的變遷如滄海桑田。在當今世界裏，黑格爾關於這方面的思考是否仍有意義或啟發性，本文亦將予以探討。

　　黑格爾的哲學思維方法是一種辯證法，在這一方法中，相關概念的相互關係可分為"正"、"反"、"合"三個環節。正和反兩方面是對立的、矛盾的，各自補充對方的不足之處，兩者通過一個揚棄、提升和統合的發展過程，產生另一更高層次的概念。這概念是原有的兩概念的超越和昇華，內容涵蓋了原有的概念，並比原有概念更為充實和完美，卻同時是（在一個更高層次的）就原來概念的回歸和迴圈。

　　黑格爾哲學體系裏的核心概念是"理念"或"精神"，這精神分為主觀精神（正）、客觀精神（反）、絕對精神（合）。主觀精神乃關於人的心靈、意識、心理等方面；客觀精神則指社會中的事物；至於絕對精神，是指作為心靈的最高體現的藝術、宗教和哲學。黑格爾的《法哲原理》一書所討論的是客觀精神的領域，這又可分為三方面：抽象法權（abstract right）（正）、道德（德文原文是 Moralitat）（反）、社會倫理生活（德文原文是 Sittlichkeit，或譯作"人倫"）（合）。抽象法權指適用於客觀物質世界的法律規範，尤其是關於財產所有權的準則；道德是以人的內心、意向和良心為出發點的行為標準；而倫理生活，則是人類羣體生活中的規範、價值觀念和制度。

倫理生活也根據辯證法分成三方面：家庭（正）、市民社會（反）（德文原文是 burgerliche Gesellschaft）和國家（合）（德文原文是 der Staat，英文譯作 the State）。所以，如果要理解黑格爾的市民社會概念，最好的方法是從倫理生活的概念入手，並比較倫理生活三個環節的異同。

黑格爾在"道德"和"倫理生活"兩者之間作出區分。在道德的領域，個人良心的判斷是行為的最終依歸，行善的意向是主要的考慮因素。至於倫理生活（Sittlichkeit）的字眼，來自"風俗習慣"（Sitten）這個詞語，倫理生活的基礎是在某社羣或共同體（community）之中實際存在的、具體的、享有生命力的習俗、價值觀念和制度；人們在這當中生活，接受、遵從以至認同有關準則和規範，這便是倫理生活。

在黑格爾的倫理生活理論中，家庭是倫理生活的第一個層次。倫理生活的精華是個人從他的自我和自己的欲望、需要和利益之中走出來，關心到他人，為一個超越他自己的目標去生活，投入一個共同體之中，並在他作為共同體的成員的身份裏，找到他真正的自我、他的精神歸宿和身份認同感。他的生命與共同體的生命合而為一，他在共同體之中找到自己生命的意義。

黑格爾認為，家庭便是提供這種倫理生活的最基本、最原始和最自然的共同體。這種共同體的基礎是愛、信任和生活、生命的分享；在家庭生活中，個人實現了自我的提升，參與創造一個超越他自己的生命的實體（即家庭）。在必要時，個人甚至願意為家庭而作出犧牲。

市民社會中的利己基礎

在"正"、"反"、"合"的辯證法體系裏，市民社會是家庭的反面。在黑格爾的家庭概念裏，個人是從屬於家庭的，他的真正自我實現是離不開他作為家庭成員的身份的。反過來說，在市民社會裏，每個個人是（精神上）自足的、獨立的，他並不委身於一個超越自己的目標或事業，相反，他只着眼於追求自身的利益、滿足自己欲望的需要。黑格爾的市民社會概念的基層是一個"需要的體系"（system of needs），獨立自足的個人進行生產、交易、消費，以滿足各自的需要。

這個"需要的體系"可以說是工業革命初期的資本主義和市場經濟的社會模式，它的基礎是個人主義、功利主義和自由主義。個人是追求私利的，人際關係是互利的關係，個人自己的利益是他生活的目標，他與他人的交往是相應的手段。在勞動分工的情況下，個人進行勞動，生產能滿足他人需要的物品，從而進行交換；各式各樣的財產所有者互相交易和締結合同，這便構成了市民社會的"需要的體系"。

與馬克思相反，黑格爾對於作為市民社會的根本的私有產權，是完全給予肯定的。《法哲學原理》中關於"抽象法權"的部分，主要便是關於財產權的哲學依據的闡釋和辯解（這方面的理論建基於黑格爾建構的關於主體的自我意識和自由意志的概念）。對於市民社會中個人有選擇工作和締結合同的自由（相對於中世紀的封閉的封建等級制度），黑格爾也認為是重大的歷史進步。雖然黑格爾的市民社會中的個體基本上是自私自利的，但黑格爾仍頌揚他們的自由和權利 —— 而獲得這種自由的過程更是一個歷史性的突破，個人取得追求私利的權利，這是人類解放歷程的轉捩點，完全值得肯定。

正如亞當・斯密所指出，在市場體系裏說有一"無形之手"，使各種追逐其私利的個體的活動，總體來說有效益地增進了整個社會的福祉；黑格爾就他的市民社會也有相似的分析。由於人們要生產他人所需要的東西，才能進行交易，從而獲得自己所需，因此，在"需要的體系"中的人是互相依賴的，其實他們正在互相合作，他們在不自覺中，正在謀求社會整體的利益。

市民社會的其他構件

除了"需要的體系"外，黑格爾的市民社會的另一構成單位，便是"社團"（corporations），即他所構思的同業工會。這些社團既不是現代意義的股份公司，也不是工會，而是指同一行業的人士（包括東主和工人）一起組織的團體，目的是代表和維護該行業人士的權益。黑格爾認為，家庭和社團是國家（國家是倫理生活的最高體現）的根基，如同在家庭生活裏，在社團的生活中，個人也能學習超越自己、關心他人、與他人一起活動、互相分享、對團體的生活作出貢獻，並追求一些比自我滿足更遠大一點的目標。

黑格爾的市民社會的其餘兩個環節是司法制度（administration of justice）和公共機關（public authority）（或稱"警員組織"，police）。司法制度的功能是制定、公佈和實施合乎理性（如保障產權和個人自由）的法律。公共機關的功能，則包括對市場的運作進行必要干預（如價格管制）、對貧民提供福利救濟、推廣教育等。

我們現在所通用的"市民社會"概念，是指國家政府架構以外的民間社會生活，但黑格爾卻把法制和部分行政架構，納入了市民社會的範圍（他把這些架構稱為"外在國家"，external state）。這樣歸類的原因在於，市場社會的軸心是個人爭取和維護自己的利益（而非有意識地為社會整體的、公共的、大眾的利益着想），法制和公共機關的存在和運作，也無非是為這些私人的權益提供保障，所以它們應界定為市民社會的一部分。

作為倫理生活辯證中"正"、"反"、"合"三部曲的"反"，市民社會（相對於家庭來說）其實遠遠偏離了倫理生活的理想和真正意義。以自我為中心的人，各自追求自己欲望的滿足，只着眼於私人的權益，這可說是有違倫理生活的主旨。倫理生活的關鍵是人對於一個超越自己的目標或理想的委身和奉獻，一種有意識的無私的給予 —— 例如把自己獻身於一個社羣共同體，甚至願意犧牲小我，以成全大我。黑格爾認為，在"國家"的層次，倫理生活才能達致它最高的體現。

倫理共同體

根據黑格爾的哲學，國家是一個倫理共同體（ethical community）（這個意義上的國家有別於國家的政府架構，後者是黑格爾所謂的"純粹政治性的國家和憲制"，the strictly political state and constitution），它代表着最興盛、最完滿和最壯觀的倫理生活，它既把家庭和市民社會涵攝於其中，也同時超越、轉化和提升了家庭和市民社會。換句話說，在國家裏，家庭和市民社會並不消失，也絲毫沒有被排斥或削弱，但由於國家對於倫理生活的淨化作用，家庭和市民社會取得了一種新的色彩和意義。

自由主義和功利主義都傾向把個人刻畫為一個獨立原子，把他抽離於社會、文化和歷史而予以分析，而社會則不外是所有這些單一的原子的總和。黑格爾代表着另一派的觀點和角度，認為個人與其生活中的社羣（或共同體）是不可分割的，個人是甚麼、是怎樣的一個人，決定於他所屬的社羣是甚麼、是怎樣的一個社羣，而社羣是一個有機體，並不純粹是它的成員的總和。這種觀點進一步指出，個人的性格、為人、身份和自我，極大程度上是由社會、文化所塑造而成的，個人的需要、欲望和價值觀念，並不是抽象地存在，而是從他在社會生活裏的經驗當中產生的。

黑格爾認為人性的真正實現（包括人的自由的真正體現），離不開人在社會共同體之中的生活、參與、投入、獻身和分享，而在現代世界裏，這一社羣共同體便是民族國家。在這方面，黑格爾（正如不少同時期的德國知識份子）深受古希臘城邦公民生活的理想的影響。他們十分嚮往這種古典的倫理生活，相信它造就了一種完整的、近乎完全的人格。這人格是平衡協調的，既沒有內在矛盾（如理智與感情的衝突），也與社會公共生活的脈搏一致，人的生活沒有公私之分，個人生命的意義在於他為羣體作出的貢獻，羣體的命運由公民共同承擔、共同決定，生命的光榮和個人的榮耀，取決於他在羣體的集體記憶之中的位置。

黑格爾認為，現代人的精神歸宿乃在於國家的倫理生活。在這方面，他覺得現代國家作為社羣生活的共同體，比起古典的共和政治的城邦，毫不遜色，甚至更勝一籌。這是因為在古典時代，人們對自我和事物的反省、反思能力並未完全發展（這種發展有待後來的宗教改革運動提出個人良心的自由）和啟蒙運動（用理性思維進行批判性的反省），他們之所以無私地獻身社羣生活，很大程度上是不自覺的、近乎本能的行為 —— 他們從小就受周圍的社會文化薰陶，形成了他們的公民性格。反之，在現代，人們之所以投入國家的生活，是由於他們認識到國家是一個理性的組織架構，國家的（保障產權和其他個人權利的）法律是他們自己的理性意志的反映，因為他們（受黑格爾的哲學啟發後）有這樣的認識，所以他們信任和認同國家的政府，並選擇在政制中積極參與，同時履行他們在這倫理生活中的義務（義務的履行 —— 而非權利的

訴求 —— 是自古以來的道德、宗教和倫理的中心思想），接受國家的權威，遵從她的規範，支援她的活動，甚至在必要時（例如在戰爭中）為她獻出個人的生命，亦即上文提到的"犧牲小我，成全大我"，或意義相似的"殺身成仁，捨生取義"。在這樣融入國家"大生命"、"大我"的過程中，個人將能找到真正的自我實現，將獲得真正的自由（黑格爾所提倡的自由，是所謂積極自由，即自由不是毫無禁忌、為所欲為的，真正的自由是類似"克己復禮"或"存天理、去人欲"的境界，即是道德的修養、理性的彰顯、人格的提升）。

雖然個人能在國家的倫理生活中充分發揮自己的潛能、實現真正的自我、寄託自己的精神，但根據黑格爾的觀點，國家不應被理解為提供個人自我實現的條件的工具；相反地，他認為國家作為一個有機體式的"大生命"、"大我"，她的存在和發展本身便是一個目的（而非達致各個人的目的之手段）。國家是民族的歷史、文化、傳統和精神的載體，國家的成長和繁榮是歷史進程的目標，歷史是理念演進的歷程，而國家便是宇宙精神的體現（但卻不是最高、最完美的體現，因為國家屬"客觀精神"的領域，從屬於"絕對精神"的範疇，絕對精神包括藝術、宗教和哲學，是理念的登峰造極的展現）。他甚至用神學式的語言，把國家形容為"神在地上的走動"。當人把自己的"小我"投入和融化於"大我"時，他當了宇宙精神的媒介，因而成全了自己，也同時成全了國家。

在黑格爾關於國家的思想裏，我們的確可以看到 20 世紀各種政治全能主義（totalitarianism，或譯作極權主義，如納粹主義、法西斯主義以至某些形式的共產主義）的蹤影。在 20 世紀人類這些慘痛的教訓中，國家的權威無上，國家的領導人成為偶像而受到狂熱宗教式的崇拜，個人和人權被貶得微不足道，草菅人命、踐踏人性的暴行層出不窮。我們雖然不能歸咎黑格爾的國家思想（固然任何思想都能被當權者利用和濫用），但 20 世紀的歷史至少提醒了我們，國家至上主義是有嚴重的危險傾向的。相比之下，精神和道德上（或在倫理生活上）看來較貧乏的個人主義、自由主義和功利主義，以至庸俗的消費主義和享受主義，反而更能給人提供安居樂業的社會和政治環境。

但個人主義、自由主義和功利主義並非 20 世紀後期至今的晚期資本主義和後現代世界的事物。作為啟蒙運動、法國大革命、工業革命和市場經濟的產品，它們在黑格爾的時代已經存在，但在 20 世紀，卻屢次落敗於各種政治全能主義。即使在今天，在世界不同角落，宗教原教旨主義（fundamentalism，或譯作基要主義）運動，仍然如日中天。我認為在這種歷史情境下，黑格爾關於倫理生活、市民社會和國家的思考和洞悉，在當代仍是發人深省的：

1　首先，黑格爾就"抽象法權"和市民社會的分析，完全肯定產權和市場經濟，這與當代世界的主流思想不謀而合。

2　但與自由主義者、功利主義者和古典政治經濟學思想不同，黑格爾深切體會到，人在（以利益交換來謀取自身的需要和目的之滿足為主旨的）市民社會中是不能真正實現自己的，因為市民社會裏並沒有健康的（使人可以超越自己的）倫理生活。黑格爾後的哲學家、社會學家和宗教、文藝界的精英，對這點認識已經作出有力的見證，指出現代社會中人的疏離感、孤單無助、缺乏認同感和歸依感，變成無根的、失落的個人（儘管他享有市民社會中的選擇自由和消費自由）。

3　現代政治全能主義的崛起，可理解為對啟蒙時代以來的、即黑格爾所描述的市民社會的不足之處的一些強力反應。雖然當代公共輿論都有這樣的共識──政治全能主義是無可辯護的禍害和道德上的惡，但我們不應抹煞一個事實：20 世紀的各個政治全能主義社會的出現，決不是偶然的、意外的、孤立的歷史事件，在很大程度上，這一系列的發展確實反映一種現代歷史、社會和文化的邏輯，這些現象可理性地被理解為（黑格爾意義的）市民社會的精神貧乏和國家倫理生活的重要價值和意義的引證。

4　同樣地，在後現代世界仍然旺盛的宗教原教旨主義也可被理解為對（黑格爾意義的）市民社會的不足之處的反應及對（黑格爾意義的）倫理生活的追求。

5　總括來說，我認為黑格爾的市民社會理論的最大貢獻和當代意義，在於他指出了作為滿足個人私人需要和目的之經濟、文化和政治體系，市民社會欠缺了與真正的人性和自我實現共其始終的倫理生活的內容，這欠缺的內容只可能在社羣的、共同體的，以及國家、民族、歷史、傳統和文化的層面才能找到。

市民社會的理念與中國的未來

一、前言

在西方思想史上，市民社會（civil society）的概念曾經歷了多個階段的歷史演變。在近代政治思想誕生的時代，市民社會即文明社會、有政府體制的社會而非原始、野蠻社會或人類的自然狀態。到了黑格爾，市民社會與國家的區分開始確立，但馬克思卻批評市民社會為自私自利的資產階級社會的現象，市民社會與資本主義國家同樣受到否定的評價。20世紀全能主義（極權主義）的實踐經驗，尤其是蘇聯和東歐共產主義政權衰落之際，西方思想家重新發現了市民社會的重要性和寶貴性，並予以歌頌。

市民社會的概念和理論，也引起了當代台灣、香港和中國大陸學者的興趣。市民社會理論有助於闡釋和説明台灣以至香港的民主化進程，也可用以指導中國大陸的經濟、社會以至其未來的政治改革。一些研究中國歷史的學者，更嘗試採用市民社會理論所提供的思考架構去研究中國近代史上的問題。

本文第二、三部分將透過對西方近現代和當代思想家關於市民社會的論着的評述，就市民社會理論予以梳理，並尋求其中的洞見。然後，本文第四部分將簡介當代學者把市民社會概念用來研究中國歷史和中國當前的社會變遷的嘗試。最後，第五部分將對西方市民社會理論作出總評，並探討市民社會的理論作為一種思想資源，對中國未來的政治思想的積極意義。

二、西方近現代的市民社會理論

西方市民社會理論的歷史，其實便是西方政治思想史的縮影。中文"市民社會"這個詞語翻譯自英文的"civil society"或德文的"bürgerliche Gesellschaft"，後者的使用在歷史時間上稍後於前者，並被認為是前者的翻譯。至於前者，即英文的"civil society"，則來自拉丁文的"societas civilis"。[1] 中文"市民社會"這個用語是德文"bürgerliche Gesellschaft"的貼切翻譯，英文"civil society"則也可翻譯為"公民社會"。[2] 在西方政治思想史上，雖然"civil society"（或其在其他歐洲語文中的相應詞語）的涵義經歷過蛻變的過程，但始終和"公民"、"政治"、"國家"等概念唇齒相依，相輔相成。

市民社會的歧義

在西方古典文明的時代以至近代的 17、18 世紀，"societas civilis"或"civil society"這些詞語均被用來談及有政治組織存在的社會，亦即有統治者的社會，而非無政府狀態的社會（Bobbio, 1986: 144; Keane, 1988: 35）。因此，"civil society"的原本涵義，相當於我們今天所理解的國家（State）。但是，我們今天所理解的"市民社會"的概念，卻是和"國家"相對的："市民社會"是當代社會中不受國家或政府控制的、民間的、自我組織的、自主的領域。這便是"市民社會"概念在思想史上的弔詭之處。不少論者認為，[3] 我們現在賦予"市民社會"的涵義，是黑格爾首創的。那麼，黑格爾以前的市民社會思想與我們今天的市民社會理論是否有任何的延續性？要理解當代的市民社會理論，是否仍有需要回到黑格爾以前的西方政治思想？

　　我認為這兩個問題的答案都是肯定的。無論黑格爾以前或以後的西方市民社會思想，它們都有一些共同的關注點。正是這些共同關注，可以把它們連繫起來，構成一個延綿不斷的思想傳統。這些共同關注包括像以下的課題：政治權力的正當性的來源在哪裏？社會作為人類合作性的羣體生活的基礎在哪裏？社會在歷史上、概念上或邏輯上是否先於或外在於國家的存在？國家的權力的界限何在？國家和社會的關係應該是怎樣的？個人和社會、公和私的關係又應該是怎樣的？不同的市民社會概念和理論對於這些問題所提供的答案，不盡相同。

　　為了敍述和分析的方便起見，本文此部分將大膽地把西方近現代的市民社會思想分為五大主流：

(1) **強調個人權利保障的市民社會理論**：以洛克（John Locke）、潘恩（Tom Paine）和康德為代表；

(2) **強調人類道德情操的市民社會理論**：以福格森（Adam Ferguson）和亞當 · 斯密（Adam Smith）為代表；

(3) **重視社會民間團體的市民社會理論**：以孟德斯鳩（Montesquieu）和托克維爾（Alexis de Tocqueville）為代表；

(4) **重視集體公共生活的市民社會理論**：以盧梭、黑格爾為代表；

(5) **強調階級對立的市民社會理論**：以馬克思、葛蘭西（Antonio Gramsci）為代表。

(1) 強調個人權利保障的市民社會理論

　　洛克是西方自由主義的鼻祖，不少論者認為，他對市民社會理論也起了奠基性的作用（Seligman, 1992: 21-22）。在洛克的《文明政府論》中，"市民社會"（或譯作"公民社會"（civil society））和"政治社會"（political society）是互換地應用的，它們的意思是相對於"自然狀態"

（the state of Nature）的，即是指有政府負責管治的社會。洛克對於“市民社會”的理解，是建基於他對於“自然狀態”的理解。“自然狀態”的概念在西方近代政治思想鼻祖霍布斯（Thomas Hobbes）的理論中已佔關鍵位置，但洛克對自然狀態的理解與霍布斯的大相徑庭。

霍布斯認為自然狀態是社會秩序的反面——一個恐怖的無政府狀態，所有人對所有人的戰爭狀態，洛克卻認為在自然狀態中，人們已能安居樂業和大體上遵守他們憑其理性所認識的自然法，從而享有生命、自由和財產的自然權利。但是，由於自然狀態欠缺一個權威性的司法機關，所以對於自然權利的保障是不足夠的。**人們達成社會契約成立市民社會（即我們今天所指的國家）的目的，便是對這些權利的保障予以完善化，政府受託於人民的任務便是如此。因此，如果政府不但不能完善個人權利的保障，反而侵害這些權利，人民便可行使反抗的權利。**

從當代市民社會理論的角度來看，洛克的重要性在於強調社會相對於國家的優先性，[4] 即社會是先於國家而存在的，社會能在沒有國家的情況下生存和發揮其生命力，國家的建構不外是為社會提供一些服務，如立法、司法、行政、維持治安、國防等。但即使沒有國家的立法，個人的自由和權利仍是存在的，這些自由和權利不是國家的恩賜，而是人所與生俱來的。

但是，為甚麼人在自然狀態中是自由和平等的呢？與其說自然狀態是人類歷史上實證地存在的一種情況，不如說它是近代政治思想家所想像和建構的“應然”的社會狀態。一言以蔽之，洛克的主張是，人應該是自由和平等的，應該享有自然權利。但是，為怎麼應該是這樣？歷史告訴我們，在人類歷史中絕大部分時間和地點中生活過的人，都會接受人的不自由和不平等是理所當然的。

以宗教信仰為基礎的理論

正如 Dunn（1969） 和 Seligman（1993） 等學者所指出，洛克的自然狀態理論最終來說乃基於一個神學性的前提，即每個人都是上帝所創造的，當他們生活在一起時，他們之間並沒有任何理所當然的隸屬關係；只有上帝是有權威的，所有人在上帝面前平等，直接向上帝負責，任何人都沒有支配他人的權威，除非是當事人自己同意、訂立契約去設立此權威。這便是個人主義、自然權利論和社會契約論的宗教基礎。

如果説洛克是自然權利思想的始創人，那麼潘恩可説是它的最積極的使徒。[5] 潘恩所主張的自由主義是靠近於無政府主義的，他歌頌自然社會自我組織和運作的能力，認為國家最多只是一必要之惡。潘恩形容現代世界為不文明的，因為它被各國的專制的政權所掌控着，在專制主義下，人民沒有獨立思考、沒有聲音，這是對人性的桎梏。他認為專制統治是絕對不能證成的，因為人有與生俱來的合羣性，能自發地通過互動建立社會網絡，進行商業等各種有益的活動。社會穩定與和諧是與人們的共同利益一致的，並不難實現。因此，政府根本毋須享有這麼大的權力。

在康德（1991）那裏，洛克的自由主義市民社會觀得到最嚴謹的哲學論證。自由、平等、理性和人權是康德的政治、社會和道德哲學的主題，和洛克一樣，康德認為人類羣體合作性的生活在自然狀態中已經存在，但這仍非市民社會（bürgerliche Gesellschaft）。從人類歷史演進的角度來看，市民社會的出現有重大的進步意義，實現了大自然為人類預設的目的。

康德所説的市民社會和洛克一樣，是指有政治組織的社會，亦即國家。在康德的市民社會裏，個人的權利受到法律的保障，而在制定法律時，在保證個人的自由能與他人的自由共存的前提下，儘量給予人最大的自由。根據康德主張的道德論，任何人都不應以他人為實現自己目的的手段，而應視他人為目的，這對於市民社會的建構原則有深遠的意義。康德的市民社會是一個奉行憲政和法治的國家，法律的正當性取決於一個民主的標準，即理性的公民在討論後會否同意此立法。從當代市民社會理論的角度來看，康德的學說中對於公共和私人領域的區分是值得留意的。公共的領域是法權的領域，在那裏的首要原則是，公民在法律面前人人平等。至於個人的道德，則屬於私人的領域，道德是私人內在生活的範疇，不在公共權力管轄的範圍之內。

（2）強調人類道德情操的市民社會理論

正如上面指出，洛克的市民社會理論有濃厚的基督教（主要是新教）背景，他的市民社會是“一個由個人化的道德主體組成的共同體，遵從‘上帝的旨意’並謀求社會的福祉”（Seligman, 1993: 142）。沒有對於上帝和自然法的信仰，洛克式的市民社會理論的根基便會動搖。隨着西歐宗教環境的改變，市民社會理論便需要作出適應。我們可以從這個角度去理解蘇格蘭啟蒙運動的市民社會思想。這一思想流派的另一個背景因素，則是資本主義市場經濟的發展。在市場活動中，人們是唯利是圖的。那麼，社會成員之間的紐帶是如何維持的呢？

蘇格蘭啟蒙運動思想家的主要論點是，人不只是自利的，也有利他的心理傾向。他們對人性有頗為樂觀的看法（在這方面有點像儒家的性善論），認為人有自然的道德情操（moral sentiments），人有合羣性和社會性，願意與他人合作，不但關心自己和家人，也對其他人有同情心；人不單追求自己在物質上的生活，也希望得到其他人以至社會的尊重、承認和欣賞。因此，作為市場經濟的基礎的自利主義，與作為社羣團結的基礎的利他主義之間，並沒有必然的矛盾。於是，蘇格蘭啟蒙思想家眼中的人的天性和道德情操，便代替了洛克的神學性預設，而成為市民社會的基礎。[6]

蘇格蘭啟蒙思想家的另一建樹，是提出一種新的"商業人文主義"（commercial humanism）（相對於西方古典共和主義傳統的"公民人文主義"（civic humanism）），以適應市場經濟時代的需要，並對於"德性"（virtue）予以重新定義（Varty, 1997）。在古典共和傳統中，公民的德性彰顯於公共生活，與政治以至軍事活動密不可分。蘇格蘭啟蒙思想家卻把德性建立在私人的內在的道德領域，並把社會秩序建基於個人的良知。

福格森是蘇格蘭啟蒙運動的健將，他是首位以"市民社會"（civil society）為題著書立説的主要思想家，他的《論市民社會的歷史》在1767 年出版。[7]他所指的市民社會是一個文明的社會，在他那裏，市民社會的相反詞不是自然狀態，而是野蠻的、未發展的社會。他説明了以商業交換為基礎的現代市民社會裏，社會秩序是倚靠甚麼來維持的，人的德性是應怎樣理解的，和如何認識和對治市場經濟對人性和社會可能有的負面影響。

正如亞當・斯密和休謨一樣，福格森對"情慾"（passions）和"利益"（interests）作出區分。前者對社會秩序可能有破壞性，後者卻是有助於維繫社會秩序的。人能對其利益有理性的認識，能就其利益作出反思和前瞻。當人們考慮到其利益時，他們便不會胡作胡為，因此，利益是對情慾或欲望的節制。至於德性，福格森認為商貿活動產生其獨特的德性要求，如守時的習慣、創業精神、自由精神等。

雖然福格森就工商業對文明社會的貢獻有正面的評價，但他同時注意到物質生活的富裕對人和社會可能有的腐蝕作用。例如，他指出勞動分工可能導致人的文化質素的下降，只顧致富的人會失去對公共事務的關心和參與。他特別指出，**如要保障個人的自由和避免專制主義，單是法治制度是不足夠的，還要視乎市民的質素是怎樣，他們是否珍惜和勇於捍衛他們的自由和權利。**

蘇格蘭啟蒙思想家亞當・斯密不但是現代經濟學的鼻祖，也對市民社會的理論基礎作出貢獻。雖然斯密在其經濟理論中指出，在市場中，當每個人作出自利性的行為時，社會整體的利益也同時得到促進，就像有一"無形之手"在帶領各個人去造福社會，但斯密在其《道德情操論》[8]中對人性有深入的分析，絕非把人化約為自私的"經濟人"。這個有深度的人性論便是市民社會的理論基礎。

斯密研究了人類的道德情操，包括同情心、友愛心，和人對得到別人承認和肯定的需要。他特別強調人是有良知（conscience）的，良知有如一個內在於人的客觀公正的旁觀者（impartial spectator），這個旁觀者是人對自己和他人的是非對錯的評判者。在《道德情操論》早期的版本裏，這個旁觀者代表的是社會大眾一般的道德標準，但在 1790 年的第六版裏，它似乎已演變為內在於個人的、個人化的良心。[9]在斯密那裏，解釋社會經濟秩序的經濟學和解釋社會道德秩序的倫理學不是分割的，而是相通的。總括來說，蘇格蘭啟蒙運動的市民社會理論的主要關注的是倫理性。

（3）重視社會民間團體的市民社會理論

西方市民社會思想傳統所處理的問題一方面是理論性的，例如如何從理論上說明市民社會存在的基礎、理由或來源；另一方面是務實性的，即在現實的層面怎樣鞏固市民社會的結構、怎樣增強它的生命力、怎樣防止它賴以生存的自由和權利受到剝奪。在這方面，法國思想家孟德斯鳩和托克維爾作出了重要的貢獻，他們的洞見是歷久猶新的。

孟德斯鳩是 18 世紀法國啟蒙運動健將，他批評專制主義政體，指出政治權力的膨脹和絕對化對於個人自由的威脅，因此他提出政府權力分立（三權分立）、各權互相制衡的政制設計原則。他對市民社會理論的重要貢獻，在於除了政制設計上的內部分權制衡之外，他還強調"中間團體"（corps intermédiares）在社會和政治上的角色。他心目中的中間團體，包括歐洲中世紀以來已存在的議會，和貴族、教士、市民等各階層，沒有他們對王權的制衡作用，只倚靠法律是不足以限制專制權力的（Taylor, 1997: 214）。

孟德斯鳩所提倡的政治社會或市民社會是一個權力多元地分佈的、自由主義式的君主政體。在這裏，君主的權力與社會中各團體和機構的力量形成均衡狀態。這些團體和機構有其自主性，它們不一定為了政治的目的而成立，但它們促進了權力的多元化和均衡化。

在 19 世紀，孟德斯鳩關於中間團體的概念，在托克維爾（2000）的民主思想裏得到進一步的發展。托克維爾基於其對民主共和制在美國的實踐經驗的研究，指出民主社會中追求社會平等（包括社會較下層要求與社會較上層在地位、財富等方面的平等）的動力很強，而傳統道德和宗教的約束逐漸褪色，這樣有可能導致政治權力的膨脹以至"大多數人的暴政"，個人自由因而受威脅。托克維爾繼承和發揚孟德斯鳩的思想，就這種民選的專制政權的危險提出對治的方案。一方面，他贊成強而有力的政府，但其權力須有內部的制衡；另一方面，他提倡多元的、自我組織的、獨立於政府的民間團體的重要性，它們是"社會的獨立的眼睛"，[10] 是抵抗專制政權的堡壘。他說："在民主國家，關於結社的科學才是一切科學之母。"[11]

托克維爾心目中的民間團體是各式各樣的，包括宗教、教育、學術、出版以至工商業的組織和機構，也包括家庭和地方性、社區性的團體。他特別指出，**當人民投入這些團體的生活時，他們會逐漸培養出公民的性格，他們會學習到怎樣超越一己的利益，去關心他人和社羣，並與他人一起為共同的目標而合作，他們也會認識到權利和義務的概念。** 雖然這些民間團體所做的是比較小的事情（相對於國家層次的事情而言），但這樣從小處做起，對於形成國家公民關心公益和珍惜其自由的稟性是有幫助的。托克維爾關於民間團體在民主社會中的重要地位和作用的構想，現已被吸納為當代市民社會理論的核心內容。

（4）重視集體公共生活的市民社會理論

近代自由主義和資本主義的興起，形成了"公"和"私"或公共事務和私人事務的區分、政治和社會（尤其是經濟）的區分、以至國家和社會的區分，這些區分很大程度上否定了西方古典文明（以古希臘的城邦生活為典範）的政治理想，即公民通過其對國家公共生活的全心全意的投入和無私的奉獻，實現其生命的意義。盧梭和黑格爾的政治思想，尤其是盧梭提出的"公意"概念和黑格爾重新定義的"市民社會"概念，都可理解為在現代語境中對古典理想的追求。他們均嘗試超越社會與國家的區分，嚮往社會與國家的溶為一體。

盧梭被稱為"德性"（virtue）的使徒（Hall, 1995b: 11），他所代表的頌揚共和國公民德性（republican civic virtue）的思想傳統，與洛克以至蘇格蘭啟蒙運動的市民社會（civil society）理論（在本節中簡稱"市民社會思想"）是分庭抗禮的。正如 Seligman（1995: 203）所指出，兩者的分歧主要表現於它們對德性和對道德的基礎的不同認識。公民德性思想認為，德性是在公共生活和政治參與中彰顯的，市民社會思想則認為，德性在私人生活以至商業活動中已能實現。公民德性思想認為道德的基礎是社會性、公共性、羣體性的，市民社會思想則認為道德的泉源在於上帝、自然法或人的內心。因此，市民社會思想尊重個人的自主性和自決，公民德性思想則高揚社羣的集體自決和公共權威的至高無上性。

盧梭的"公意"概念在公民德性思想傳統中佔有關鍵性的地位。公意是公民憑愛國心（而非自私心）參與民主的政治決策的過程中形成的，代表社會整體的利益和意願，所以公意具有無上的權威。個人通過社會契約建立政治社會（即國家）時，已把其所有權利轉讓給政治社會，他必須通過投入和獻身於社會的共同事業和服從公意，從而實現自己的身份和生命價值。自由的真義不是為所欲為，而是根據公意而完成自己的職責。因此便有盧梭的一句名言：人們可以被強迫去實現其自由（forced to be free）。

黑格爾把盧梭的集體主義傾向發揮得淋漓盡致，並確立了"市民社會"與"國家"的區分，從而實現了市民社會理論的現代轉向。黑格爾的哲學體系是龐大、複雜和抽象的，他在政治哲學方面的經典著作是1821年出版的《法哲學原理》（Hegel, 1952）。黑格爾採用辯證法的思維，把相關概念的關係分為"正"、"反"、"合"三個環節，"合"是對"正"和"反"的超越和在更高層次的統一。黑格爾哲學的核心概念是"精神"（或譯作"理念"，德文是"Idee"），分為主觀精神（正）、客觀精神（反）和絕對精神（合）。《法哲學原理》所處理的只是客觀精神的領域。[12]

所謂客觀精神是指社會中的事物，黑格爾認為它包括三方面：抽象法權（正）、道德（德文為"Moralität"）（反）和社會倫理生活（德文"Sittlichkeit"）（合）。道德基於個人的良心，社會倫理生活則基於羣體的價值觀念。黑格爾認為，社會倫理生活又可根據辯證法分為家庭（正）、市民社會（bürgerliche Gesellschaft）（反）和國家（合）。於是，市民社會和國家便有所區分。但值得留意的是，這種區分並非一種對立，而是根據黑格爾的獨特的辯證法，把家庭（正）和市民社會

（反）涵攝、綜合、超越和轉化，創造出新的、存在於更高層次的統合體 —— 國家。

作為正反兩面，家庭和市民社會的組織原則是相反的。家庭的基礎是親情和互愛，市民社會則建立在人與人之間互相利用的原則之上。黑格爾心目中的市民社會主要是指由市場交換、商品經濟所構成的社會關係。市民社會首先是一個"需要的體系"，人們為了滿足自己的需要而與他人交易，在這裏，人是自利的，人與人之間又是互相依賴的，這便構成了市民社會的"形式的普遍性"："普遍性"來自人們的互動性關係，"形式"是指在這些關係中人是以他人為滿足自己欲望的工具，人與人之間並未建立"實質"的、內在的聯繫。[13]

在市民社會裏，個人的人身、財產等權利受到保障，個人的主體性和特殊性得到承認，個人追求自己的利益的行為獲得了正當性，黑格爾認為這是歷史上的進步。但是，他又認為市民社會不是自足的，它是特殊利益互相競逐的場所，它未能實現真正的、完滿的普遍性。最終來說，市民社會的不足之處，在於它無力支持最豐富的社會倫理生活。

除了包括"需要的體系"外，黑格爾的市民社會概念還涵蓋"社團"（即他所構思的同業工會）、"司法制度"和"公共機關"（黑格爾把後兩者稱為"外在國家"（external state））。黑格爾指出"社團"在訓練人們關心和參與公共事務方面的功能，這與托克維爾不謀而合。黑格爾的外在國家已相當於一般自由主義思想家心目中的國家，但黑格爾卻認為外在國家並非國家的全貌，因為外在國家不外是保障市民社會中私人權益的工具，未能實現社會倫理生活的理想。

因此，黑格爾便創造了一個新的"國家"概念，這個國家超越了市民社會的各種特殊利益而實現了普遍利益，它是一個有機的共同體，是"理念"或"精神"在社會倫理生活領域的最高體現，甚至是"上帝在地上的走動"。通過投入和參與國家作為一個倫理共同體的生命，人便能安身立命，實現其自我和自由。但黑格爾又認為國家不是個人自我實現的工具，國家的存在和發展本身便是一個目的。國家是民族的歷史、文化、傳統和精神的載體，而國家的成長和繁榮便是歷史進程的目標。

（5）強調階級對立的市民社會理論

馬克思基本上繼承了黑格爾的市民社會概念，尤其是市民社會作為市場經濟或黑格爾所謂的"需要的體系"的理念。馬克思對市民社會理論的主要貢獻，在於他說明了市民社會的陰暗面，大力批判了市民社會中的剝削和不公，並指出市民社會所提供的權利保障，對於受壓迫的階級來說是虛假的。馬克思對市民社會的無情批判似乎是有效的，因為在馬克思以後，直至 20 世紀 70 年代，市民社會的討論在西方思想界幾乎消聲匿跡。

國家是暴力統治的工具

馬克思把市民社會理解為由資本主義經濟制度所塑造的生產關係，屬社會的基礎部分（相對於作為社會的"上層建築"的國家和意識形態領域而言）。市民社會是由自私自利的個人組成的，市民社會保障他們的私有產權。正是在市民社會中，資產階級進行對無產階級的剝削和壓迫。市民社會裏的所謂人權所反映的只是資產階級的利益，而非所有人的利益。

和黑格爾不一樣，馬克思不認為國家能解決市民社會中的矛盾，克服特殊利益而實現普遍利益。他認為在資本主義社會中，國家不外是"一個管理整個資產階級的事務的委員會"，[14] 是資產階級對整個社會實行暴力統治的工具。國家是從屬於市民社會的，它不是黑格爾所以為的倫理精神的載體，而是"社會的集中的和有組織的暴力"。[15] 市民社會是資產階級社會，而國家便是為資產階級服務的。

黑格爾追求的是國家作為倫理理想的實現，馬克思則預言國家的消亡。無產階級革命之後，共產主義將逐步實現。在共產主義社會裏，人們將不再分為階級，沒有了階級之間的矛盾和鬥爭，國家作為統治階級進行暴力統治的工具便毋須繼續存在。共產主義社會是一個和諧團結的有機統合體，它只需要行政管理方面的安排，在人類歷史中與階級社會共為終始的國家將成為歷史陳跡。

葛蘭西是 20 世紀的重要的馬克思主義思想家，他的市民社會理論對當代市民社會思想有重大的影響。[16] 和馬克思一樣，他相信階級鬥爭，相信國家是資產階級的工具，也相信國家在共產主義社會裏是註定消亡的。但對於市民社會，葛蘭西的看法與馬克思有所不同。葛蘭西的創見是，市民社會是無產階級與資產階級進行角力的關鍵性的思想、意識、文化和社會空間。

馬克思認為社會的上層建築（包括政治、國家、文化、意識形態等）是由物質或經濟基礎（包括生產力、生產關係等）所決定的，而市民社會屬經濟基礎而非上層建築。葛蘭西則認為，市民社會應被理解為上層建築的一部分，市民社會與國家便構成上層建築的兩大建築物。

根據葛蘭西的觀點，國家所行使的是以暴力為基礎的直接支配權，市民社會行使的則是以人們的同意和接受為基礎的馭權（hegemony）。市民社會是各種民間的、非政府的、私人的團體、組織和機構的領域，也是人們的知識、精神、文化生活的範疇。資產階級的統治不單倚賴其對國家機關的掌握，也十分倚賴它在市民社會中的馭權。但此馭權不應被接受為資產階級的專利，無產階級和社會的進步力量應該和可以在市民社會中爭取馭權。

　　葛蘭西在馬克思主義傳統中賦予思想、意識和文化新的意義和重要性，這對於當代市民社會理論是十分重要的。葛蘭西甚至認為，革命如要成功，馭權的奪取應先於政權的奪取。因此，市民社會便成了歷史發展的重要舞台，鬥爭中兵家必爭之地。

三、西方當代的市民社會理論

　　當代西方市民社會的話語的復興，源於 20 世紀 80 年代東歐和中歐的民主運動。在這個歷史時刻，東歐和中歐的蘇聯"衛星國家"的共產主義政權，遇到來自民間力量的抗爭，典型的例子便是波蘭團結工會運動。**民間份子希望組織起來形成獨立的、不受政府或共黨操控的社會力量，這便是市民社會。**這樣的市民社會的概念是與全能主義（totalitarianism）針鋒相對的，因為在全能主義的統治下，社會和個人生活的所有領域都受到國家的操控，人民沒有自由思考、議論和活動的空間。市民社會的概念便代表着這樣的一個空間，因此，**市民社會便是和國家對立的、自主於國家的一個社會領域。**

　　在 20 世紀 80 年代和 90 年代，市民社會的範式在世界範圍內的政治思想界和社會科學界的影響力與日俱增。[17] 市民社會的概念從東歐和中歐散播到南美洲、亞洲、非洲等發展中國家，成為它們針對專制獨裁政權的民主運動的思想資源。即使在西方國家，市民社會概念也大派用場，右派的論者批評福利國家的"大政府"主義，主張市場化、私有化和恢復市民社會的活力；左派的論者則以市民社會理論來理解和指導新興的社會運動，如黑人民權運動、女權運動、環保運動、反全球化運動等，市民社會儼然代替了無產階級而成為人類解放的救星。

　　當代的市民社會理論是多采多姿的。由於篇幅所限，本文沒有可能談及所有的當代市民社會思想，以下介紹的是我認為較大影響力的、較有代表性的或較有洞察力的當代市民社會理論。為了方便討論起見，本節將正如上一節一樣，大膽地把有關理論分類：

(1) **歷史社會學的市民社會理論**：以恩斯特・格爾納（Ernest Gellner）為代表；

(2) **社羣主義的市民社會理論**：以泰納（Charles Taylor）和華瑟（Michael Walzer）為代表；

(3) **民主主義的市民社會理論**：以基尼（John Keane）和巴伯（Benjamin Barber）為代表；

(4) **以"公共領域"為核心的市民社會理論**：以哈貝馬斯（Habermas）、柯恩（Jean Cohen）、亞拉圖（Andrew Arato）和江特霍克（Neera Chandhoke）為代表；

(5) **保守主義色彩的市民社會理論**：以皮瑞戴斯（Víctor Pérez-Díaz）和希爾斯（Edward Shils）為代表；

(6) **文化社會學的市民社會理論**：以亞歷山大（Jeffrey Alexander）為代表；

(7) **全球性市民社會理論**：以福爾克（Richard Falk）為代表。

必須指出的是，這裏所作的分類只是為了表達上的方便，去給予不同思想流派一些標籤，而並非基於一套統一、嚴格和十分科學的標準。這裏採用的標籤有些是以論者的研究方法、取向和範式（paradigm）為依歸的（如上述第（1）和第（6）類），有些是以論者的政治哲學的核心概念、整體取向和意識形態為依據的（如上述第（2）、（3）和（5）類），還有些是以論者的市民社會理論本身的核心概念和特色為基礎的（如上述第（4）和（7）類）。

（1）歷史社會學的市民社會理論

　　Gellner 是橫跨社會學、人類學和哲學的大師，他去世前一年出版的《自由的條件：市民社會及其對手》（Gellner, 1996）是關於市民社會概念的當代經典之作。在書中，Gellner 從宏觀的比較史的角度，對市民社會進行反思，說明了它的特徵、它在西方誕生的歷史背景，以至市民社會和其他組織社會模式的差別。他認為對於市民社會的思考，既能解釋現代西方社會是怎樣運作的，又能展示這種社會與人類其他社會組織形態的異同。

　　Gellner 首先指出，如果把市民社會定義為足以抗衡國家的非政府機構或社會組織，這便忽略了人類歷史中的一個重要事實，就是對人的宰制和對人性的窒息，不一定來自中央集權的專制國家，也常常來自以血緣、宗族為基礎的地區性社羣對其成員的監控。市民社會的精髓，是個人有自由去決定自己的身份，去創造自己的人生，毋須在對專橫的權力的恐懼中生活。市民社會是在架構上和思想上多元的社會，沒有人或團體能壟斷真理，社會秩序並非是神聖不可侵犯的、而是工具性的，社會中的團體是人們可自由加入或退出的，政府是向人民負責的，其領導人是定期改選的。

　　Gellner 指出，在歷史上，人類長期由國王和教士（祭司）聯合統治，生活在專制和迷信之中。人類脫離苦海，亦即市民社會的出現，完全是歷史的偶然，也是歷史的奇蹟。Gellner 認為決定性的歷史時刻，是歐洲宗教改革運動引致的嚴重宗教和政治衝突，對立的各方沒有任何一方能取得壓倒性的勝利，於是大家被迫妥協、互相接受和寬容，這便是市民社會的由來。

　　Gellner 認為在西方近代史中，市民社會兩度擊敗了國家，首次是

17 世紀的英國內戰，然後是 18 世紀的美國獨立戰爭。至於啟蒙時代對真理、共識和理性的社會秩序的追求，卻迎來了法國大革命後的恐怖統治和拿破崙的獨裁。Gellner 提到馬克思把現代國家貶稱為資產階級的管理委員會，Gellner 卻認為這正是人類歷史上最偉大的成就，因為在以往的社會裏，政治便是一切，政權掌握在操縱暴力工具的人手中，而在現代西方社會(市民社會)，經濟和政治互相獨立、互不隸屬於對方，政治權力被馴服，它不再是主人，反而成了社會的工具。Gellner(1996: 206) 指出：

> "馬克思主義教導人們根據一個錯誤的對立來思考 —— 個人主義與羣體主義的對立。真正重要的對立是強制者（coercers）的統治和生產者（producers）的統治之間的對比。"

Gellner 認為馬克思主義在實踐中的失敗引證了市民社會的優勢。馬克思主義是世俗化的宗教，在馬克思主義社會中，真理和權力雙雙被壟斷，社會中剩下原子化（atomised）的個人，民間自我組織的能力被窒息。這正是市民社會的反面。

(2) 社羣主義的市民社會理論

Taylor 和 Walzer 都是當代西方政治哲學中社羣主義（communitarianism）的代表人物，他們都有專文探討市民社會的概念。Taylor(1997: 204-224)[18] 認為市民社會是否存在的標準有三，既可同時應用或分開應用：首先是社會中存在着不受國家權力支配的、民間社團自由活動的空間，這是市民社會的最低要求；第二是整個社會可透過民間社團自我組織、自我協調；第三是民間社團能影響和參與決定國家的政策。Taylor 注意到市民社會概念復興的背景，主要是東歐的民主運動，市民社會的思想所表述的是一種自下而上的社會改革、爭取自由的呼聲。

　　Taylor 強調市民社會在西方出現的獨特歷史背景，尤其是中世紀的社會特徵。他指出，在其他文明中，社會的身份（identity）是由其政治結構決定的，但中世紀的歐洲卻形成了一種在其他文明中罕有的社會觀，根據此社會觀，政治權力機構只是社會中眾多的機構之一。第二，中世紀的教會是獨立於政治機構的一個社會，這是社會與其政治機構的分化表現，正如中世紀的"雙劍論"展示出權力的雙重中心（精神的和世俗的）。第三，封建制度下的契約關係和財產及特權等概念，助長了主體性權利的發展。第四，歐洲各自治市的發展，加強了政治和社會權力的多元性。第五，中世紀時君主的統治很大程度上有賴於貴族、教士、市民等各階層的支持，正如議會制所反映的情況。

　　Taylor 認為，市民社會和國家的區分在西方近現代思想中是重要的，它是反專制主義思潮的核心、維護自由的工具。他把市民社會思想的出發點理解為這樣的一個看法：社會是外在於政治而存在的，人民具有一種外在於政治的、"前政治"或"非政治"的品格。他認為市民社會思想基本上可分為兩個主流，一是以洛克為代表的，二是以孟德斯鳩和托克維爾為代表的。他不贊成把洛克派的市民社會思想，極端化為只高舉自我調節的市場的功能，而把政治和政治參與的自由邊緣化，但他也不採用盧梭的"公意"概念或人民集體自決的思想，而把國家吞噬進社會之中。他認為托克維爾的自由主義思想揭示出第三條道路，即重視自治的民間社團的作用，這樣的市民社會"在很大意義上並非一種外在於政治權力的領域；而毋寧是深深地穿透於這種權力的一種力量，使權力處於分立、分散的狀態。"（泰勒，1998：31）Taylor 主張結合和平衡洛克學派和孟德斯鳩托克維爾學派的思想，作為西方市民社會理論的指引。

Walzer（1998）對於市民社會的思考，則基於他對於四種關於甚麼是美好人生（good life）的社會環境的理論的批判。這四種理論的第一種是古希臘以至盧梭的政治思想，認為美好人生的實現，決定於人作為公民全心全意地投身社羣（共和國）的公共生活，參與政治討論和決策。第二是馬克思的觀點，認為在資本主義被推翻後，人在沒有剝削的情況下作為生產者的勞動和創造力的發揮，便是美好人生的體現。第三是資本主義的理論，認為市場經濟便是人類美好生活的最佳環境，在那裏企業家可發揮其創業精神，消費者的各種需要得到滿足，個人有高度選擇的自由。第四是民族主義的看法，即美好人生離不開個人在其所屬的民族、文化、歷史和傳統中找到其身份認同和生命的意義，為其民族的解放和富強而奉獻自己是最偉大的。

Walzer 指出以上四種理論都有同樣的弱點，就是它們忽略了社會的複雜性和人生價值的多元性，它們未有承認人可以和需要同時就不同對象有所承擔，而這些承擔很可能是在一定程度上互相衝突的。Walzer 的 "市民社會的論點"（the civil society argument）是，人需要有不同種類的社會環境，去實現不同內容的美好人生，而市民社會便是提供這些多元的社會環境的社會。在市民社會裏有各式各樣的社團、組織、企業和機構，人們為不同的目的自由組合起來，實現人天生的合羣性，同時學習參與公共事務。這些團體應該是在國家之中但不屬於國家的（in but not of the state），或是在市場之中而不屬於市場的（in but not of the market）（Walzer, 1998: 302）。

Walzer 承認 "市民社會的論點" 有一弔詭之處，就是雖然個人作為國家的成員（公民）的角色，只是他作為多種團體的成員的眾多角色之一，但是國家作為一個團體有與別不同之處，就是國家強制地要求公民關注其共同利益。此外，就市民社會所產生的一些不平等的權力關係來説，也只有國家才能予以挑戰。因此，Walzer 認為公民身份相對於人作為其他團體成員的身份有其優先性，市民社會有責任培養出關心整個國家事情的公民。

Walzer 提倡 "批判性的結社主義"（critical associationalism），即鼓勵人民參加自己選擇的團體，無論是政治的、經濟的、宗教的、文化的、社區的或其他性質的，並積極參與，高度投入。就着市民社會的發展，Walzer 提出三項建議：**首先是下放國家權力，讓公民自己承擔多一些管理社會事務的責任；第二是推動經濟的社會化，即鼓勵市場主體的多元化（如包括公共企業、合作社、非牟利機構等市場主體）；第三是把民族主義多元化和馴服化，以容納不同方式的歷史身份認同。**

（3）民主主義的市民社會理論

John Keane 是英國有名的左翼學者，他在 80 年代末期編著的以市民社會為題的兩部書，膾炙人口（Keane, 1988a; 1988c）。他關於這個題目的另一本著作是《市民社會：舊的影像、新的構想》（Keane, 1998），出版於 1998 年。他認為即使在黑格爾之前，關於市民社會與國家的區分的思考，在西方政治思想傳統中已經建立起來，他指出這些思考所針對的是一個永恆的課題：政治權力的正當性何在？它的界限應劃在那裏？怎樣防止它被濫用？自由與強制性的秩序如何共存？

Keane（1988a: 13-29; 1998: 37-57）把當代關於市民社會的討論分為三類。第一是以市民社會作為一個理念模型（ideal-type）來描述、分析和理解歷史中的社會現象，如西方現代國家的形成，哈貝馬斯所謂的 "公共領域"（見下文）在現代西方的崛起，以至中國歷史中民間社會和官方的互動（見下文）。第二是在討論政治策略時使用市民社會的話語，例如在 18 世紀末、19 世紀初對國家權力的抵抗，在 19 世紀中期後針對資本主義鬥爭，以至 20 世紀末期針對共產政權的民主運動。第三是關於市民社會的哲學性、規範性（normative）的研究，探討國家和市民社會的關係的理想形態。在這方面，Keane 提到市民社會和國家的區分，有兩個重要的規範性功能，一是警惕性的，即指出市民社會與國家的區分的消失會帶來全能主義（totalitarianism）的危險，二是建構性的，即說明政治和社會權力分佈的多元化是一件好事。

Keane 特別強調市民社會和民主的密切關係。他認為民主是一種獨特的政治模式，在民主體制中，市民社會和國家機構同樣是必須的，市民社會的存在是民主的必要條件。民主化既不意味着民主國家的權力無遠弗屆，可擴展至市民社會的領域，也不表示國家應被市民社會中人民自發組成的秩序取而代之。在民主社會中，國家的權力是受到市民社會的監察的，政治權力是被多元地分享的。

Keane 十分重視價值和生活方式的多元主義（pluralism）、平等的多樣性（egalitarian diversity）和對於差異性的寬容（toleration of differences），認為這是市民社會的核心特徵。他又強調市民社會的存在和發展，有賴於若干程序上、法制上的保障，例如保障結社自由和大眾傳播媒體的多樣性和不受政府控制等。Keane 對於多元主義的堅持，使他傾向於羅逖（Richard Rorty）的實用主義式的對民主的論證，而反對基礎主義式（foundationalist）的論證，如哈貝馬斯的溝通理性論和德沃金（Ronald Dworkin）的得到平等關注和尊重權利的理論。

Keane 又對於哈貝馬斯及其追隨者（見下文）的市民社會和公共領域理論提出若干批評。他對哈貝馬斯把經濟的領域從市民社會概念中摒棄出來不以為然，他不同意哈貝馬斯把經濟視為純粹是金錢掛帥的天下。他認為如果沒有財產資源，市民社會是無力抗衡權力的；此外，經濟活動也是植根於市民社會的，因為經濟交易是一種社會中的互動，建基於信任、誠實、互相承認、羣體意識等市民社會中的現象。至於公共領域，和哈貝馬斯一樣，Keane 把它理解為多元交叉的溝通網絡（Keane 把它分類為微型、中型和巨型三種），在這裏各種關於權力的爭議可以進行，但他不同意社會中存在着或應該有任何統一的、以哈貝馬斯所謂的理性討論為取向的公共領域，Keane 心目中的公共領域是多元的、分散的、割裂的，但他認為這是好事而非壞事。

Barber 是美國有名的民主主義理論家，他在 1998 年出版了一本關於市民社會的專著，題為《我們的地方：如何使社會公民化和使民主強大》（*A Place for Us: How to Make Society Civil and Democracy Strong*）（Barber, 1998）。Barber 所謂的 "我們的地方" 便是市民社會。他倡議的是 "強大的、民主的市民社會"，他把他的市民社會理論和他所謂的 "libertarianism"（在這裏暫譯作 "自由權利主義"）和社羣主義的市民社會觀予以區分。

Barber 眼中的自由權利主義把市民社會等同於市場的領域，又把整個社會構思為 "公" 域和 "私" 域的總和，享有強制力的國家屬公域，市場的自由則構成私域。他認為這種市民社會觀有多方面的缺點。它未有在個人和社團之間、經濟組織和公民組織之間或市場領域與文化、道德、宗教等領域之間作出區分；它對自由的理解過於私人化（privatised）；它所支持的羣體性（sociability）過於單薄；它把社會關係過於工具化（instrumental）；權利被視為私人在政治上的武器，而不包涵相應的義務。

至於社羣主義，Barber 認為它把市民社會等同於社羣（community），它重視社羣中人與人的聯繫、交往和感性關係，但他指出，這類的社羣裏人的身份主要是給定（given 或 ascriptive）的（如基於族裔或宗教背景）而非自願選擇的，所涉及的社會關係很多時候是威權主義、家長式管治和不平等的。他還特別提到以血緣為基礎的社羣的危險性，例如對外人的憎恨，對內部成員的全權化（totalising）傾向，並舉出伊斯蘭原教旨主義和納粹德國為例子。

根據 Barber 自己的市民社會構想，市民社會是介乎公域與私域之間、政府（國家）與市場之間、王子（prince）與商人之間的“第三領域”，這是一個人們互相承認和交往的空間，在這裏，公民享受自由和民主的生活（“公民可以自由地呼吸和民主地行事”（Barber, 1998: 10））。因此，Barber 把市民社會稱為“我們的地方”（a place for us），也是在這裏，公民把王子民主化，把商人馴服化（tame）和文明化（civilise）。

Barber 指出，市民社會的特點是，它既不隸屬於國家（公域），也不隸屬於市場（私域），但它享有此兩者的部分特徵。市民社會和公域所分享的特徵是，它們都有公共性，是開放給大眾的、公開的，是關心社會公益的。但與政府管轄的公域不同的是，市民社會沒有強制性，人們有自由參加或不參加某團體。自願參與的原則是市民社會和市場所分享的特徵，但和市場主體不同，在市民社會中人們不是在營商，而是在追求其他社會性或公益性的目標。Barber 心目中的市民社會的構成單位，包括家庭、教會、民權組織、環保組織、各種志願性社會服務團體等等。在 Barber 的市民社會裏，社會人際關係比上述的自由權利主義的市場式市民社會更為濃厚，但又不致於像上述的社羣主義的族裔式市民社會那麼高度團結和妨礙個人自由。

（4）以“公共領域”為核心的市民社會理論

哈貝馬斯是當代跨科際的思想家，他的早期著作《公共領域的結構變遷》（Habermas, 1989）[19] 對當代市民社會思想有很大的影響。他後來建立的溝通行為理論和商談倫理被 Jean Cohen 和 Andrew Arato 採用為他們的市民社會理論的基礎，Cohen 和 Arato（1992）的七百多頁巨著《市民社會與政治理論》（1992 年出版），是當代市民社會理論的經典之作。哈貝馬斯本人在 1992 年出版的政治和法律哲學巨著《在事實與規範之間》（Habermas, 1996）對公共領域和市民社會又有進一步的論述。本節將簡介這些著作的一些要點，並介紹當代印度學者 Chandhoke（1995）對於市民社會和公共領域的整合性論述。

哈貝馬斯提出"公共領域"（public sphere，或譯作"公共論域"（曾慶豹，1998：50））的原意，是用以分析西歐 17 世紀至 20 世紀的一種政治、社會、思想和文化層面的變遷。《公共領域的結構變遷》一書論述的主要是"資產階級公共領域"的興衰史。公共領域在 17、18 世紀的英、法等國興起，它是理性地、批判性地辯論公共和政治事務的輿論空間，有相對於國家（政權）的獨立性，由諸如咖啡館、沙龍、報章、雜誌等場所和媒介所構成。新興的公共領域的基礎是新興的市場經濟和私人的自由，"資產階級公共領域可被理解為這樣的一個領域，就是私人走在一起成為公眾（a public）"，它的特徵是"人們公共地使用其理性"（Habermas, 1989: 27）。公共領域有別於私人領域，私人是在私人領域中形成的，然後才進入公共領域。在本書中，哈貝馬斯把市民社會理解為私人自主的領域，與國家相對；私人領域是從公共權力中解放而形成的，它的基礎是市場經濟。

至於哈貝馬斯所談到的公共領域的結構變遷，其實就是指它的衰落。隨着大眾傳播媒體的興起，文化逐漸變成一種消費品，人民只知被動地吸收資訊，公眾輿論被少數人操縱，人們成了被遊說接受既定立場的對象，積極的思考和理性的辯論一去不復返。

哈貝馬斯在其後的大量著作中，發展了一套完備的溝通行為理論。這套理論說明了人類行為的不同類型，人類歷史進化的總體趨向、現代化的性質、現代社會的結構以至社會進步的道路。一言以蔽之，哈貝馬斯高舉溝通理性的旗幟，希望人們可以通過在平等、自由和開放環境下的（符合“商談倫理”）的理性對話和辯論，形成共識，從而解決問題和指導社會的發展。

哈貝馬斯把現代社會劃分為社會系統和生活世界。社會系統包括政治（官僚）系統和資本主義經濟（市場）系統；系統的運作有其自主的邏輯和規律，並有賴於其操控媒介。政治系統的操控媒介是權力，經濟系統的操控媒介是金錢。哈氏認為，現代世界的危機，是系統過分膨脹，對生活世界進行“殖民化”，導致生活世界的萎縮、人的異化和人性被壓迫。

那麼甚麼是生活世界？哈貝馬斯把它理解為人類日常生活經驗的領域，人與人之間交往、溝通、互動的領域，尤其是人與人之間互相承認和理解的領域，生活世界是人生意義和價值的泉源。和系統不同，生活世界的運作媒介是語言（符號）溝通行為，生活世界中的事情和行為是透過語言溝通和互相理解來協調和整合的。生活世界中有自主於系統的私人領域和公共領域。**公共領域的特點是，人們可以在不受權力宰制的情況下實現沒有扭曲的溝通，理性地討論公共事務，從而民主地形成公共意見和公共意志。**

Cohen 和 Arato（1992）在哈貝馬斯哲學的基礎上建立了他們的三分模式（three-part model），即把“市民社會”與“國家”和“經濟”區分。但市民社會並非國家和經濟以外的社會生活的全部，還有從市民社會分化出來的“政治社會”（包括政黨、議會等）和“經濟社會”（包括商行、公司等），它們在市民社會與國家之間和市民社會與經濟之間發揮中介作用。Cohen 和 Arato 認為，公共領域是市民社會的核心架構；他們又追隨哈貝馬斯的學說，把公共領域和私人領域區分，並指出此兩者均屬生活世界的範疇。他們把家庭放在市民社會之內和公共領域之外，而市民社會則可被理解為"現代生活世界通過基本權利被穩定下來後形成的制度架構，這些權利的範圍包括公共領域和私人領域"（Cohen and Arato, 1992: 440）。（參見圖一）

圖 一

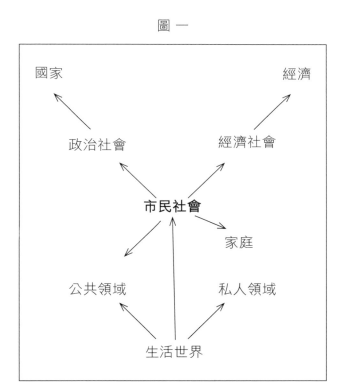

Arato 和 Cohen（1992: ix）把市民社會定義為"在經濟與國家之間的一個進行社會交往的領域，包括親密關係的領域（the intimate sphere）（尤其是家庭）、社團的領域（尤其是志願性社團（voluntary associations））、社會運動和各種公共溝通形式"。他們特別指出，市民社會是"通過法律——尤其是主觀性權利（subjective rights）——而制度化和普遍化的"（Cohen and Arato, 1992: ix）。

Arato 和 Cohen 認為，構成市民社會的規範性原則有以下四個。第一是多元性原則（plurality），即市民社會中有多樣化的生活方式、多元和自主的團體。第二是公共性原則（publicity），這體現在市民社會的文化和傳播機構。第三是私隱原則（privacy），這適用於個人自我成長和道德選擇的領域。第四是法治原則（legality），這是說市民社會的多元性、公共性和私隱是受到法律和基本權利所保障的。

根據 Cohen 和 Arato 的構思，市民社會的話語所肯定的價值是自由、基本權利、平等、民主、團結（solidarity），這都是現代所追求的社會理想。他們對市民社會中的政治（如社會運動、甚至公民抗命（civil disobedience）) 寄予厚望，認為它能補充傳統民主國家建制（如政黨、議會、選舉、司法）的不足之處；雖然市民社會裏的政治的目的，不是奪取國家權力或破除政治以至經濟系統的自主的運作邏輯，但市民社會能對這些系統發揮良性的影響。他們指出市民社會的政治既有防禦性的功能，也有進取性（offensive）的功能。防禦性功能在於促進市民社會的民主化，抗拒政治系統和經濟系統對市民社會的"殖民化"（見上文）；進取性功能是影響政治社會的運作，從而爭取更多權利和促進政治以至經濟系統本身的民主化、合理化。

哈貝馬斯在 90 年代的著作《在事實與規範之間》（Habermas, 1996）吸收了 Cohen 和 Arato 的一些觀點，並對市民社會、公共領域和生活世界的關係和作用有進一步的論述。哈貝馬斯指出，"公共領域是一個溝通的架構，它通過市民社會的社團網絡而植根於生活世界"（Habermas, 1996: 359）。他明確表示，今天的市民社會概念與其在馬克思主義傳統中的意義不同，是不包括由私法所建構和由市場所導引的經濟體系；市民社會的"核心架構包括那些非政府的和非經濟的聯繫和志願團體，它們把公共領域的溝通架構建立在生活世界的社會環節"

（Habermas, 1996: 367）。市民社會和私人領域也是關係密切的（哈貝馬斯再次強調公共領域有其私人性的基礎（private basis）），所以市民社會的其中一個功能，便是把人們在私人領域中遇到的實際問題"過濾和轉介"至公共領域，成為公眾的議題。哈貝馬斯又強調，無論公共領域還是私人領域的存在，都有賴於其相關權利（如言論自由、集會自由、結社自由、私隱權、宗教自由）的法律保障。

Chandhoke（1995）的市民社會理論深受"公共領域"和溝通辯論的概念所影響，又考慮到發展中國家（尤其是印度）的經驗，可視為哈貝馬斯、Cohen 和 Arato 等人的市民社會觀的進一步發展。在 Chandhoke 看來，市民社會就是公共領域，所以他表明在他的書中這兩個詞語是互相替換地使用的。市民社會不是社會的全部，它不包括私人性的社會行為，也不屬國家或經濟的領域。

Chandhoke 認為應該同時吸收自由主義傳統和馬克思主義傳統中關於市民社會的睿見。自由主義強調市民社會自主於國家，國家的權力應受限制，市民社會中的自由和人權要受到保障，這是正確的，而市民社會在西方史中出現，也應承認為有進步的意義。但是，馬克思主義所指出的市民社會裏的剝削和壓迫現象也是真實的，在歷史現實中，市民社會並非平等參與的領域，某些人是沒有聲音的，某些人卻享有很大的支配權。

Chandhoke 仍然相信，**市民社會有促進人類解放事業的潛能。被邊緣化的和弱勢的羣體可以在市民社會中爭取他們的權利，市民社會中的批判性、理性的討論能促進政府（國家）的問責性，並構成民意壓力而影響政府的施政。**市民社會又可把一些原被認為是私人生活中的問題（如女權主義所關心的問題）帶進公共領域，引起公眾的關注，以至政府的相應行動。

　　Chandhoke 指出國家和市民社會可以互相影響對方。國家和統治階級可能透過市民社會加強其統治、製造民意和使市民社會變得馴服；反過來説，市民社會中的進步力量又可抗衡國家和統治階級的力量，並對國家政策發揮影響（雖然他們無意奪取國家的權力）。Chandhoke 提議以自由和平等原則作為聯合市民社會中力量的原則。Chandhoke 反對極端的國家民族主義和分化國家的宗教、族裔等反普遍性（particularistic）的極端主義，認為市民社會和公共領域的道路是好的中庸之道。

(5) 保守主義色彩的市民社會理論

　　把人類解放和社會進步的希望寄託於國家和市場以外的市民社會和公共領域的思想，可以理解為當代市民社會理論的左翼，這與較右翼的、具保守主義色彩的市民社會理論相映成趣，後者的代表人物包括西班牙社會學家 Pérez-Díaz（1995; 1998）和美國思想家 Shils（1997）。

　　Pérez-Díaz 把當代的市民社會概念歸納為三種：第一是廣義地理解市民社會，指出市民社會是從 18 世紀到現在，於西歐和北美具體存在的社會形態，其特徵包括有限權力、具問責性和受法治約束的政府、私有產權和市場經濟、自主和多元的社團、自由討論的公共領域；這種看法以他本人和 Gellner（見上文）為代表。第二是較狹義地理解市民社會，認為它是與國家相對的社會自主領域，包括市場、社團、公共領域等，這種看法以 Keane 為代表（見上文）。第三是更狹義地理解市民社會，認為它只包括市場經濟，又或只包括國家和經濟以外的社團、社會運動、公共領域等事物，後者以哈貝馬斯、Cohen 和 Arato（見上文）及 Alexander（見下文）為代表。

　　Pérez-Díaz 特別強調市民社會的出現的歷史偶然性，即它是人們在若干特定的歷史環境中的行為的非有意的結果（unintended consequence），但當它形成和被實踐後，人們逐漸體會到它的好處，而市民社會的概念便被提出來去理解這種歷史經驗。他引用蘇格蘭啟蒙運動的思想（見上文），指出市民社會建基於一種獨特的道德傳統，在這傳統裏，自利傾向和利他傾向、對個人財富的追求和對社會公益的承擔，取得了恰當的平衡。他又引用思想家 Michael Oakeshott 創設的"公民結社"（civil association）和"企業組織"（association as enterprise）的概念來闡釋市民社會的特徵，指出市民社會是此兩者的良性結合。Oakeshott 所謂的公民結社，是指人們組織起來的基礎不是對於一個大家所同意的實質目標的共同追求，他們結合的基礎在於他們對一些由法律或行為規則構成的實踐的確認和接受。至於 Oakeshott 所說的企業組織則剛剛相反，其成立是為了經營某些實體目標。公民結社是非目的性的，企業組織則具有目的性和工具性。[20]

Pérez-Díaz 指出他的廣義的市民社會概念的好處，是能夠突出市民社會各構成元素（如政治元素、經濟元素、社會和文化元素）的相互關係，使人們了解到它們之間存在着制度性的聯繫，相輔相成地形成一個整體。例如，法治制度和尊重民意的政府（市民社會的政治部分）的存在，與市場經濟、多元社會和公共領域有不可分割的關係。

Pérez-Díaz 對哈貝馬斯等人把市民社會（以至生活世界）從政治和經濟中區分出來提出批評。他不同意把政治和經濟制度視為"異化的"（reified）、根據某些非人所能控制的邏輯運作的機器，他認為這樣便低估了人在政治和經濟運作中的作用。Pérez-Díaz 指出，市場有其開放性和不確定性，經濟決定是由大量的生產者和消費者作出的；同樣地，官僚系統的運作也有其不可預測性。他指出，在政治和經濟制度中，行動者的行為是植根於社會和文化土壤的，他們所作出的選擇也有其道德傳統的背景。把政治和經濟制度從市民社會概念中排除出去，便等於是減低了改變市場經濟和國家的規則的期望。Pérez-Díaz（1995: 105）提醒人們，"在任何地方都有可能找到'生活世界'的空間，包括在政治系統和經濟系統的中心地帶"。

Pérez-Díaz 又從歷史角度去反駁 Alexander 的更狹義的市民社會概念（即市民社會是普遍化的社會團結性的領域）（見下文）。例如他指出在 17、18 世紀，公共領域的發展是由關於政治、經濟、稅務等問題的討論所推動的。他又提到在美國歷史中，善於參與公共領域的公民質素是在市場交易、政治議會和宗教活動中培訓出來的。

保守主義色彩的市民社會理論與左翼市民社會理論的主要差異，是前者傾向於肯定和維護市場和傳統，後者則對此兩者持較批判性的態度。在這方面，Shils（1997）的市民社會思想是有啟發性的。Shils 認為在西方歷史傳統中演化出來的市場和市民性（civility，或譯作"市民認同"（希爾斯，1998）、"禮度"）（市民性是市民社會的特徵，見下文），是人類文明史上最偉大的發明之二。他又強調，市民社會存在於西方已有數個世紀。

Shils 對市民社會本身的定義並無過人之處，他認為市民社會是獨立於國家的社會領域，由非血緣或地緣性的經濟、宗教、文化和政治等性質的自主團體所組成。他強調市民社會的基礎包括法制上對自由的保障、民主的政體、私有產權、契約自由和市場經濟。市民社會裏有多元的自主領域（如經濟、宗教、文化、政治等不同領域），每個自主領域中又有多元的自主社團。

市民性的自我意識

由於市民社會的多元性，其中的利益、價值和理想很多時候是互相衝突的；Shils 的睿見在於他指出，市民社會的首要特徵是它的成員中存在着一種市民性（civility），而正因為市民性的存在，他們能處理、克服，甚至超越各種矛盾和紛爭，社會秩序能得以維持。

Shils 所謂的市民性是一種心態、取向、品格和行為模式，其靈感來自孟德斯鳩的一個洞見，就是每一種政治制度都有其相應的人類道德品質和信仰，例如共和體制所對應的是公民美德、公德和市民性。Shils 認為市民社會的市民性的核心是一種市民集體自我意識（civil collective self-consciousness），就是他們認同自己是同一個社羣的一份子，這個社羣的其他成員是生活在同一政治權威、法律制度和領土內的人。具有市民性的人承認他與這些其他人之間有特別的紐帶，他會尊重他們和對他們有禮，他會對這個社羣及其制度有所珍惜和歸依（attachment），他會重視這個社羣的共同利益或整體利益。"市民性指這樣的人的行為，他的個人自我意識一定程度上受到他的集體自我意識所掩蓋，他的集體自我意識的座標是社會整體和市民社會的制度。"（Shils, 1997: 335）市民性使文明的政治（civil politics）成為可能。在這種政治中，雖然人們有不同的意見、價值信念和互相衝突的利益和要求，但他們不會進行你死我活的鬥爭，因為即使是政敵之間，也共享上述的集體自我意識；雖然每個人或團體有其特殊的利益（市民性並不要求人們放棄其私利或個人的主張），但他們也會顧及社會的整體利益，所以他們會願意達成妥協。

Shils 又提到市民性與公民身份（citizenship）、國籍（nationality）和民族主義的關係。他認為，"市民性是比國家（state）中的公民身份更廣泛的現象。"（Shils, 1997: 73）公民身份只是相對於國家而言的："公民身份是國家的現象；它是服從、批評及積極指導政府等行為的組合。"（Shils, 1997: 73）但國家並不涵蓋市民社會。至於國籍、民族主義和愛國主義，Shils 認為它們有助於市民性和市民社會的建立，例如民族集體自我意識可支持市民集體自我意識，"成為一個民族社會（national society）

是邁向市民社會的一步——儘管這並不是必然的。"（Shils, 1997: 354）

（6）文化社會學的市民社會理論

Jeffrey Alexander 是美國當代著名社會學家，他從文化社會學的角度去看市民社會，對市民社會的定義有其獨到之處。他區分出市民社會概念的三個理念類型模式（ideal-typical forms）（Alexander, 1998: 3-8），它們在思想史中是相繼出現的。第一是洛克、福格森、黑格爾、托克維爾等人的無所不包的市民社會概念，即認為市民社會包括國家以外的各種機構和組織，如市場、宗教、社團和其他社會合作關係、民意、法定權利、政黨等等；這種市民社會觀認為市民社會是一種道德或倫理性的力量，並對資本主義市場有正面的看法，例如認為它能促進和平和民主。和第一種觀點相反，第二種市民社會觀強調市場的負面作用，並大致上把市民社會等同於資本主義，如馬克思便有這樣的市民社會觀，認為市民社會是自私自利的人的世界。Alexander 自己提出的是第三種市民社會觀。

這種市民社會觀是以社會分殊化（social differentiation）的概念為基礎的，認為市民社會應區分於並視為獨立於國家、市場和其他社會領域（如家庭、宗教、科學等）。Alexander（1998: 7）指出，市民社會"是一個團結性的領域（solidary sphere），在那裏一種普遍化的羣體（universalizing community）逐漸被承認和一定程度上實現"，在那裏"社會團結性（social solidarity）是以普遍性的語言（universalistic terms）來定義的。"（Alexander, 1997: 118）

Alexander 並沒有說明他所謂的社會團結性的涵義，但這似乎近於 Shils 所謂的市民性，因為 Alexander（1997: 118）說市民社會是"民族羣體的'我們性'"（the "we-ness" of a national community）、"一種與這個羣體的'每個成員'連繫的感覺,這種感覺超越個別的承擔、狹隘的忠誠和局部的利益"。市民社會為生活在一起的不同宗教、階級、種族的人提供一種共同的身份認同,這種身份認同是建基於普遍化的概念、價值和符號的,如"權利"或"人民"(peoplehood),這使市民社會與由傳統紐帶聯繫的社會(所謂 Gemeinschaft)有所不同。

Alexander 心目中的市民社會同時包括制度組織的範疇和思想意識的範疇。在制度組織的層面,市民社會中有大眾傳播媒體、民意調查、法院、社團、社會運動等等。在思想意識的層面,市民社會有其話語(discourse)和符號系統(symbolic codes),市民社會的意識是它們所建構的,例如,市民社會的話語把世界分為兩部分——我們(即包涵在市民社會中者)和他們(即被排除於市民社會之外者)。

Alexander 指出,美國憲法開首的用語"我們,人民⋯⋯"(We, the people)便是一種市民社會的話語,權利的話語也是市民社會的話語。在美國史中,少數族裔或弱勢羣體採用權利的這種普遍化話語,去使自己成為"我們"的一份子,這便是市民社會的現象。市民社會一方面(例如通過權利的話語)承認個人化(individualization),另一方面又需要形成集體認同和集體意識,這便是市民社會的公民團結性(civil solidarity)的個人和集體向度之間的張力,也是市民社會的弔詭之處。

Alexander 引用了人權思想為例子,說明全球性公民團結性(global civil solidarity)的概念,並指出原則上市民社會的概念是可以適用於跨國的層面的。但是,他認為在現在這個歷史階段,民族國家仍十分重要,國家層次的團結性紐帶(solidary ties)仍是主導的,所以他討論的市民社會仍以民族國家(nation)為基礎。

（7）全球性市民社會理論

當代美國國際法學者 Richard Falk 提出了"全球性市民社會"（global civil society） 的概念，在日益全球化的 21 世紀，這是不容忽視的。近年來在多次國際高層經貿會議舉行時的大規模反全球化示威，以至 2003 年初反對美國對伊拉克動武的全球性示威，可算是全球性市民社會的活躍程度的反映。

Falk（1999: 137-152） 認為全球化的力量有兩種，一種是全球性的市場力量，他稱為"從上而下的全球化"（globalization-from-above），第二種是對第一種全球化提出異議的社會運動（social activism），他稱為"從下而上的全球化"（globalization-from-below），而全球性市民社會便是第二種全球化力量的表現。

全球性市民社會屬 "第三系統"，這是相對於由國家組成的第一系統和由市場組成的第二系統而言的。在第三系統裏，關注人類共同命運和全球性公共利益的公民自發地走在一起，在全球範圍內發揮他們的影響力。

Falk（1999: 138） 把全球性市民社會定義為"一個行動和思想的領域，由個別的和集體的公民行動（individual and collective citizen initiatives）組成，這些公民行動是自願和非牟利性質的，它們同時在不同國家之內和跨國層面進行"。現今全球性市民社會裏有各式各樣的非政府組織和社會運動，如民主運動、人權運動、環保運動、女權運動、和平運動和其他反對經濟全球化所造成的惡果的運動。

四、市民社會與中國

市民社會的概念和理論是西方近現代思想史的現象，也是西方思想家在回顧西方的歷史經驗和展望西方的未來的反思過程中的產物。但正如在哲學、政治學、社會學等人文社會科學領域的其他重要概念和理論一樣，市民社會的概念和理論也為中國知識界所繼受，用以研究中國歷史中的現象和探討中國的未來。當然，進行這方面的思考的不限於中國的知識份子，也包括西方的研究中國的學者。在本文的這個部分，我嘗試提綱挈領地談談這方面的研究。

（一）市民社會與中國歷史傳統

對中國思想史素有研究的墨子刻（Thomas A. Metzger）的〈中國歷史語境中的西方市民社會概念〉一文（Metzger, 1998）可以用來作為我們討論的起點。他的基本論點是，西方的市民社會概念與中國的思想傳統是格格不入的，這種情況在 20 世紀也沒有改變，他認為即使是那些追求"民主"的現代中國思想家，也沒有吸收西方市民社會思想的精髓。

墨子刻認為，**西方市民社會概念的核心是一種"市民性"（civility），市民性是多元素的複合體，包括社會成員之間（即是陌生人之間）有一定程度的互信；要求政府向人民負責；接受三種市場 —— 政治的市場（即多元政治）、知識的市場（如多元價值觀）和經濟市場；大家願意在遵守同一套遊戲規則的前提下，各自追求自己的目標。**他尤其指出，西方市民社會概念基於一個 "從下而上" 的觀點，即並非完美的、可能犯錯（fallible）的市民自我組織起來，去監察一個常會犯錯（incorrigible）的國家。他又認為市民社會的思想蘊涵一種對人性的悲觀的認識，即人是容易犯錯的，沒有人能結合知識、道德與政治權力於一身，所以社會秩序應保障上述三種市場的自由，使其不受自以為是的統治者的侵犯。

墨子刻指出，中國思想傳統的觀點與西方上述的 "從下而上" 的觀點和對人性的悲觀論背道而馳，中國的觀點是 "從上而下" 的和對人性和社會樂觀的。中國人相信的是"聖君賢相"、"內聖外王",不是市井之徒自己組織起來去監察常會犯錯的政府,而是應由知識和道德的精英(士大夫、讀書人或代表社會的良心的現代知識份子)去領導一個可臻完美(corrigible)的國家。中國傳統思想認為公眾的利益(public good)是可客觀地掌握的,這些精英便能明白它,並教育和領導人們邁向理想的社會("大同"的理想),因此,毋須限制國家的權力。

對於中國傳統的這種政治理念,香港政治哲學家石元康(1998:173-174)形容為"倫理化的政治":"政治的最主要目的為對於人民的道德教化,使得人民能夠在德性上不斷地提升。"他認為現代世界的特徵包括"非倫理化的政治"、"非政治化的經濟"(在古代,經濟領域是附屬於政治領域的)和"非宗教化的倫理"(這是指韋伯所謂的世界的"解咒"(disenchantment),而市民社會的出現,便體現了現代的特徵(尤其是"非政治化的經濟")。他指出,中國傳統社會是小農方式經營的自然經濟,商業活動被視為對於社會的固定關係和皇權的威脅,所以中國歷代都實行"重本抑末"(重農輕商)的政策,反對營利思想,提倡人民進德修業。此外,他又引用黑格爾的觀點,指出中國人以組織家庭的辦法來組織國家,沒有個人的自由和權利的概念。因此,石元康認為,中國傳統中沒有市民社會,而"要使自由主義在中國生根,我們就不得不把中國傳統的組織社會的基本原則連根拔起。"(石元康,1998:196)

中國傳統的家長式統治,一般被認為是與現代市民社會互不相容的。中國大陸歷史學者蕭功秦(2000)在〈市民社會與中國現代化的三重障礙〉一文中引用嚴復的話:"中國帝王,下至守宰,皆以其身兼天地君親師之眾責。"蕭功秦(2000:44)指出,"從歷史上看,社會獨立於國家並獲得不受國家干預的自主權利這種觀念,是中國傳統文化中所沒有的。"他又引用香港社會學家金耀基的觀點:"帝制中國的政治系統，擁有一個不受限制的政治中心。這個政治中心具有不斷地對社會經濟生活實施干預的潛在可能與傾向性。”

但是，很多時候這種潛在的可能性不會被實現。在這方面，大陸學者李凡（1998）的意見是比較中肯的。他指出，由於傳統社會中國家對社會的控制能力有限，所以“在國家之外實際上存在一個相對自治的民間社會”（李凡，1998: 12）。他以地方政府的情況為例子，指出歷代政府的官員最多只派到縣一級，縣以下的管理是由政府與地方縉紳合作解決的，村則由宗族自治管理。

中國傳統社會中官民互動和合作的經驗和制度，驅使旅美華人學者黃宗智（1997）提出“第三領域”的概念，作為研究和分析傳統中國，以至近現代和當代中國的社會現象的範式。他認為“國家和社會之間的二元對立……是從西方近代初期和近代的歷史經驗中抽象出來的理念，以此理解中國的現實並不適合……應超越‘國家 / 社會’的二元模式，而採用‘國家 / 第三領域 / 社會’的三元模式。”（黃宗智，1997: 155）第三領域是平民和國家共同參與和控制的領域，是國家和市民社會之間的中間地帶，有其自身的特徵、制度形式和運作邏輯。

（二）市民社會與近現代中國

19 世紀中葉以來，中國出現了翻天覆地的變化，中國社會的結構、形態和思想面貌經歷了迅速的重組過程。在這過程中，類似西方市民社會的景象曾出現和蓬勃於神州大地，這種具體的歷史經驗，為中國本土化的市民社會理論提供了豐富的素材。

蕭功秦（2000 : 46）指出，“中國近代的市民社會是在 19 世紀中期以後，在近代的工商業和租界文化的發展和近代社會變革的推動下，從傳統社會結構中逐漸蛻變出來的。”經濟和社會的變遷孕育出新的社會階級或階層，如經營近代工商企業的商人、從事自由職業的知識份子，以至新興的工人階級。他們組織起來，成立了各式各樣的社團，如商會、同鄉會、銀行公會、學社、出版社、報社、雜誌社，以至工會、律師協會、慈善機構和政治組織（如有意推翻清朝的秘密組織及民國初期的政黨），這些團體與較傳統性的團體（如行會、會館、書院、宗教組織、宗族組織以至黑社會的幫會組織）並存。

民間力量曾冒起頭來

清末和民初的民間團體和組織在政治上發揮了影響力。例如在清末，商會是支持立憲運動和地方政制改革的重要動力；在五四運動中，學生組織、工人團體和商人團體的作用更是關鍵性的。民間力量在抗日和共產主義運動中又扮演了舉足輕重的角色。大致來說，在 20 世紀初至 1927 年南京國民政府成立這段期間，中國市民社會的發展達到了歷史性的高峰（White, 1996: 17; He, 1996: 183）。

1927 年以後，國民黨政權開始加強對市民社會的管制；正如Gordon White 等學者（1996: 18-21）指出，在 1927 年以後，中國的國家與社會的平衡由前一階段的社會佔優勢，轉變為國家佔優勢的局面。國民黨政府對市民社會的做法是壓制和取締部分社團，並拉攏和吸納其他社團，對它們成立註冊和監管的制度。即使在這個時期，不同領域和種類的民間團體仍能發揮不同程度的影響力和享有一定範圍的自治權，雖然它們從來未能獲得市民社會在西方享有的自由和權利的法制性保障。

（三）市民社會與 1949 年後的中國大陸

在 1949 年以後，直至 1978 年開始實行 "改革開放" 政策以前，中共在中國大陸實行全能主義式（totalitarianism）的統治，市民社會可謂蕩然無存。中國大陸在此時期的情況類似於以前蘇聯和東歐的情況，也就是東歐的市民社會思想所批判和反抗的情況。正如李凡（1998: 16-17）所指出，"中國傳統的民間社會所具備的一些自治性完全被打破，黨/國家對社會經濟、政治和文化的控制和滲透能力，達到了中國有史以來的最強程度……到文化大革命後期……中國社會的'自主性'已經全部被取消——一個完全被政治和官僚控制的社會在中國建立起來了。"

靜悄悄的革命

1978 年以後，情況開始迅速地改變，在一定意義上，20 世紀上半期曾在中國活躍過的市民社會開始復甦。在過去 30 多年，中國大陸在經濟上的成就是有目共睹的，至於市民社會的出現，則是李凡所謂的"一場靜悄悄的革命"。他並指出，雖然中國市民社會的發展仍屬剛起步的階段，市民社會的內部結構並不成熟（如有對政府的依賴性），又缺乏法制的保障（如言論、出版和新聞的自由、結社和集會的自由），但"從動態發展的角度來看，中國社會當前的巨大變化確實是有向現代意義上的市民社會發展的趨向的"（李凡，1998：26）。

正如 White 等學者（1996: 7-10）所指出，市民社會發展的動力學有兩方面，一是政治性的（political dynamic），二是市場性的（market dynamic）。政治性的動力包括國家政策的改變（如容許市民社會更大的空間和自主性）、政治上反對黨的出現等。至於市場的動力，一個基本的論點是市場經濟的發展會帶來社會形態的改變，包括社會的分殊化（differentiation）和利益的多元化，並導致在國家和市民社會的平衡中，市民社會取得更大的力量，市民社會的自主空間增加。

海外華人學者何包鋼（He, 1996: 176）把中國市民社會分為三個領域，即經濟市民社會、政治市民社會（如政治性的組織和運動）和文化市民社會（如話語（discourse）和公共領域）。他認為 1989 年的民主運動是全能主義傾向的國家與興起中的市民社會的根本性衝突，結果是政治市民社會被全面壓制，但在 90 年代，經濟市民社會卻繼續發展。何包鋼認為中國當代市民社會（包括經濟市民社會）的特點是，它是與國家一定程度上重疊和糾纏在一起（entangled）的，由於它有這種混合性的特質，以及它相對於國家的自主性只是局部的，何包鋼把它稱為"半市民社會"（semi-civil society）或"準市民社會"（quasi-civil society）。在這方面，他與黃宗智關於"第三領域"的思路不謀而合（例如黃宗智認為鄉鎮企業和改革後的農村行政管理體制都屬此第三領域）。

中國市民社會中的四類社團

White 等學者（1996: 29-37）把新興的中國市民社會中的社團分為四大類。第一是"被放在籠中的領域"（the caged sector）的社團，即官辦的"人民羣眾團體"，如中華全國總工會、中華全國婦女聯合會、中國共產黨青年團等。它們在改革開放的年代之前已長期存在，並已官僚化，自主性甚低。第二是"被吸納的領域"（the incorporated sector）的新興"社會團體"，它們是正式註冊、得到官方認可的，其中包括全國性和地區性的商貿、專業、學術、體育文娛康樂等方面的團體。它們之中，少數是官辦的，也有少數是類似其他國家的非政府組織（NGOs），但大多數則是"半官半民"或半官方的，通常是在某些政府機關的支持下由民間成立，或倚賴跨越官方和民間的人際關係網絡而生存。雖然這個領域的社團是被國家納入其管制範圍，並作為國家與社會的橋樑，但White 等人認為中國政府並沒有完整的、系統的和嚴密的"社團主義"（corporatism）的做法（"社團主義"指由國家透過其認可和在不同領域賦予壟斷權的社團和社會中各利益階層建立有組織的關係）。

　　至於第三和第四類的民間組織，都是在法律制度以外的。第三類社團存在於"夾縫的、模糊的地帶"（the interstitial,"limbo" world of civil society），它們並沒有取得上述第二類社團的正式地位，但也沒有像下述第四類社會一樣受到鎮壓。它們的例子包括一些婦女團體、一些知識份子、專業人士的網絡和經常性聚會，以至農村地區的傳統式的宗族和宗教組織。它們有些得到當地政府的支持和合作，有些則被懷疑和不被信任。

　　第四類民間組織是地下的（underground civil society）、被壓制的（the suppressed sector），其中有些因被視為對政權和社會有威脅，而被監視但尚未被全面鎮壓，如一些氣功組織，有些則被視為非法組織和與國家敵對的力量而被取締和鎮壓，如一些民運團體、極左政治團體、邪教組織、秘密組織、黑社會組織等。

　　研究當代中國市民社會的學者一般都關心到市民社會和國家的關係，還有它對民主化的影響。李凡（1998: 31）指出，中國市民社會與國家的關係"既有利益的互相衝突一面，也有利益的互相合作一面"，但"有大量的關係證明國家與社會之間採取了合作主義的方式"。至於中國市民社會的發展是否能促進中國大陸的民主化，何包鋼和 White 等人都認為這是很難説的。何包鋼（He, 1996: 188）指出，中國的"半市民社會"可以是民主化的力量和民主人士的避風港，也可以是要求社會穩定和支持新權威主義的力量（例如新興的企業家階層便有這種傾向）。White 等人（1996: 216）也指出，由於中國市民社會的多樣性、割裂性（fragmented）和有可能造成社會不穩定（如上述第三、四類民間組織），所以市民社會既是民主化的動力、也是民主化的障礙。他們指出，**中國大陸的和平和成功的政治轉型，最終取決於一個願意改革的中共領導層與市民社會中的精英（如知識份子、企業家和專業人士等階**

層）的政治協商和合作。

（四）關於中國市民社會的理論思考

上一節所敍述的主要是關於中國當代市民社會的實證研究，除此以外，在 90 年代，一些中國大陸學者也開始致力於建構中國本土化的市民社會理論。本節將介紹其中最具啟發性的一些觀點。

鄧正來和景躍進（1997）在 1992 年發表的〈建構中國的市民社會〉，可算是當代中國市民社會理論的經典之作。他們指出，現有的關於中國政治前途的思考，無論是 "新權威主義" 和作為其對立面的 "民主先導論"，都有同樣的不足之處，就是把聚焦點放在政治權威及其轉型上；他們認為更關鍵的問題 "在於國家與社會二者之間沒有形成適宜於現代化發展的良性結構，確切地說，在於社會一直沒有形成獨立的、自治的結構性領域"（1997: 3）。因此，他們主張 "用 '國家與社會的二元觀' 替代 '權威本位（轉型）觀'"，他們的市民社會理論的 "根本目標在於：從自下而上的角度，致力於營建健康的中國市民社會"（1997: 3）。

鄧正來和景躍進心目中的中國現代市民社會是 "以市場經濟為基礎，以契約性關係為中軸，以尊重和保護社會成員的基本權利為前提" 的（1997: 6）。在這些方面，他們認為這種市民社會有異於中國傳統中的 "依賴親情血緣、俠膽義氣關係來維持"（1997: 9）的民間社會組織。他們又指出這個市民社會的中堅力量是企業家階層和知識份子，也包括農民身份的鄉鎮企業家和鄉鎮企業工人，但不包括國家公職人員和 "自給自足、完全依附於土地的純粹農民"（1997: 6）。

鄧正來和景躍進提出了建構中國市民社會的 "兩個階段發展論"，建構的力量包括國家的由上而下的作用（如經濟政策、法制建設、教育政策等）和社會的由下而上的作用（如個體和私營經濟、民間社團）。

第一階段是市民社會的"形成階段",國家逐漸撤出其不應干涉的經濟和社會領域,社會成員運用其自由空間建設市民社會。第二階段是市民社會的"成熟階段",這是"中國市民社會從私域向公域的擴張"(1997:18),它開始影響和參與國家的決策。

鄧正來和景躍進認為中國市民社會應避免"超前過熱地參與政治"(1997:17),也不應採取中國傳統民間社會的"民反官"的單一路向。他們提倡國家和市民社會的"良性互動",即國家承認和保障市民社會的合法活動空間,在必要時可進行干預和調節;市民社會則構成制衡國家的力量,市民社會維護其獨立自主性和多元利益,並為作為中國現代化的終極目標之一的政治民主化創設社會條件。

鄧正來(1997; 1998; 2000)在其後的數篇文章中對中國市民社會的理論作出進一步的貢獻,較重要的可在這裏綜合為以下四點。首先,他認為應區分市民社會概念在中國的兩種不同應用。第一是用來認識、分析和解釋中國現代化的歷史進程,第二是"作為中國現代化發展過程中的一種實體社會的資源"(2000:43),"將市民社會作為中國現代化的具體道路和某種目的性狀況加以建構"(2000:62),這是一種"規範性的思考和批判"(2000:55),基於一種"強烈的現實關懷"(2000:62)。

鄧正來(1997)又對中國大陸和台灣的市民社會話語(在台灣更常用的是"民間社會")進行比較,"發現大陸與台灣論者因其具體取向的側重點的不同,而在理解'市民社會與國家'模式以及因此而形成的理論品格方面的差異"(1998:15)。他認為大陸的市民社會論者大多理解市民社會與國家的關係為一種"良性互動關係",而台灣論者則以市民社會(民間社會)理論,作為對國民黨政府威權統治的抗爭的理論和戰略資源。他指出台灣的市民社會論的背景是"對台灣歷史上傳統自由主義的不動員症性格的批判,以及對傳統左派的階級化約論的質疑"

（1997: 54），它是一種新的、強調由下而上的、民間力量的"造反哲學"
（1997: 72），有"強烈的動員性格和實踐品格"（1997: 54），但缺點是未
能客觀地承認國家在台灣的資本主義經濟發展和民主化過程中的正面功
用，又未能嚴肅地思考政治制度的發展和政治穩定的問題。

　　此外，鄧正來提出了中國市民社會研究的一些方法論方面的問題。
他指出，在借用西方的市民社會概念去研究中國的問題時，應慎防跌進
"西方心主義"的陷阱，即以為西方市民社會所展示的現代化道路是唯
一的、四海皆準的；這樣會導致研究者在嘗試在中國歷史中尋找市民社
會的蹤影時，過分地重視某些和西方市民社會對應的因素，"根據西方
的定義在中國發展的複雜經驗中，選擇與之相符的那些方面進行意義放
大的研究，從而忽略了某些對於中國發展具有實質意義的方面"（2000:
33），又或導致研究者"以西方市民社會模式為判準，對中國不符西方
市民社會的現象進行批判"（1998: 18）。鄧正來建議把西方市民社會模
式本身視作"論辯對象"，並在研究時以"中國的歷史經驗或現實為出發
點"，"在此一基礎上建構出相應的、並能有效適用於中國的理論概念，
進而形成中國本土的分析理論模式。"（1998: 19-20）

　　最後，鄧正來討論到在建構中國市民社會理論時，應如何看待傳
統。他不同意把傳統和現代絕對地對立起來，他認為這是"現代化框
架"思維的弊端，因為它"根本否定了現代中隱含有傳統、而傳統中又
往往存在着現代這一極為複雜的現象"（2000: 30）。他反對"視傳統為
整體的落後"，反對整體性的批判、否定和拋棄傳統，因為"這無疑忽
視了傳統中所隱含的向現代轉型的深厚的正面性資源"（2000: 30）。

　　關於怎樣把中國傳統思想文化利用為建構現代市民社會的正面性資
源，蔣慶（1993）提出了獨到的見解。在〈儒家文化：建構中國式市民
社會的深厚資源〉一文中，他認為"在中國建成西式的市民社會是不可

能的"，他主張"在中國歷史文化傳統的基礎上"建構"中國式的市民社會"，在這方面，儒家文化"是一支最主要的促進力量"（1993: 170）。

　　蔣慶從五方面論證儒家文化的正面作用。第一，市民社會是多元社會，但蔣慶認為多元社會中的價值相對化和世俗化使人的"生命得不到安立"，"儒家大一統的政治智慧"可提供解決辦法（1993: 171）。第二，市民社會以市場經濟為基礎，有重利輕義的傾向，儒家正義謀利的思想可予以對治，意思是"以義指導利"、"用道德來規範利的方向"（1993: 172）。第三，市民社會重視契約關係，但契約關係中的理性計算和利害考慮容易使人變得冷漠無情，在這方面，儒家忠信仁愛的價值能為契約關係提供精神和道德的基礎。第四，市民社會中人們只顧致富的傾向，會對人心和社會有腐蝕的作用，儒家富而教之的思想可發揮正面影響，用道德力量去指導社會財富的運用。

　　最後，蔣慶指出，雖然市民社會提倡自由平等，但人是有需要從自己的身份和職業中找到其歸宿和依託，從而實現其生命價值和尊嚴的。蔣慶認為，中國式的市民社會應是"有限的自由平等與合理的等級身份並存的社會"（1993: 175）。儒家的禮樂文化"是對人在社會中的等級身份進行規範、涵濡與意義化的文化"，使"每個人在符合自己身份的禮中都可以找到自己生命的安頓與存在的價值"，因此，儒家禮樂文化有助於建設中國的市民社會——"此市民社會應該是新型的禮樂社會"（1993: 175）。

五、總評與反思

　　中國現代化的道路是艱難和曲折的，到了今天，中國大陸在經濟水平上和政治、法律等制度的發達程度上仍遠遠落後於西方。根據上述Gellner、Pérez-Díaz 和 Shils 等人的觀察，市民社會作為自由主義式的政治、經濟、社會和文化的複合體在西方已存在和發展了多個世紀（儘管它在西方而非在世界的其他角落的誕生有其歷史的偶然性），在中國大陸，這樣的市民社會的建立仍遙遙無期。當然，正如鄧正來、蔣慶等人指出，西方所走的道路不必被視為普世的標準或現代化的必由之路；如果市民社會是社會之善（good）的話，中國式的市民社會也毋須完全模倣西方的市民社會。但是，這仍未能回答這個問題：中國將往何處去？中國應往何處去？

在思考中國政治和社會的前途時，西方市民社會的理論和實踐無疑是一套寶貴和豐富的資源，正如中國的傳統思想文化也應被視為可供發掘的資源一樣。本文嘗試論述的便是從近現代到當代西方市民社會思想的精華，那麼，我們可以從中得到甚麼啟示？它對我們思考中國的未來，又有何幫助？

首先，我們須區分市民社會概念的兩個涵義和兩種用途。市民社會可廣義被理解為西方 18、19 世紀以來的以市場、憲政、法治、公民權利與自由、哈貝馬斯所謂的公共領域，以至 Shils 所謂的"市民性"為特徵的有機的社會整體制度（如 Pérez-Díaz 的理解）。市民社會也可較狹義地被理解為國家以外的社會自主領域（如 Keane、Gellner、鄧正來等人的用法），或更狹義地理解為國家及市場以外的社會領域（如哈貝馬斯、Cohen、Arato、Chandhoke、Barber 等人所主張），或再更狹義地理解為 Alexander 所謂的以普遍化話語為基礎的社會團結性的領域。

市民社會概念的兩種用途，一是描述性的，二是規範性的。描述性的市民社會概念主要是歷史學和社會學上的用法，即以市民社會概念為一個理念類型（ideal-type）、範式（paradigm）或思考框架，來描述、分析和解釋歷史中某些方面的演變（如 Gellner 的用法）或社會中某些現象（如 Alexander 的用法），這是一種實證主義取向的研究。規範性的市民社會概念主要是政治哲學上的用法（如 Taylor、Walzer、Barber、

Habermas 等），目的是提出一些關於政治和社會應該如何組織和發展的主張，勾劃出理想的社會形態。這種思考具有實用性，也有理想主義的色彩。

由於市民社會概念有其西方史和西方思想史的烙印，它在中國情況下的應用，無論是廣義的或較狹義的、描述性或規範性的，都會遇到一定程度的困難和爭議，和需要作出一定程度的修改或適應化（如黃宗智提出的"第三領域"的概念、何包鋼提出的"半市民社會"的概念）。市民社會概念在中國情況下的應用在學術上有其積極的意義，這是毋庸置疑的。

舉例來說，我們可以採用最廣義的市民社會概念，去理解西方現代社會形態形成的歷史條件和歷史軌跡，並從宏觀社會學的角度，與中國歷史的發展互相比較。我們又可採用較狹義的市民社會概念（即市民社會與國家或甚至與市場的區分），去研究當代中國演變中的社會階層和新興的民間團體和組織（如李凡和 White 等人的研究）。國家和市民社會的二分法又可用於規範性的研究，去指導中國市民社會所應該走的發展方向（如鄧正來和景躍進的二階段論和國家與市民社會的良性互動論）。

無論是哪種性質和層次的關於市民社會與中國的研究，最終必須面對一個最根本的問題：市民社會概念的積極意義何在？為甚麼值得使用它作為我們的理論和思考框架？要回答這個問題，我們便需要對西方政治思想史上的市民社會理論作出總體的評價。這套理論的精髓何在？它與西方文明的獨特的歷史軌跡的關係如何？它是否有普世的價值和意義？它對像中國這種非西方文明的未來有何啟示？

雖然本文的第二、三部分嘗試簡介了西方從近現代到當代的各式各樣市民社會思想，好像眾說紛紜，莫衷一是，但是我們仍可以尋找到各流派的一些共同的價值理念，從而掌握到從近代至今延綿不斷的西方市民社會概念的核心內容。首先，從洛克開始，西方人漸漸接受人生而自由和平等、享有若干基本人權，而享有政治權力的國家並非社會的全部或其至高無上的中心，國家之外還有社會，社會成員的權利甚至先於和優於國家的權力，國家是為社會服務而存在的。這些是西方自由主義的基本命題，也是市民社會構想的理論基礎。

西方市民社會思想從來都是反對專制主義、威權主義和極權主義的，因為這些形態的國家侵犯人權和腐蝕了社會的自主性。**市民社會思想肯定社會自我組織的能力，亦即是說，政治權力的行使並非社會整合和運作的唯一途徑，社會的整合和運作有可能在很大程度上獨立於政治國家。**

那麼，除了政治權力的邏輯以外，有甚麼東西能導引社會的整合和運作？市民社會理論在市場的邏輯中找到答案。正如黑格爾以來各現代和當代市民社會論者所指出，資本主義市場經濟的發展使現代市民社會成為可能。與受政治和宗教權力操控的傳統社會不同，現代西方社會出現了政治權力和經濟權力的分離、政治權力邏輯和市場邏輯的分化，正如 Gellner 所指出，人類歷史中首次出現了生產者（producers）的地位凌駕於強制者（coercers）的情況。

在現代西方的政治、經濟和社會理論以至實踐中，市民社會、資本主義市場經濟和憲政國家是三位一體、相輔相成的。正如哈貝馬斯所指出，市場經濟和私有產權制度所產生的私人領域是市民社會的基礎，而市民社會中的公共討論則形成了公共領域，參與憲政國家的決策過程。憲政國家和市民社會也是互相依靠、互為因果的。憲政國家保障私有產權和言論、結社、集會等自由，使市民社會得以發揮其活力；市民社會的論政和參政活動，又增強憲政國家的合法性或認受性。

在西方市民社會理論中，人權和自由的憲制和法制保障是市民社會的存在和發展的必要條件之一。這些保障一方面使市民社會的自主性成為可能，使它不致受到國家的操縱；另一方面，這些保障使市民社會可以積極參與政治，影響國家的決策，爭取更合理的權利分配，消除社會中的不公正現象。

市民社會理論強調健康和蓬勃的市民社會是民主的必要條件之一。正如托克維爾以來各市民社會論者所指出，市民社會不單包括經濟組織，更包括各式各樣的社團，當代市民社會論者更重視那些為關心社會公益而成立的志願性和非牟利性的非政府組織所組成的"第三領域"。如果（正如 Chandhoke 所主張）這些民間組織的內部運作是以自由和平等原則為依歸的，那麼它們便是公民學習民主生活的學校，而它們的社會參與、社會運動，甚至包括在極端情況下的公民抗命行為，將是對由政黨主導的民主政治的不可或缺的補充。

市民社會一方面是自由、開放、多元和寬容的社會，另一方面，存在於其成員之間的某種共同意識或身份認同，乃是健康的市民社會所必須的，這就是 Shils 所提及的"市民性"（civility）、Alexander 所論述的普遍化的社會團結性、或林毓生（2013:16, 18）所主張的"公共性格"、"公共精神"或"公民文化與公民道德"。只有具備這些質素的公民才能使市民社會的政治參與變得積極、理性和具建設性，並使民主政治更臻完美。

以上便是筆者對西方市民社會理論作為一種具規範意義的政治和社會思想所追求的理想的綜述。在這裏要進一步指出的是，這絕不是一個虛無飄渺的、烏托邦的理想，這個理想其實已很大程度上或一定程度上，實現於今日西方以至某些非西方世界的民主憲政國家。其實如果我們回顧西方近代史，便不難發覺其市民社會思潮與其政治、經濟和社會發展的軌跡或形態是互相影響、互相滲透的。若干獨特的歷史、文化以至經濟現象（如中世紀的權力多元格局、宗教改革運動、地理大發現、資本主義市場經濟和民族國家的興起、啟蒙運動、資產階級革命、工業革命等）促進了關於市民社會的思考，而這些思考又反過來影響人們的行為和參與歷史的締造。

在中國的歷史傳統中，卻不曾出現過西方式的市民社會和市民社會思想。雖然基層鄉土社會有其不受國家操控的一些生活領域和一定程度的自我組織和管理的經驗（梁治平，2000：46），士紳階層和宗族構成國家和鄉民的中介（王銘銘，1998：232-3），但鄉土社會絕不是自主於國家的社會。而在城市裏，商人也沒有發展為像西方的市民階級，享有其獨自的文化和自治制度（方朝暉，1999；夏維中，2000）。政治和社會權力集中在皇帝及其官僚手中，商人階層以至士紳階層的特徵是其依附性而非自主性。

西方中世紀以來的多元格局與中國傳統的一元化的宇宙、政治、道德與文化秩序形成鮮明的對比。中國傳統秩序不但是“家國同構”的，更是“政教合一”和“天人合一”（人間秩序是宇宙秩序的一部分）的，而天子、天命和天朝的概念便構成了整個秩序的中心，道德禮教則是秩序的關鍵部分（Lin, 1979）。在這個構想中，國家和社會，政權、紳權和族權是彼此滲透、互相契合、融為一體的，被想像為形成一個和諧的秩序（梁治平，1998：84-5；王銘銘，1998：241）。在這個秩序裏，“公”和“私”並沒有明確的分界，雖然“公”永遠是優先於“私”的（楊念群，1998:207-9）；“民間社會可以說在秩序原理上與國家具有同心圓式的連環關係，而且也具有與超越國家的天下普遍性相連環的關係。”（溝口雄三，1994）

社會優於國家

雖然如此，但這並不表示中國傳統文化中完全沒有社會優先於國家的思想。例如老子認為社會秩序是自然而然的，毋須國家的干預，國家應實行清靜無為之治，所謂"我無為而民自化，我好靜而民自正，我無事而民自富，我無欲而民自樸。"（《老子》第五十七章）孟子主張"民為貴，社稷次之，君為輕"，更是耳熟能詳。到了明清之際，黃宗羲指出"天下為主，君為客"，並進一步為傳統儒家主流思想所否定的"私利"正名："有生之初，人各自私也，人各自利也……向使無君，人各得自私也，人各得自利也。"（《明夷待訪錄·原君》）正如有論者指出，"'人各得自私'，'人各得自利'，實質上是一種市民階層的人生觀、世界觀……明代已經出現了市民階層，他們很不甘心自己毫無權利。他們有不滿，有反抗。'人各自私'，'人各自利'是當時市民要求改變這種不合理社會地位的心聲。"（季學原等，1992：30-31）

不幸的是，雖然在清末民初，中國的市民社會有所萌芽，但在1949年後的中國大陸，卻受到全面的扼殺，與市民社會概念互相呼應的自由主義思想也遭遇同樣的命運。1980年代"改革開放"以來，市民社會再現生機，並隨着市場經濟的發展和全能主義國家向威權主義（或"新權威主義"）的過渡而逐漸成長。這種市民社會既包括"死灰復燃"的傳統式民間社會形態，如宗族、村莊和宗教組織（梁治平，2000：48），也包括新興的企業家階層、中產階級以至"民辦非企業單位"等（俞可平，2001）。此外，"在受控的公共傳媒夾縫和邊緣之中"（許紀霖，1998：6），也開始出現某種意義的"公共空間"或"公共領域"。

中國的半市民社會

　　和西方成熟的市民社會相比較，當代中國的“半市民社會”、“準市民社會”（此兩詞語來自何包鋼（見上文））、“擬似或半吊子的市民社會”（此詞來自林毓生，2013：39）有以下三個特點。[21] 首先是它的依賴性和非自主性。如果要合法地存在，民間自發組織的社團以至刊物，必須依附着某黨政機關作為其“掛靠單位”和“主管部門”，不少民間社團的生存都賴於它們和國家幹部或退休幹部的人際關係。其次是這種市民社會的脆弱性，亦即其結社自由和言論自由缺乏完善的法制保障。民辦刊物隨時可因其言論而被封殺，民間團體也可隨時被取締（梁治平，2001）。舉例來說，法輪功在 90 年代在全國範圍內發展迅速，多年來也受到國家的容忍，但在 1999 年後卻受到最嚴厲的鎮壓。中國大陸學者常強調中國大陸市民社會和國家的合作、協調、溝通等良性互動關係，實際的情況是它別無選擇，只能與國家合作、不能與它對抗；只能支持國家、不能反對國家。第三是這種市民社會仍是“私性”多於“公共性”，總體來說仍缺乏關心社會、參與政治的公民民主意識。例如林毓生（2013:16-17）指出，“大陸的‘擬似或半吊子的市民社會’主要傾向於物欲的增殖，以及褊狹或局限於一隅的生活方式的發展……是貪污、腐化、走後門，幾乎一切事務皆需依私人或擬似的私人關係，以及幫會、地方勢力等‘私’的社會組織的發展溫牀。”在這種情況下，當代中國市民社會似乎不但沒有能力，也沒有興趣參與政治，未能發揮西方市民社會那種監督政府、制衡國家和促進民主的作用。

　　林毓生（2013:17-18）認為，在中國大陸民主的“前途仍然相當黯淡”，因為“專制政體與中產階級的興起在世界有些地方不但並行不悖，而且相互為用。所以，中產階級的興起並不必然能夠促進民主憲政的改革”；當“人民更耽迷於增殖的物欲與褊狹的生活之中……公共精神、公民文化……都很難在這種環境中發展出來。因此，統治者與被統治者大概都將各自繼續沉湎於私性政治與私性社會的淵藪之中。”這種悲觀看法是不無道理的。

90 年代後期以來，大陸思想界出現了“新左派”和自由主義派的對峙，兩派對西方市民社會理論的引進有截然不同的看法。[22] 新左派對市民社會概念並無好感，對與市民社會相關的市場、私有產權和中產階級持批判態度。新左派批評全球性資本主義在中國大陸的擴張和以市場化名義推行的經濟改革，所造成的社會不公和貧富懸殊，同時反對在貪污腐化和缺乏民主監督條件下的國有資產的私有化（汪暉，2000）。新左派所主張的民主包括經濟民主（經濟領域中的民主）和以底層羣眾（而非中產階級或政治精英）為主導的直接民主和社會運動，他們不反對“公共領域”、言論自由等概念，但認為它們無需植根於中產階級市民社會和私有產權制度。

自由主義者則指出（徐友漁，2000；2002），當代中國的首要課題不是如何對付全球性或本土的資本主義，而是如何促進專制國家向民主憲政國家的過渡。在這方面，私有產權的承認、市場經濟的發展和市民社會的建立能產生一定的積極作用。在反對社會不公、貧富懸殊、貪污腐化等方面，中國大陸自由主義者和新左派的立場基本上是一致的，但是他們對於有關“病因”和“藥方”卻意見迥異。新左派把批判的焦點放在全球性資本主義，自由主義者則把批判的焦點放在中共的專制和威權主義。兩派都贊成民主，但就如何實施民主進程則針鋒相對。新左派主張加強底層社會民眾的政治參與，包括體制外或非制度化的社會行動，“繞開所謂新生的中產階級，繞開具有壟斷性的精英，來謀求一個具有開放性和包容性政治表達空間”（劉擎，見於許紀霖，1999：

296），同時加強國家對社會干預的能力，以“‘上下結盟’來制約‘中間層’。這裏‘中層’實際上是指壟斷精英與地方權力官僚”（薛毅，見於許紀霖，1999：298）。

自由主義者則認為這種策略不但是烏托邦式的、不切實際的，更有重蹈毛澤東時代羣眾運動覆轍的危險。他們提倡漸進式的民主化，通過市場經濟的發展和市民社會的建立，再加上法制改革，逐步為民主憲政創造有利條件。與新左派某些人物提倡的“上下結盟”相反，自由主義陣營中的秦暉（1999）則主張“公民”（如城市中具公民意識者）與“小共同體”（如村莊以至“莊主現象”、宗族、鄉鎮企業等）的聯盟以促進專制國家改造為公民的民主國家，然後才進一步把小共同體和傳統民間社會改造為公民社會。他指出這是與西方不同的道路，在西方首先是市民與王權的聯盟以對付小共同體（封建領主和村社），締造了公民社會，然後由公民社會挑戰王權（即國家或大共同體），最後完成向民主憲政的公民國家的過渡。

如果民主憲政國家的建立是當代中國政治思想應予確認的最終目標，那麼市民社會理論不失為關於如何階段性地邁向此目標的策略研究和分析工具的中程（middle-level）理論。它的角色和功能有點類似無產階級革命理論和建設共產黨的理論，在最終實現社會主義以至共產主義社會方面的角色和功能。**市民社會理論對當代中國的啟示是，民主憲政的建立過程將是艱鉅的，但這個最終目標並不是遙不可及的。**在西方世界以至一些非西方世界的國家，包括屬中華民族和文化範圍內的台灣（顧忠華，2001），市民社會和民主憲政已經是活生生的事實。市民社會理論更進一步指出，私有產權和市場經濟是市民社會的存在和發展的必要條件。此外，市民社會的權利——如結社自由、言論自由、宗教自由、集會自由——應得到法制的保障，這是理所當然的，不是統治者的恩賜。從這個角度看，在中國大陸追求民主憲政者首先應爭取的是這些自由及其法制保障，而非多黨選舉這個較為遙遠的目標。最後，市民社會理論還給我們一個重要的啟示，就是無論自由的空間有多大，無論自由和權利的法制保障有多穩固，這都是不足恃的，還有一個決定性的因素，便是市民社會成員的質素、品格和意識。如果他們是關心國事和天下事的，如果他們是先天下之憂而憂的，如果他們是意識到國家興亡，匹夫有責的，那麼，市民社會和民主憲政的跨文化的、普世性的理想便有望在神州大地付諸實踐。

參考資料

1　王思睿：〈試析今日中國的左派光譜〉，《當代中國研究》，2001 年，73 期，頁 23-38。

2　王思睿：〈新權威主義與新左派的歷史根源〉，《當代中國研究》，2002 年，78 期，頁 106-131。

3　王春光：〈中國社會的走向〉，韓明謨等著，《社會學家的視野：中國社會與現代化》（北京：中國社會出版社，1998 年），頁 283-306。

4　王銘銘：〈宗族、社會與國家〉，張靜編，《國家與社會》，（杭州：浙江人民出版社，1998 年），頁 222-258。

5　甘陽：〈中國自由左派的由來〉，收錄於陳祖為、梁文韜，《政治理論在中國》（香港：牛津大學出版社，2001 年），頁 218-232。

6　方朝暉：〈對 90 年代市民社會研究的一個反思〉，《天津社會科學》，5 期，1999 年，頁 19-24。

7　石元康：《從中國文化到現代性：典範轉移？》（台北：東大圖書，1998 年）。

8　朱學勤：《書齋裏的革命：朱學勤文選》（長春：長春出版社，1999 年）。

9　托克維爾著，秦修明等譯：《民主在美國》（台北：貓頭鷹出版社，2000 年）。

10　李凡：《靜悄悄的革命：中國當代市民社會》（香港：明鏡出版社，1998 年）。

11　李蔚欣：〈九十年代自由主義思想在中國的復興〉，《當代中國研究》，77 期，2002 年，頁 128-139。

12　汪暉：《死火重溫》（北京：人民文學出版社，2000 年）。

13　希爾斯著，李強譯：〈市民社會的美德〉，鄧正來、亞歷山大編，《國家與市民社會》（北京：中央編譯出版社，1998 年），頁 32-50。

14　季學原、桂興沅：《明夷待訪錄導讀》（成都：巴蜀書社，1992 年）。

15　林毓生：《從公民社會談起》（台北：聯經出版事業，2013 年即將出版）。

16　俞可平：〈中國公民社會的興起與其對治理的意義〉，陳祖為、梁文韜編，《政治理論在中國》（香港：牛津大學出版社，2001 年），頁 312-341。

17　陳弘毅：《法治、啟蒙與現代法的精神》（北京：中國政法大學出版社，1998 年）。

18　陳祖為、梁文韜編，《政治理論在中國》（香港：牛津大學出版社，2001 年）。

19　陳晏清主編，《當代中國社會轉型論》（太原：山西教育出版社，1998）。

20　夏維中：〈市民社會：中國近期難圓的夢〉，羅崗、倪文尖編，《90 年代思想文選（第二卷）》（南寧：廣西人民出版社，2000 年），頁 23-40。（原刊於《中國社會科學季刊》（香港），1993 年 11 月總第 5 期。）

21　徐友漁：〈自由主義與當代中國〉，李世濤主編，《知識分子立場：自由主義之爭與中國思想界的分化》（長春：時代文藝出版社，2000 年），頁 413-430。

22　徐友漁：〈社會轉型和政治文化〉，《二十一世紀》，71 期，2002 年，頁 14-21。

23　秦暉：〈"大共同體本位"與傳統中國社會（下）〉，《社會學研究》，4 期，1999 年，頁 114-121。

24　泰勒著，馮青虎譯：〈市民社會的模式〉，鄧正來、亞歷山大編，《國家與市民社會》（北京：

中央編譯出版社，1998 年），頁 3-31。

25　黃宗智：〈國家和社會之間的第三領域〉，甘陽、崔之元編，《中國改革的政治經濟學》（香港：牛津大學出版社，1997 年），頁 155-179。

26　梁治平：〈習慣法、社會與國家〉，張靜主編，《國家與社會》（杭州：浙江人民出版社，1998年），頁 78-90。

27　梁治平：〈法治：社會轉型時期的制度建構 —— 對中國法現代化運動的一個內在觀察〉，《當代中國研究》，69 期，2000 年，頁 18-66。

28　梁治平：〈民間、"民間社會" 和 CIVIL SOCIETY〉，《當代中國研究》，72 期，2001 年，頁63-89。

29　張靜編：《國家與社會》（杭州：浙江人民出版社，1998 年）。

30　許紀霖：〈啟蒙的命運 —— 二十年來的中國思想界〉，《二十一世紀》，50 期，1998 年，頁4-13。

31　許紀霖：《另一種啟蒙》（廣州：花城出版社，1999 年）。

32　康德著，沈叔平譯：《法的形而上學原理》，（北京：商務印書館，1991 年）。

33　曾慶豹：《哈伯瑪斯》（台北：生智文化事業，2001 年）。

34　楊念羣：〈近代中國史學研究中的 "市民社會"〉，張靜主編，《國家與社會》（杭州：浙江人民出版社，1998 年），頁 197-214。

35　溝口雄三：〈中國與日本 "公私" 觀念之比較〉，《二十一世紀》，21 期，1994 年，頁 85-97。

36　鄧正來、景躍進：〈建構中國的市民社會〉，鄧正來著，《國家與社會：中國市民社會研究》（成都：四川人民出版社，1997 年），頁 1-22。（原刊於《中國社會科學季刊》（香港），1992年 11 月總第 1 期，頁 58-68。）

37　鄧正來：〈台灣民間社會語式的研究〉，鄧正來著，《國家與社會：中國市民社會研究》（成都：四川人民出版社，1997 年），頁 48-85。

38　鄧正來：〈導論：國家與市民社會〉，鄧正來、亞歷山大編，《國家與市民社會》（北京：中央編譯出版社，1998 年），頁 1-21。

39　鄧正來：《鄧正來自選集》（桂林：廣西師範大學出版社，2000 年）。

40　蔣慶：〈儒家文化：建構中國式市民社會的深厚資源〉，《中國社會科學季刊》（香港），3 期，1993 年，頁 170-175。

41　蔡英文：〈麥可·歐克秀的市民社會理論：公民結社與政治社羣〉，陳秀容、江宜樺主編，《政治社羣》（台北：中央研究院中山人文社會科學研究所，1995 年），頁 177-212。

42　蕭功秦：〈市民社會與中國現代化的三重障礙〉，羅崗、倪文尖編，《90 年代思想文選（第二卷）》（南寧：廣西人民出版社，1999 年），頁 41-53。（原刊於《中國社會科學季刊》（香港），1993 年 11 月總第 5 期，頁 183-188。）

43　蕭功秦：〈新左派與當代中國知識份子的思想分化〉，《當代中國研究》，76 期，2002 年，頁82-105。

44　顧忠華：〈公民社會在台灣的成形經驗〉，陳祖為、梁文韜編，《政治理論在中國》（香港：牛津大學出版社，2001 年），頁 342-369。

45　Alexander, Jeffrey C., "The Paradoxes of Civil Society," *International Sociology* 12（2）

（1997），pp115-133.

46　Alexander, Jeffrey C.(ed.) *Real Civil Societies: Dilemmas of Institutionalization*（London: Sage Publications, 1998）.

47　Barber, Benjamin R. , *A Place for Us: How to Make Society Civil and Democracy Strong*（New York: Hill and Wang, 1998）.

48　Bobbio, Norberto, *Which Socialism?*（Cambridge: Polity Press, 1986）.

49　Chandhoke, Neera, *State and Civil Society: Explorations in Political Theory*（New Delhi: Sage Publications, 1995）.

50　Cohen, Jean L. and Andrew Arato, *Civil Society and Political Theory*（ Cambridge: MIT Press, 1992）.

51　Dunn, John, *The Political Theory of John Locke*（Cambridge: Harvard University Press, 1969）.

52　Falk, Richard, *Predatory Globalization: A Critique*（Cambridge: Polity Press, 1999）.

53　Gellner, Ernest, *Conditions of Liberty: Civil Society and its Rivals*（London: Penguin Books, 1996）.

54　Habermas, Jürgen, *The Structural Transformation of the Public Sphere*, translated by Thomas Burger(Cambridge: MIT Press, 1989）.

55　Habermas, Jürgen, *Between Facts and Norms: Contributions to a Discourse Theory of Law and Democracy*, translated by William Rehg(Cambridge: MIT Press, 1996）.

56　Hall, John A.（ed.）, *Civil Society: Theory, History, Comparison*（Cambridge: Polity Press,1995a）.

57　Hall, John A., "In Search of Civil Society," in John A. Hall ed., *Civil Society: Theory, History, Comparison*（Cambridge: Polity Press,1995b）, pp1-31.

58　He, Baogang, *The Democratization of China*（London: Routledge, 1996）.

59　Hegel, G.W.F., *The Philosophy of Right*, translated by T.M. Knox(London: Oxford University Press, 1952）.

60　Keane, John(ed.), *Civil Society and the State*(London: Verso, 1988a）.

61　"Despotism and Democracy," in John Keane ed., *Civil Society and the State*（London: Verso, 1988b）, pp35-71.

62　Keane, John, *Democracy and Civil Society*（London: Verso, 1988c）.

63　Keane, John, *Civil Society: Old Images, New Visions*(Cambridge: Polity Press, 1998）.

64　Lin, Yü-sheng, *The Crisis of Chinese Consciousness: Radical Antitraditionalism in the May Fourth Era*（Madison:University of Wisconsin Press, 1979）.

65　Metzger, Thomas A., *The Western Concept of the Civil Society in the Context of Chinese History*(Stanford: Hoover Institution on War, Revolution and Peace, 1997）.

66　Pérez-Díaz, Victor, "The Possibility of Civil Society: Traditions, Character and Challenges," in John A. Hall ed., *Civil Society: Theory, History, Comparison* （Cambridge: Polity Press, 1995）, pp80-109.

67 Pérez-Díaz, Victor, "The Public Sphere and a European Civil Society," in Jeffrey C. Alexander ed., *Real Civil Societies: Dilemmas of Institutionalization* (London: Sage Publications, 1998), pp211-238.

68 Schechter, Michael G. (ed.), *The Revival of Civil Society: Global and Comparative Perspectives* (London: Macmillan Press, 1999).

69 Seligman, Adam B., *The Idea of Civil Society* (New York: The Free Press, 1992).

70 Seligman, Adam B., "The Fragile Ethical Vision of Civil Society," in Bryan S. Turner ed., *Citizenship and Social Theory* (London: Sage Publications, 1993). pp139-161.

71 Seligman, Adam B., "Animadversions upon Civil Society and Civic Virtue in the Last Decade of the Twentieth Century," in John A. Hall (ed.), *Civil Society: Theory, History, Comparison* (Cambridge: Polity Press, 1995), pp200-223.

72 Shils, Edward, *The Virtue of Civility* (Indianapolis: Liberty Fund, 1997).

73 Taylor, Charles, *Philosophical Arguments* (Cambridge: Harvard University Press, 1995).

74 Varty, John, "Civic or Commercial? Adam Ferguson's Concept of Civil Society," in Robert Fine and Shirin Rai eds., *Civil Society: Democratic Perspectives* (London: Frank Cass, 1999).

75 Walzer, Michael, "The Civil Society Argument," in Gershon Shafir (ed.), *The Citizenship Debates* (Minneapolis: University of Minnesota Press, 1998), pp291-308.

76 White, Gordon, Jude Howell and Shang Xiaoyuan, *In Search of Civil Society: Market Reform and Social Change in Contemporary China* (Oxford: Clarendon Press, 1996).

註釋

1　關於各種西方語文中與市民社會概念有關的詞語的沿革，可參見 Keane, 1988b：35-36；Bobbio, 1986：144-146；鄧正來，2000：4。

2　林毓生（2013）和梁治平（2001）兩位學者均指出，"civil society" 的中譯包括 "公民社會"、"市民社會" 和 "民間社會"。林毓生教授（2013:3）認為，"自古希臘城邦時代以來，civil society 在西方有三種不同的指謂（denotations），所以在中文之中不可能由一個譯名來完全涵蓋。" 他以 "公民社會" 形容雅典等古希臘城邦，"市民社會" 形容黑格爾所指的個人自由得到保障的社會，"現代的民間社會" 形容獨立於國家（或他所謂的 "邦國"）之外的、具有民主性格和公共性格的、參與公共事務和促進民主政治的民間組織。他又指出（2003:6），" '民間社會' 這個現象本是中國傳統所固有。但傳統中的民間社會，用英文來翻譯，大概應作 private society（私性社會）。那是以家長式結構所組成的、'私' 的性格很強的民間組織，如行會、幫會、寺廟等，不能與現代的 civil society 相提並論。" 因此，他提出上述 "現代的民間社會" 的概念，以區別於中國傳統的民間社會。

　　梁治平教授（2001:65-66）則指出，"公民社會"、"市民社會" 和 "民間社會" "這三個譯名分別指明和強調了作為一種特定社會現實的 'Civil Society' 的不同側面……'市民' 一詞強調歷史上資產階級市民與 Civil Society 之間的密切聯繫，以及 Civil Society 中 '私' 的一面。'公民' 的概念則突出了 Civil Society 中公眾所扮演的角色：在法律保護之下自由地交換看法從而形成 '公共意見'。最後，'民間' 一詞包含了一種與國家並存，而且至少不是在國家直接控制之下的社會的觀念。" 本文由始至終使用 "市民社會" 這個詞語來翻譯英文的 "civil society"，並非因為筆者認為這樣的翻譯在所有語境中都是最貼切的，而是鑒於本文的主要目的在於探討在西方思想傳統中 "civil society" 這個概念的演變和意義，因而需要給予這個概念一個貫徹始終的稱謂，即使這個稱謂的選擇是有一定的隨意性的。

3　例如 Bobbio, 1986：145；鄧正來，2000：10。但是，Keane 卻對這觀點提出質疑：Keane，1988b：62。

4　關於這點，可參見鄧正來，2000：6-7，14-17。

5　關於潘恩的市民社會思想的討論，可參見 Keane，1988b：44-50；Keane，1988c：42-46。

6　關於蘇格蘭啟蒙運動的市民社會觀的討論，可參見 Seligman，1993：143-147；Seligman，1992：25-41。

7　本書的英文原名為 *An Essay on the History of Civil Society*。關於此書的討論，可參見 Keane，1988b：39-44；Varty，1997；Gellner，1996：61-80。

8　本書的英文原名為 *The Theory of Moral Sentiments*。

9　關於這點的分析，參見 Seligman，1995：207-210。

10　轉引自 Keane，1988c：51。

11　轉引自泰勒，1998：28。

12　可參見拙作（1998: 98-106），現收錄於本書第三章〈黑格爾的法哲學與市民社會〉，頁 244。

13　關於這點的討論，可參見石元康，1998：180-181，201-204。

14　轉引自 Bobbio，1986：141。原文來自《共產黨宣言》。

15　轉引自 Bobbio，1986：141。原文來自《資本論》。

16　關於葛蘭西的市民社會理論的討論，可參見 Bobbio，1986 年，頁 139-161。

17　關於市民社會理論在世界範圍內的較新發展，可參見 Chandhoke，1995；Keane，1998；Schechter，1999。

18　本文的中譯見於泰勒，1998 年。

19　德文原著發表於 1961 年，英文譯本發表於 1989 年。

20　關於 Oakeshott 在這方面的理論，可參見蔡英文，1995 年。

21　關於這方面的討論，可參見俞可平（2001）；陳晏清（1998: 第三章）；王春光（1998）。

22　關於此兩派的介紹和分析，可參見許紀霖（1998）；朱學勤（1999:419-421）；甘陽（2001）；王思睿（2001；2002）；蕭功秦（2002）；李蔚欣（2002）。

第四章
中國法學的發展

⚖ 中國法學往何處去

　　"中國法學往何處去"這個問題雖大，卻絕非大而無當。尤其是作為法學基礎學科的法理學，對這樣的問題進行探討，回顧中國法學近期走過的道路，評價其當前的狀況，反思其前景，更是當今中國法理學的應有之義、責無旁貸之擔當。近年來，我們一些同道者 —— 如朱蘇力、[1] 許章潤、[2] 舒國瀅[3] 等教授 —— 對這個問題都提出過他們的真知灼見，鄧正來教授（1956~2013）更名正言順地、用心良苦地以這個題目作為他的論文[4] 和專著[5]（以下簡稱 "專著"）的篇名和書名，從而啟動一場在我國法學界中難得的、廣泛的、意義深遠的、並正在深化的討論。筆者在此獻出愚見，但願能拋磚引玉，就教高明。

　　本短文以下分為三部分。首先是對鄧正來的觀點的一些評論，包括一些建設性的批評；第二是談專著中的創意與洞見，從而評價它的重要性和貢獻；最後是簡要陳述筆者對 "中國法學往何處去" 的個人看法。

一、建設性批評

　　如果把專著看成是一個故事，那麼它的主角便是 "26 年來的中國法學"。專著中常常提到這 "26 年來的中國法學"，並論證它如何受到 "現代性範式" 像背後的無形之手那般的支配，導致學者在有意無意之間接受了 "西方法律理想圖景" 作為中國法制或法治發展的目標，從而荒廢了構建中國自己的法律理想圖景的重要工作。專著中對 "26 年來的中國法學"這個用語的經常使用及其使用方式，使我想起懷德海（A. N. Whitehead）的"具體性的錯置"（fallacy of misplaced concreteness）[6] 的概念或所謂"語詞的實體化"。因為有了這個用語，"26 年來的中國法學"就好像成為了一個實體、一件實際存在的、具體的、完整的、具有特徵或甚至本質的東西。

但是，這個用語的使用，會不會掩蓋了 —— 或至少把我們的注意力移離 —— 以下的事實，就是 1978 年以來的中國法學是在不斷轉變或演化之中的，在不同的時段，它的焦點和主要取向不盡相同；此外，在每個時刻，中國法學內部都存在着多元的學術旨趣和研究方法，不一而足，故任何對中國法學作為一整體的描述，都很容易以偏概全。舉例來說，20 世紀 80 年代的中國法學的視野、水準以至追求與 21 世紀初的中國法學不可同日而語。此外，專著裏面提到的四種學派或理論模式，是否可以涵括"26 年來的中國法學"或至少反映或代表其總體面貌，也大有可疑。

法律理想圖景

同樣地，"西方法律理想圖景"和"中國法律理想圖景"等詞語的運用，也有可能產生一種錯覺，就是兩者是截然不同的實體，於是人們便可能疏於考慮這樣的可能性，就是兩者既有差異，也有共性，[7] 即是兩者之間部分的互相重疊的內容，反映着一些在當代已獲普世公認的價值標準。有論者甚至提出了"人類法律圖景"的用語和概念，[8] 這種比"西方法律理想圖景"和"中國法律理想圖景"更具普遍適用性的法律理想圖景的存在、發掘或建構的可能性，也是不能抹煞的。舉例來說，人格尊嚴、人權、憲政、民主等現代價值理念是否可理解為一幅現代人類法律理想圖景的主要構成元素？我認為這是值得認真研究的。

鄧正來之所以提出"法律理想圖景"這個概念和詞語，顯然是由於受到西方自然法學説在推動西方近現代法制發展的歷史作用的啟發。"根據這樣一種參照性背景，我們首先可以發現'理想圖景'對於法制/法治建設的各個方面都有着不可替代的重要意義"。[9]在這方面，應當指出，自然法學説在西方法律史上的角色固然重要，但是其他學説和學派（諸如中世紀羅馬法復興時期的註釋法學派和評論法學派，教會法學，19世紀構成德國等歐陸國家法典化運動的背景的歷史法學派、學説彙編學和法學實證主義）[10]在推動近現代西方法律進程中的地位也不容忽視，至於相對於這些其他學説或學派，自然法的作用是否更具關鍵性，則尚待考證。另外，相對於以成文法典為特徵的歐陸國家的法制，由個別判例累積而成的英倫普通法，受到自然法理論影響的程度似乎較低。法哲學應視法律理想圖景的建構為其首要任務，又或法制建設須由或最好應由法律理想圖景來予以指引，這兩個在專著中提出的命題的論證工作，似乎尚未完成。

現在讓我們進一步看看專著所集中討論的四種法學理論模式或研究進路是否同樣受到"現代化範式"的支配，並忽略對"中國法律理想圖景"的探索和對中國現實問題的關注。（鄧正來認為，"'現代化範式'的支配"和"忽略對'中國法律理想圖景'的探索"兩者之間存在因果關係，已有論者指出，[11]雖然鄧正來認為前者是因，後者是果，但專著中並沒有論證如何排除了另一種可能性，就是後者是因，前者是果，亦即是説，人們在為如何在中國發展法律理想圖景上下而求索的過程中，茫無頭緒，而西方現代法制的示範作用極具吸引力，所以便接受了西方的"現代化範式"和西方的法律理想圖景。筆者認為這是一個有力的批評，但由於篇幅所限，本文將不會探討這點。）首先談"權利本位論"。

權利本位論

應當承認，"權利本位論"對權利這個概念作為法的基本或"基石"範疇的理解，來源自西方近現代法學傳統而非中國法的傳統。但是，必須指出，"權利本位論"在 80 年代後期和 90 年代初的形成和發展，有其十分獨特的中國語境。在當代的西方世界，"權利本位論"成為顯學是難以想像的，因為在當代西方的語境裏，根本不會有需要提倡權利本位，它基本上已是天經地義、不證自明的東西。在中國法理學的語境中，"權利本位論"不但針對像"以階級鬥爭為綱"為基調的法律觀，也針對與"權利本位論"同時存在並與其互相辯論的"義務本位論"，以至"權利義務並重論"等法理學思想。"權利本位論"的論者認為，這個理論不但在學理上站得住腳，而且有助於推動當代中國的法制和法律文化的健康發展，尤其是考慮到它們在"文革"剛結束後不久時的落後狀態和中國社會長期處於"權力本位"和"官本位"的狀況。2004 年的人權入憲以至中國在 90 年代以來積極參加國際人權活動，一定程度上也可以歸功於法學界對權利本位和人權等概念的推介和學理說明。因此，我不認為"權利本位論"是不關注中國當前的狀況或中國未來的法律理想圖景的，它的興起見證着當代中國法學家的時代使命和社會良心。

法條主義

專著討論的第二種法學模式是"法條主義"，包括民法、刑法等部門法的研究，按我的理解，它類似於蘇力所謂的"詮釋法學"。[12] 鄧正來認為這種法學主要是關乎相關的部門法的"邏輯結構"，它以西方法為依據，"'複製'西方法律理想圖景"[13] 於中國，並不關注中國社會現實。然而這是否對當前中國研究部門法的學者的工作的準確和公正的評價？他們研究的主要是當前在中國有效並由行政和司法機關執行的實體法和程序法的具體法律規範，例如關於公司法的研究，焦點便是現行中國公司法的詮釋、具體運作以至如何修訂現有法規以滿足經濟發展的需要（那麼這是不是關於"中國法律理想圖景"的某種"局部的描述"？[14]），而非大量移植外國公司法於中國（其實現行中國公司法與各外國的公司法的差距是非常大的）。至於"不關注社會現實"的批評，可以有兩種回應。首先，大部分現行中國法律規範都是"中國製造"、在中國土生土長的，既非照搬自國外，亦非脫離中國社會現實，而對這些規範的研究的正當性應是無可置疑的，而且具有現實意義。第二，不可能要求所有部門法的研究都變成法社會學（或蘇力所謂的"社科法學"[15]），對於概念和規範（或"black-letter law"）的一般條文性和注釋性的研究與重視法律在社會中的實施情況和法律與其他社會因素的互動的法社會學或"法律與 xx"[16]）的研究，各有其應有的領域、價值和貢獻。

　　至於專著予以評價的第三和第四種研究進路──梁治平的"法律文化論"和蘇力的"本土資源論"，雖然有受到"現代化範式"影響之嫌，但我認為這並不表示這兩位學者到目前為止的整體學術成就受到"現代化範式"的支配。專著中對這兩位學者的著作的討論有一定的選擇性，以他們早期的著作為主。雖然專著裏對梁治平在不同時段的學術取向的差異有仔細的分析，但它並沒有說明梁治平較後期的著作是不是同樣受到"現代化範式"的影響，還是已經脫離其影響。同樣地，專著沒有探討蘇力在《送法下鄉：中國基層司法制度研究》、《也許正在發生：轉型中國的法學》和《道路通向城市：轉型中國的法治》等書的研究是否也在"現代化範式"籠罩之下。其實在這些著作中，蘇力充分表現了他對中國現實情況的關注，更對那些盲目以西方標準評價當前中國法制現況，或不假思索地提倡引進外國制度的主張提出猛烈的批評，在這些方面他的立場與鄧正來頗為接近。如果不能確立梁治平和蘇力（作為專著討論的四種代表"26 年來的中國法學"的學派之其中兩種）的整體學術取向是受到"現代化範式"的支配的話，那麼要確立"26 年來的中國法學"的整體乃是受到"現代化範式"的支配，路途便更為遙遠。

二、專著中的創意與洞見

雖然如上所述，筆者對專著中對"26 年來的中國法學"的總體評價不敢苟同，但筆者仍然認為，《中國法學向何處去》所提出的問題是非常重要的，它的學術貢獻是絕對不容低估的，它在我們之中所引發的思考是豐富而深刻的。在這部專著所引發的大量評論中，最令我產生共鳴的是魏敦友教授的意見。[17] 魏教授是從過去兩個世紀以來西學東漸與中西文化爭論的大歷史背景去理解專著的時代意義的。鄧正來在專著中發出的呼喚是，我們應該結束那個毫無反思地被西方"現代化範式"牽着鼻子走的時代，開啟一個不單有"主權的中國"、更有"主體性的中國"的新時代。在這個新時代裏，我們要重建我們的價值系統和社會秩序，我們要在全球化的"世界體系"中找到我們的位置，我們更要培養和提高我們參與國際事務和各大文明之間對話的能力，從而對人類文明作出不遜色於我們祖先的貢獻。

其實如果只是說不應盲目地全盤西化、在引進西方制度和規範時應注意中國的現實情況、對於傳統文化應區分其精華與糟粕，從而去蕪存菁，這便不外是老生常談。鄧正來的獨特貢獻在於把這些問題的思考帶進更深的層次，使我們看到現代性和現代化的複雜性、可爭議性和可塑造性，以至思考在這個市場、資本和資訊全球化、西方在意識形態和話語世界上的霸權變本加厲的大時代，我們作為中國人應如何自處。鄧正來所談到的中國法學的"範式危機"，如果從最廣義去理解，便是當代中華文明的危機；也就是徐章潤教授提到的，[18] 當今中國雖是大國但仍是弱國，因為她在“軟力量”上有所欠缺；也就是高鴻鈞教授所說的，“中華民族要在未來的文明衝突中得以延續，必須萬眾一心，臥薪嚐膽，勵精圖治，不斷增強文明的實力……沒有中國文化的偉大復興，就不會有中華民族的偉大復興。”[19]

　　鄧正來自己沒有用到“文化”的話語，他用的是現代社會學的話語。在我看來，他提倡的“主體性的中國”，不單需要社會學意義上的中國問題意識 —— 例如從社會學以至其他社會科學的角度，探討當前中國的社會性質和它在全球化世界中所面臨的政治、經濟等挑戰，更需要費孝通先生所說的“文化自覺”。[20] 鄧正來曾大力主張回到經典，意思是應精讀現代（西方）思想大師的經典著作，但我認為文化自覺也要求我們回到中華文化的元典和其他經典。

三、中國法學的巨大挑戰

　　20 世紀新儒學大師唐君毅曾以《說中華民族之花果飄零》為題著書，[21] 探求在近代飽經風霜的中華文化的重建和復興之道。其實中國法學在 20 世紀也一度落於花果飄零的命運，民國時期曾繁榮一時的、甚至出現過一些學貫中西、同時了解中國法傳統和西方法傳統的人物的中國法學，隨着中華人民共和國建立時全盤摒棄原有法律秩序的政策而出現“斷層”，[22] 直至“改革開放”的年代才有機會慢慢開始彌補。以法理學來說，正如張文顯等教授指出，[23] “我們並未形成自己的法理學學術傳統。缺乏深厚的學術傳統，決定了法理學的起點很低，制約了法理學的迅速發展。新時期法理學研究幾乎是白手起家，從頭做起。”劉星[24] 和張偉仁[25] 兩位教授曾不約而同地撰文，分別指出中國法學界無論是對當代西方法理學，還是對中國傳統法制，都是認識膚淺、一知半解的。

中國法學面臨的挑戰是巨大的，它任重而道遠，然而，它目前的能力與它所肩負的重任並不相稱。《論語》云："不患無位，患所以立。"我們需要的是腳踏實地做學問、扎實的學問功夫，包括對古今中外的法律、法制、政治法律思想和相關的社會制度與思想的研究。我們同時需要精細的"學術分工"和（法學）學科之內以至跨學科的"學術整合"。在學術分工中，有些學者會（如鄧正來所提倡的）精讀西方學術經典，從而深入認識西方文明和現代文明，有些則精讀中華文明的元典和其他經典，從而重新認識中華文化的精神面貌和價值信念；有些研究中外法律史，有些研究中外的現行實在法和部門法，有些研究法律社會學。

我們不但需要在分工後的個別領域取得突破，更需要在整合工作上取得突破。要成全後者，我認為應開拓一種"綜合法理學"，從事"綜合法理學"的學者應是"通才"而不必是"專才"，他們從事的是創意性的整合工作，所以他們必須學貫中西，又了解當前中國的社會現實，有能力把中西法文化和法律思想融匯貫通，應用於當代中國，從而營造一種現代型的中華法文明，一種嶄新的、具中國特色的"制度文明"。[26] 這樣，我們便能"完成吳經熊那一代學者尚未完成的使命"，[27] 而"現代中國文明的法律智慧，一種以漢語為表意系統，關於中國人世生活和人間秩序的法律之道，中華民族的生存之道，必盛於吾儕一輩手中"。[28]

註釋

1 蘇力：〈面對中國的法學〉，載於氏著：《道路通向城市》，（北京：法律出版社，2004）。

2 許章潤：〈書生事業，無限江山〉，載於氏著：《法學家的智慧》，（北京：清華大學出版社，2004）。

3 舒國瀅：〈在歷史叢林裏穿行的中國法理學〉，《政法論壇》，2005 年第 1 期，頁 24。

4 鄧正來：〈中國法學向何處去？〉，《政法論壇》，2005 年第 1 至 4 期。

5 鄧正來：《中國法學向何處去》，（上海：商務印書館，2006）。

6 http://en.wikipedia.org/wiki/Fallacy_of_misplaced_concreteness

7 葛四友：〈中西差別與 "現代化範式" 的反思〉，《浙江社會科學》，2006 年第 1 期，頁 14。

8 鄭勇：《《中國法學向何處去》的意義與兩種反思〉，《法制與社會發展》，2006 年第 3 期，頁 135。

9 鄧正來，同註 5，頁 35-36。

10 Franz Wieacker，陳愛娥、黃建輝譯：《近代私法史》，（台北：五南圖書，2004）。

11 鄭勇，同註 8。

12 蘇力：《也許正在發生：轉型中國的法學》，（北京：法律出版社，2004），頁 17。

13 鄧正來，同註 5，頁 77。

14 吳一裕：〈論中國法律理想圖景的可能性〉，《政法論壇》，2005 年第 6 期，頁 63。

15 蘇力，同註 12。

16 蘇力，同註 12，頁 5。

17 魏敦友：〈當代中國法哲學的使命 —— 《中國法學向何處去》開啟的思的可能性之現象學考量〉；魏敦友：〈 "知識引進運動" 的終結 —— 四評鄧正來教授的《中國法學向何處去》〉；均見於 http://dzl.legaltheory.com.cn 和 http://weidunyou.fyfz.cn。

18 許章潤：〈和平與衝突：中國面臨的六大問題 —— 一位漢語文明法學從業者的民族主義文本〉，《政法論壇》，2005 年第 6 期，頁 94。

19 高鴻鈞：〈中國文化復興宣言〉，載於氏編：《清華法治論衡第 8 輯：中華法文明的當代省思（下）》，（北京：清華大學出版社，2006），頁 1，29。

20 費孝通：〈關於 "文化自覺" 的一些自白〉，載於《文化自覺與社會發展》，（香港：商務印書館，2005），頁 3。

21 唐君毅：《説中華民族之花果飄零》，（台北：三民書局，1974）。

22 舒國瀅，同註 3。

23 張文顯等：〈中國法理學二十年〉，《法制與社會發展》，1998 年第 5 期，頁 1。

24 劉星：〈西方法學理論的 "中國表達"〉，《政法論壇》，2005 年第 1 期，頁 35。

25 張偉仁：〈中國傳統的司法和法學〉，《現代法學》，2006 年第 5 期。

26 江山：《制度文明》，（北京：中國政法大學出版社，2005）。

27 舒國瀅，同註 3，頁 31。

28 許章潤，同註 2，頁 41。

法學的全球化和跨學科化
與中國大陸的法學

　　在這個全球化的時代，中國社會科學應該如何自處，是一個值得研究的大課題。法學是社會科學的一個重要組成部分，本文是我對當代法學的全球化、跨學科化與中國法學發展的一些思考。這些思考只能説是初步的、不成熟的，但願能拋磚引玉，引發更多關於這方面的討論。

　　談到當代法學的全球化和跨學科化，首先要指出的是，在世界各國，法學本來是既不全球化，也不跨學科化的一門學科。換句話説，法學是具有高度本土性和學科自主性的一門學科。為甚麼説法學具有高度本土性？這是因為在每個國家進行的法學研究主要關注的，是在這個國家本地所適用的法律規範，包括和這些規範相關的概念、原則、規例、案例、習慣法等。由於每個國家都有由自己的立法機關制定的法規、由自己的法院判決的判例、由自己的風俗習慣所形成的習慣法，所以法學研究的對象主要是本土的東西，這就決定了法學作為一門學科的本土性。其次，為甚麼説法學具有高度的學科自主性？這也同法學研究的主要對象有關。法學研究的主要對象是法律規範，而不是其他社會科學所研究的社會現象，而研究法律規範的方法與研究社會現象的方法有所不同，所以法學 —— 至少是傳統意義上的法學 —— 有高度的學科自主性，這種自主性的基礎是法學所採用的、獨特的、有別於其他社會科學的研究方法。

如果正如我在這裏分析，法學本來是具有高度本土性和學科自主性的一門學科，那麼怎樣理解當代法學的全球化和跨學科化？首先談當代法學的全球化。[1] 法學的全球化是法學對於全球化這個經濟、文化、社會和政治現象的回應。例如經濟的全球化包括企業活動的全球化、市場的全球化和對於經濟活動的規管（regulation，或譯作管制）的全球化，[2] 由於法律是規管的主要手段之一，規管的全球化意味着與規管經濟活動相關的法律規範的全球化，也就是說在有關領域內，在不同國家都適用同樣的法律規範，例如世界貿易組織的有關法律規範適用於世貿的各成員國，因此，研究這些法律規範的法學，便是一種全球化的法學。

日趨重視國際法

從這個角度看，全球化不單是經濟、文化、社會和政治現象，也是一種法律現象，它的具體表現之一便是出現愈來愈多跨越國界的法律規範，這些規範由不同的國際組織制定或來自國際條約或國際慣例，他們同時適用於很多國家。傳統上法學把法律規範分為兩種，就是國內法和國際法，國內法適用於一個主權國家內的個人和法人團體，規範他們的行為和活動，國際法則適用於國際社會中的世界各國，規定各國政府在國際關係中的權利和義務。**全球化的其中一個表現或後果，便是國際法的發達和膨脹，這即是說國際法規管的事務範圍或領域愈來愈多，國際法的規範的數量迅速增加。舉例來說，這樣的情況不但出現於經濟、貿易、投資、金融、智慧財產權等領域，也見於環境保護、公共衛生、勞工保護、反恐怖活動、人權保障等領域。** 以人權保障為例，近 30 多年來國際人權法的發展迅速，愈來愈多國家參加了愈來愈多的國際人權公約，從而承擔了國際法上的義務，要在其國內遵守和實施有關的人權標準。這些人權標準是法律的準則，它們同時適用於很多不同國家，所以在人權保障這個領域，也出現了相關法律的全球化。

世界法律趨同

法律的全球化，不單是指上面提到的國際法的發達和膨脹，也包括全球化所導致的各國國內法的趨同化。這即是說，在某些領域，雖然國際法沒有要求某個國家的國內法符合某些標準或接受某些規範，但是基於全球化的考慮，這個國家主動和自願改革自己的國內法，使它的內容與其他國家的國內法的相關內容靠近，也就是中國大陸法學家所說的"與國際接軌"。例如，由於經濟的全球化，很多發展中國家都希望吸引更多外商的投資和跟外國人做生意，所以她們便大力進行與經濟活動有關的法制建設，制定和國際接軌的合同法、財產法、公司法、仲裁法等民商法、經濟法，並加強其法院的獨立性、公正性、專業能力和執行判決的能力。因此，不同國家的經濟法制便會有趨同化的趨勢。其實法律的趨同化不單是經濟領域的現象，例如愈來愈多國家建立或加強其人權保障制度和違憲審查制度，法院在愈來愈多國家的社會裏扮演愈來愈重要的角色，便是在公法和政治領域內法律趨同化的表現。

上面提到的兩種層次的法律全球化，都促進了法學的全球化。全球化的法學所研究的是全球化的法律規範，包括適用於很多不同國家的國際法規範和在很多不同國家都存在的、在性質、功能和內容上類似有關國際法規範的國內法規範，以及相關的司法制度、仲裁制度和其他與法制有關的機構、制度、程序和職業人員。法學的全球化意味着作為法學部門的國際法和比較法的重要性與日俱增，愈來愈多從事法學教育和研究的人士已認識到這點，例如近年來一些國際上有名的法學院在課程改革時十分重視國際法和比較法的課程，甚至把這類課程定為必修課。[3]

法學的跨學科研究

　　如果法學的全球化是對傳統法學研究對象的突破，就是從國內法的規範擴展至全球性的法律規範，那麼法學的跨學科化便是對傳統法學方法的突破，就是不只把法律看成是一個自給自足的、完整的、有其內在邏輯和內在聯繫的規範體系，並以規範的分析和詮釋為主要的法學研究方法，而把法律理解為一個比法律規範體系更複雜和更豐富的社會體系的一個部分或一個環節；並且嘗試用社會科學的研究方法來描述、分析、解釋和評估法律規範，或甚至預測法律的運作，或甚至提出法律改革的建議。法學的跨學科化的典型例子包括法律社會學和“法律與社會”的研究、“法律與經濟學”的研究、“法律與發展”的研究、用政治學方法來研究法院行為等。[4] 法學的全球化是法學對全球化這個現象的回應，所以只能出現在全球化發生之後。法學的跨學科化是法學對其自身的理解和局限的突破，在一些西方國家，例如在美國，它的出現和發展早於法學的全球化。但是，對於法學本身來說，法學的跨學科化比法學的全球化的要求更高，因為法學的全球化只要求研究對象或範圍的擴大，而法學的跨學科化則要求研究方法上的突破和創新，它的挑戰在於法學研究的質變而不只是量變。法學的跨學科化可以理解為法學本身的發展的內在要求，因為一個學科的發展離不開研究方法上的突破和創新；另一方面，法學的跨學科化也是當代學術發展的要求，因為當代學術愈來愈認識到，結合不同學科的研究視角和方法來研究同一問題，對於深化對有關問題的理解，往往可收事半功倍之效，甚至可以有意想不到的收穫。

　　這裏談的法學的跨學科化主要指使用社會科學的研究方法來研究法律問題和與法律有關的社會現象，[5] 至於在法學研究中使用傳統人文學

科的方法——例如歷史研究和哲學研究的方法，在傳統法學中早已有
這樣的做法：法制史、法律思想史和法理學或法律哲學等學科，便是使
用傳統人文學科的方法來研究法律的學術成果，而這些學科早已被承認
為法學的組成部分，甚至是法學中的基礎學科。由此可見，從學術史的
角度來看，法學傳統上比較接近人文學科，現代社會科學的興起，發生
於法學和文史哲等傳統人文學科發展成熟之後。社會科學意義上的法學
的跨學科化是 20 世紀較後期的發展，在很多國家，這種發展還沒有達
到比較成熟或形成學術共識的階段。

中國法制全面重建的時刻

　　以上談的當代法學的全球化和跨學科化，是在全球範圍內的法學研
究中可以觀察到的兩種趨勢，但在不同國家中，法學的全球化和跨學科
化的情況都有所不同，主要取決於法學在有關國家的發展狀況以至那個
國家的國情。現在讓我們看看中國大陸的情況。中華人民共和國建立
時，全面廢除了中華民國時代的法律，在 20 世紀 50 年代，中國大陸
開始建設社會主義法制，這個時候蘇聯的社會主義法制模式和法學對
中國大陸的影響很大。但是，自從 50 年代後期開始，直至文革時代的
結束，法制建設受到忽視，在文革時法制甚至成為被打擊的目標之一。
最近 30 多年的改革開放時代，是中國大陸法制全面重建的關鍵時刻，
正如在經濟發展方面的成績，中國大陸過去 30 多年的法制建設的成績
也是不錯的。美國哈佛大學專門研究中國法的 William Alford 教授在一
篇文章中說："No other major modern society has endeavored in so short a
time to reconstruct its legal system in so extensive and novel a fashion."[6]（編
譯：沒有任何一個主要的現代社會像中國一樣，曾嘗試在如此短的時間
內如此大規模地和創造性地重建其法制。）他甚至把中國的這個法制建

設的事業同萬里長城的建造相提並論。[7]

　　但是，我覺得從宏觀的"大歷史"角度來看，30多年只是很短的時間。環顧世界，我們可以看到今天西方國家的法制都是過去幾百年來法制連綿不斷地持續發展和經驗累積的產物，他們沒有像中國一樣經歷過歷史斷層。有名的歷史學家黃仁宇先生在1993年發表《中國大歷史》一書，[8]回顧了中國幾千年的歷史，也特別分析了中國現代史的結構和發展邏輯，我特別留意他的這一段話："我們想見今後幾十年內是從事中國法制生活人士的黃金時代。他們有極多機會接受挑戰，儘量創造。"[9]我同意這種宏觀歷史觀點，所以過去30多年不過是中國現代史上法治建設的黃金時代的開端，這些建設和這個時代還要持續幾十年。反過來説，現階段的中國大陸法制還是一個處於發展過程的初級階段的、不算是十分發達或成熟的法制，相對於當代西方國家的法制，還相對落後。我認為中國大陸不單在經濟上或國民人均生產值或收入上是發展中國家，在法制發展水平上或者法制現代化上，中國大陸也屬於發展中國家，前面的路仍然很長。

　　這就是説，**今天中國大陸的法制是一個發展中的、尚未十分發達、先進或現代化的法制，也是一個發展中國家的法制。我認為當代中國大陸法學的發展必須建基於這個認識，從而確定自己的任務和在研究問題上的優先次序。**舉例來説，相對於西方國家，當前中國大陸的法律規範體系還相對簡陋，在某些領域的權利保障不足，在某些方面法治精神尚未確立，執法水準和法律職業道德也有待提升。在這情況下，傳統的重視研究本國法律規範和法律實踐的、具有高度本土性和學科自主性的法學在中國大陸還是十分需要的，有其重要的實際價值，它未來的發展空間也是很大的。另一方面，中國既身處於全球化的時代，它的法學當然不能迴避全球化的挑戰，所以在重視本土化的同時，中國大陸法學也應發展它的全球化維度。此外，中國大陸法學也應發展它的跨學科化維度，這將有助於中國法學家對中國作為一個在全球化環境中的發展中國家的國情有更深入的了解，從而思考怎樣發展出一個符合國情的法律規範體系。

中國法學何處去

最後，我想談談已故的鄧正來先生在 2005 年以來發起的"中國法學向何處去"的討論。[10] 我認為這場討論是十分有意義的，大大豐富了我們對有關問題的思考。鄧正來批評當代中國法學受到一種"現代化範式"的支配，因而忽略對"中國法律理想圖景"的探索和對中國現實問題的關注。他主張我國學者不應繼續毫無反思地被西方"現代化範式"牽着鼻子走，而應努力去開啟一個不單有"主權的中國"，更有"主體性的中國"的新時代。在這個新時代裏，我們要重建我們的價值系統和社會秩序，我們要在全球化的"世界體系"中找到我們的位置，我們更要培養和提高我們參與國際事務和各大文明之間對話的能力。雖然我不完全同意鄧氏對於中國法學和"現代化範式"的嚴厲批評，但是我同意他對現代性和現代化的複雜性、可爭議性和可塑造性的分析，我也完全認同他提出的課題的重要性，就是在這個西方文明在意識形態和話語世界上享有霸權的全球化時代，我們作為中國人應如何自處。

在這方面我想同大家分享一些堅持中國文化主體性的思想大師是怎樣看待中國文明和西方文明的關係的。在 1958 年，唐君毅、牟宗三、徐復觀和張君勱四位儒學大師發表一份《為中國文化敬告世界人士宣言》，[11] 在宣言中他們一方面主張復興中國傳統文化，尤其是儒家文化，另一方面，他們同時主張接受西方文化中的科學、民主和憲政，認為這樣可以"使中國人之人格有更高的完成，中國民族之客觀的精神生命有更高的發展"。[12] 牟宗三先生說，法治、憲政、人權和民主等現代化的產物 "雖先發自於西方，但是只要它一旦出現，它就沒有地方性，只要它是個真理，它就有普遍性，只要有普遍性，任何一個民族都當該承認它。"[13] 我個人認為，雖然現代化和今天西方的強勢文明有其陰暗面，但是也有其光明面，也隱含了一些關乎全人類的命運和幸福的普世價值。當代法學所關注的個人人格尊嚴、人權、法治、憲政和民主，便屬於普世價值，正如中國儒家所提倡的仁義、誠信、忠孝等美德，也屬於普世價值。普世價值，無論來自西方或東方、北方、南方，都同樣值得追求、發揚光大，並為它作出奉獻。

註釋

1. 朱景文：《全球化條件下的法治國家》，（北京：中國人民大學出版社，2006年）；鄧正來：〈兩種法學全球化觀──中國將何去何從？〉，《法學家》（2008年第5期），北京：中國人民大學，頁118-126。

2. J. Braithwaite and P. Drahos, *Global Business Regulation* (Cambridge: Cambridge University Press, 2000), p8.

3. 例如美國哈佛大學法學院 JD 學位的一年級課程便引進了這種改革。

4. 蘇力主編：《法律和社會科學》第一卷（北京：法律出版社，2006年）。

5. 蘇力主編，同註4。

6. William P. Alford," A Second Great Wall? China's Post-Cultural Revolution Project of Legal Construction", 11(2) *Cultural Dynamics* 193 (1999) at p193.

7. Alford，同註6。

8. 黃仁宇：《中國大歷史》（台北：聯經，1993年）。

9. 黃仁宇，同註8，頁349。

10. 鄧正來：《中國法學向何處去》（北京：商務印書館，2006年）。並可參見本書第12篇文章〈中國法學往何處去〉，頁318。

11. 《宣言》原於1958年在香港和台灣發表於《民主評論》和《再生》雜誌。中文全文後來以附錄形式（題為〈中國文化與世界〉）收錄於唐君毅：《説中華民族之花果飄零》（台北：三民書局，1974年），頁125以下（本文以下援引《宣言》時將以本書的頁數為依據）。《宣言》亦收錄於唐君毅：《中華人文與當今世界》（台北：學生書局，1975年）；《唐君毅全集》，第四卷（台北：台灣學生書局，1991年），第二部分；張君勱：《中西印哲學文集》（台北：台灣學生書局，1981年），頁849。並可參見本書第3篇文章，〈新儒家與民主憲政〉，頁62。

12. 引自《宣言》原文，見唐君毅，同註11，《説中華民族之花果飄零》，頁158。

13. 牟宗三：《政道與治道》（台北：台灣學生書局，1991年增訂新版），新版序，頁21。